Training mit Jugendlichen

Training mit Jugendlichen

Förderung von Arbeits- und Sozialverhalten

7., überarbeitete Auflage

von

Franz Petermann
und Ulrike Petermann

Hogrefe • Verlag für Psychologie
Göttingen • Bern • Toronto • Seattle

Prof. Dr. phil. Franz Petermann, geb. 1953. 1972-1975 Studium der Mathematik und Psychologie in Heidelberg. Wissenschaftlicher Assistent an der Universität Heidelberg und Bonn. 1977 Promotion; 1980 Habilitation. 1983-1991 Leitung des Psychosozialen Dienstes der Universitäts-Kinderklinik Bonn, gleichzeitig Professor am Psychologischen Institut. Seit 1991 Lehrstuhl für Klinische Psychologie an der Universität Bremen und seit 1996 Direktor des Zentrums für Klinische Psychologie und Rehabilitation. *Arbeitsschwerpunkte:* Psychologie in der Kinderheilkunde, Behandlung von Entwicklungs- und Verhaltensstörungen im Kindes- und Jugendalter.

Prof. Dr. phil. Ulrike Petermann, geb. 1954. 1974 -1980 Studium der Psychologie und Pädagogik in Mannheim und Bonn. 1982 Promotion; 1986 Habilitation. Von 1987-1991 Professorin für Psychologie in München, von 1991-1994 in Bremen. Seit 1995 Inhaberin des Lehrstuhls für Rehabilitation und Pädagogik bei psychischen und Verhaltensstörungen an der Universität Dortmund. *Arbeitsschwerpunkte:* Klinische Kinderpsychologie, Kinderverhaltenstherapie, Differenzielle Lernforschung.

Bibliografische Information Der Deutschen Bibliothek

Die Deutsche Bibliothek verzeichnet diese Publikation in der Deutschen Nationalbibliografie; detaillierte bibliografische Daten sind im Internet über http://dnb.ddb.de abrufbar

Die ersten fünf Auflagen des Buches sind bei Beltz - Psychologie Verlags Union erschienen

Rohnsweg 25, D-37085 Göttingen

http://www.hogrefe.de
Aktuelle Informationen • Weitere Titel zum Thema • Ergänzende Materialien

Gesamtherstellung: Dieterichsche Universitätsbuchdruckerei
W. Fr. Kaestner GmbH & Co.KG, D-37124 Göttingen/Rosdorf
Printed in Germany
Auf säurefreiem Papier gedruckt

ISBN 3-8017-1715-1

Inhaltsverzeichnis

Vorwort

Die psychologische Förderung von Jugendlichen ist eines der am stärksten vernachlässigten Gebiete überhaupt, obwohl gerade das Jugendalter durch viele massive Probleme gekennzeichnet ist. Nur vereinzelt liegen für besonders gefährdete Gruppen wie delinquente, alkohol- und drogenabhängige Jugendliche Präventions- und Interventionsprogramme vor. Daneben existieren unveröffentlichte Konzepte zur Arbeitsförderung von schwer vermittelbaren Jugendlichen, die teilweise von den Industrie- und Handelskammern, den Landesarbeitsämtern, Wirtschaftsfachschulen oder dem Christlichen Jugenddorfwerk entwickelt wurden. Diese Maßnahmen sind auf mögliche Berufs- und Arbeitsfelder der Jugendlichen zugeschnitten und umfassen in der Regel eine sozialpädagogische und psychologische Betreuung während einer stationären oder ambulanten Förderung. In diesen Fällen sind Probleme im Arbeits- und Sozialverhalten oft gar nicht voneinander zu trennen.

Das vorliegende Training ist nicht eng auf eine spezifische Problematik des Jugendalters begrenzt, sondern wendet sich dem Aufbau von Arbeits- und Sozialverhalten bei 13- bis 20-jährigen Jugendlichen zu. Um bei diesem breiten Anwendungsbereich eine gezielte Förderung zu ermöglichen, stehen bestimmte Verhaltensweisen, wie Aggression und soziale Unsicherheit, im Vordergrund; zudem werden Vorstellungen über die berufliche Zukunft bearbeitet und berufsbezogene Fertigkeiten im Rollenspiel eingeübt.

Die Anwendungen unseres Trainings sind dabei erstaunlich vielseitig und beziehen sich zumindest auf folgende Bereiche:

- Präventive Arbeit in Hauptschulen, die das Ziel verfolgt, Arbeits- und Sozialverhalten mit einer Schulklasse zu problematisieren und positive Formen einzuüben. Das Vorgehen bietet in diesem Kontext darüber hinaus die Möglichkeit, das Thema „Schulmüdigkeit" bei Jugendlichen – unabhängig von der Schulform – zu thematisieren.
- Maßnahmen zur Arbeits- und Motivationsförderung in Bereichen der Berufsausbildung, mit dem Anspruch, auch „auffälligen" Jugendlichen einen Berufsabschluss zu ermöglichen. Solche Bemühungen führen Mitarbeiter der betrieblichen Ausbildung ebenso durch wie solche, die in Berufsbildungszentren beschäftigt sind.
- Sehr eindrucksvoll war die Rückmeldung aus dem Bereich der Heimerziehung, in dem das Vorgehen ursprünglich ausführlich erprobt wurde. Das breitangelegte Training ermöglicht es, in der Heimerziehung Jugendlichen, die verhaltensauffällig, motivationslos und/oder lernbehindert sind, erste und einschneidende Erfolgserlebnisse zu vermitteln.
- Förderung von lernbehinderten Jugendlichen in Sonderschulen, Schulungszentren und Spezialeinrichtungen, wobei hier die spezifischen Lernvoraussetzungen der Teilnehmer beachtet werden müssen. In der Regel sollte das gesamte Vorgehen auf ein halbes oder sogar ein Schuljahr verteilt werden. Bei solchen Maßnahmen ist es zentral, die Inhalte des Trainings im Schulalltag zu erproben und zu vertiefen.
- Integration der Elemente des Vorgehens in Maßnahmen der Arbeitsverwaltung (Arbeitsämter); hierbei handelt es sich vor allem um Maßnahmen zur Verbesserung der Ausbildungssituation und den Vermittlungschancen von Jugendlichen, die von Arbeitslosigkeit betroffen sind.
- Anwendung im Jugendstrafvollzug im Sinne von erzieherischen Resozialisierungsmaßnahmen; gemäß § 10 Jugendgerichtsgesetz (JGG) kann eine richterliche Weisung für delinquente Jugendliche zwischen 14 und 21 Jahren einen „Sozialen Trainingskurs" beinhalten. Hierfür werden die Themenblöcke des Einzel- und Gruppentrainings zu einer bestimmten Anzahl von Einheiten zusammengefasst und insgesamt als Gruppentraining realisiert, sei es von Jugendgerichtshelfern der Jugendämter oder in den meisten Fällen eher von externen Institutionen wie Berufsförderzentren.

Offensichtlich kann das Material in vielfältiger Weise der Motivationsförderung bei Schülern und Auszubildenden dienen. In der Durchführung werden dabei sicherlich unterschiedliche Schwerpunkte gelegt und für die Bereiche des Arbeits- und Sozialverhaltens spezifische Bausteine aus unserem Vorgehen ausgewählt.

Zur Erarbeitung dieses Trainings empfehlen wir den Anwendern folgendes: Bitte machen Sie sich zunächst nur mit einigen Teilen des Vorgehens vertraut und sammeln Sie schrittweise damit Erfahrungen. Benutzen Sie die Arbeitsmaterialien sowohl zur Strukturierung des Vorgehens als

auch zur Motivierung der Jugendlichen. Je vertrauter Sie selbst mit den Materialien sind, desto unvoreingenommener nehmen die Jugendlichen die Materialien als Hilfestellung bei der Problembearbeitung an. Für manche Anwender sind unsere Filmdokumente, die das Institut für den wissenschaftlichen Film (IWF) erstellt hat, hilfreich; sie können über das IWF (Nonnenstieg 72, 37075 Göttingen) bezogen werden. Die Filme (Bestellnummer und Titel) lauten:
- C 1684 Jugendprobleme: Erscheinungsformen und Verhaltensmodifikation
- C 1685 Gruppentraining mit Jugendlichen

Im erstgenannten Film werden im Wesentlichen das Einzel- und im zweiten einige Ausschnitte aus Sitzungen des Gruppentrainings vorgestellt. Die Ausleihbedingungen für Videokopien können direkt beim Filminstitut in Göttingen (Tel.: 0551/2020) erfragt werden.

Zum Schluss noch ein Wort des Dankes: Herr Dipl.-Psych. Hans Biedermann (Heidelberg) lieferte für die ersten Sitzungen des Einzeltrainings Cartoons; Frau Jeanine Krüger (Bremen) und Frau Dipl.-Päd. Stefanie Roos (Dortmund) halfen uns bei der Bearbeitung des Textes. Dem Hogrefe-Verlag danken wir für die schnelle Publikation des Buches und die gewohnt reibungslose Zusammenarbeit.

Wir hoffen, dass unser Training und die vorliegende Materialsammlung den Lesern und Anwendern bei der oft schwierigen Arbeit mit Jugendlichen vielfältige Anregungen vermitteln.

Bremen und Dortmund, im März 2003

Franz Petermann und Ulrike Petermann

Einleitung

Der Fall Oliver

Oliver ist ein Jugendlicher von 17 Jahren. Er ist Auszubildender in einem metallverarbeitenden Betrieb. Dort ist er mit noch einem weiteren Lehrling zusammen einem Meister und einem Gesellen zugeordnet. Oliver befindet sich am Ende des ersten Lehrjahres. Damals war er froh, eine Lehrstelle gefunden zu haben, und das in einem Betrieb, der ihn noch halbwegs interessiert. Aber seit einiger Zeit stinkt ihm alles.

Heute muss Oliver schon wieder mit dem Meister in der Werkstatt arbeiten und darf nicht, wie der andere Lehrling, mit dem Gesellen zu einer Baustelle rausfahren. Das geht nun schon die zweite Woche so – denkt Oliver. Die Arbeit in der Werkstatt langweilt ihn, mit dem Meister versteht er sich auch nicht so gut wie mit dem Gesellen, und vor kurzem war er erst für drei Wochen zur überbetrieblichen Ausbildung fort und damit auch immer im Werkstattbereich tätig.

Die Überbetriebliche war einerseits interessant – andere Leute und so –, aber auch anstrengend. Man musste viele neue Dinge lernen und das unter Zeitdruck; vor allem letzteres mag Oliver gar nicht gerne. Er kann dann auch seine Fähigkeiten nicht voll einbringen. Außerdem werden bei der überbetrieblichen Ausbildung immer seine Schwächen im Theoretischen deutlich.

Überhaupt hat Oliver mit der Berufsschule und dem ganzen theoretischen Kram seine Probleme. Zweimal hat er die Berufsschule im letzten Vierteljahr geschwänzt. Da gab es ziemlichen Ärger, auch im Betrieb. Oliver merkt in der Berufsschule deutlich, dass er seinen Hauptschulabschluss nur mit Mühe geschafft und vor allem in Mathematik und im Fachrechnen große Lücken hat. Die größten Schwierigkeiten hat er immer mit Textaufgaben. Da versteht er nicht, was überhaupt gefragt ist. Deshalb kann er auch oft seine Hausaufgaben nicht lösen; dann lässt er es lieber gleich ganz bleiben, anstatt sich abzuquälen.

Der Meister meckert auch oft an Oliver herum: Einmal weiß er nicht die Leicht- und Schwermetalleinteilung, ein andermal hat er nicht sauber gefeilt, oder er hat die falsche Metalllänge geschnitten, oder sich die Augen beim Schweißen verblitzt usw. Ein Lob hat der Meister für Oliver nur selten übrig. Auf jeden Fall ist Oliver froh, wenn der Arbeitstag heute zu Ende ist – zumal ein Wochenende vor der Tür steht.

Zuerst schnell nach Hause, duschen, andere Klamotten anziehen, etwas essen und dann los in die Disco – denkt Oliver. Ganz so einfach ist es jedoch nicht. Die Eltern beschweren sich, dass er nie zu Hause sei. Außerdem käme er abends immer viel zu spät nach Hause, wäre alkoholisiert und würde zudem sein ganzes Geld ausgeben und nichts sparen. Sie wollen Oliver in Zukunft keinen Vorschuss mehr geben, schon gar nicht für teure Kleider und Schuhe oder Zigaretten. Er solle sich mal an seinem älteren Bruder ein Vorbild nehmen.

Jetzt fängt das wieder an – denkt Oliver und „zieht sich, bevor er wütend explodiert, aus dem Familienverkehr“. Immer dieser Zoff mit den Alten. Die Argumente und Klagen kennt er schon auswendig. Den Ärger kann er zu seiner Berufsschul- und Betriebssituation gerade noch gebrauchen. Um so stärker drängt es ihn nach draußen, zu Freunden, in die Disco.

Mal sehen, was dieses Wochenende läuft. Oliver steht jedoch vor dem Problem, dass er nicht mehr über allzuviel Geld verfügt. Wenn er heute abend in die Disco geht und morgen abend für die Fete bei Frank etwas „Scharfes“ mitbringen will, kann er am Sonntagabend nicht mehr ins Kino gehen. Eine ordentliche Flasche Whisky ist für Franks Geburtstagsfete schon fällig. Drunter läuft nichts, die anderen lachen ihn sonst aus. Und er will doch unbedingt zu dieser Gruppe gehören. Sonst hat er nämlich keine Freunde.

Abends in der Disco versucht er, zwei Kumpels anzupumpen. Diese haben aber selbst angeblich kein Geld mehr, das sie verleihen könnten. Was soll Oliver machen? Die Eltern hatten ihm ja auch angekündigt, dass sie ihm keinen Vorschuss mehr geben würden. Aber statt an diesem Abend sein Geld einzuteilen, lässt sich Oliver ziemlich mit Bier und obendrein mit Schnaps volllaufen. Schließlich hat er einen weiteren Grund dazu. Die Frau, die ihm gefällt, tanzt mit jedem anderen Typ, nur nicht mit ihm. Das geht nun schon die dritte Woche so. Oliver ist in jeder Hinsicht deprimiert und resigniert.

Während er so ein Bier nach dem andern „reinzieht", kommt er auf die verschiedensten Gedanken: Zum Beispiel könnte er die Flasche Whisky in einem Supermarkt „mitgehen" lassen. Mit Tabak hat es ja schon ein paarmal geklappt. Er kann es ja zumindest mal probieren, und wenn er es schafft, käme er bei den anderen ganz groß raus. Das wär 'ne Sache!

Kapitel 1

Theoretische Überlegungen

Die einleitende Falldarstellung verdeutlicht, in welcher Form normale Reaktionen eines Jugendlichen wie der Wunsch, Anerkennung von Gleichaltrigen zu erhalten, das Fundament zu abweichendem Verhalten (z.B. Ladendiebstahl) bilden können. Fallberichte dieser Form ließen sich viele schreiben, und sie kennzeichnen das Jugendalter als ein Übergangsstadium, in dem neue Anforderungen auftreten und Konflikte bzw. Krisen nicht ausbleiben. Die Anforderungen an Jugendliche und ihre möglichen Bewältigungsformen geben Hinweise darauf, wie eine Förderung von bzw. ein Training mit Jugendlichen beschaffen sein sollte.

Wir werden einleitend über einige empirische Befunde berichten, wobei sich die Bemerkungen auf die Probleme des Arbeits- und Sozialverhaltens beschränken. Zur weiterführenden Lektüre sei auf umfassende Einführungen in die Psychologie des Jugendalters verwiesen, wie sie zum Beispiel von Fend (1997), Flammer und Alsaker (2002), Messer (1999), Silbereisen und Schmitt-Rodermund (1998) oder Sprinthall und Collins (1995) vorliegen.

1.1 Jugendalter – ein kritischer Lebensabschnitt

Ob und in welchem Ausmaß das Jugendalter einen kritischen Lebensabschnitt bildet, hängt unter anderem davon ab, wie man die Spanne des Jugendalters absteckt. Wählt man als Untergrenze das Einsetzen der Pubertät, so muss man bei Mädchen mit dem elften und bei Jungen mit dem zwölften Lebensjahr beginnen, und nimmt man als Obergrenze die finanzielle Unabhängigkeit im Beruf, so wird man heutzutage bis Mitte 20 gehen müssen, da sich im letzten Jahrzehnt die Zahl der Jugendlichen, die bereits mit 20 Jahren finanziell unabhängig sind, drastisch verringert hat. Ein auf diese Weise definiertes Jugendalter würde einen relevanten Zeitraum von zehn bis fünfzehn Jahren umfassen. Eine solch starke Ausweitung kann für die Entwicklung eines Trainings nicht sinnvoll sein, da naheliegenderweise die Themen und diesbezüglichen Materialien altersspezifisch bestimmt bzw. konstruiert werden müssen. So dürfte der Erfahrungsschatz eines 13-jährigen Schülers mit dem eines 24-jährigen Studenten kaum vergleichbar sein. Konflikte mit den Eltern und auftretende Verhaltensprobleme besitzen eine grundlegend unterschiedliche Qualität. Infolgedessen schränken wir unsere Überlegungen und damit den Gültigkeitsbereich des Trainings auf 13- bis maximal 20-jährige Jugendliche ein.

Bei vielen Jugendlichen zeigen sich im Laufe der Jugendzeit vermehrt psychische Probleme und Verhaltensauffälligkeiten. Im Rahmen der Bremer Jugendstudie wurden 1035 Schülerinnen und Schüler im Alter von zwölf bis 17 Jahren nach ihrem psychischen Wohlbefinden befragt; viele der Jugendlichen berichteten von Auffälligkeiten und Problemen (vgl. Essau et al., 1998a; 1998b; Petermann et al., 1999):

- 5,6 % der befragten Jugendlichen gaben zum Beispiel an, dass sie häufig ernsthafte Schlägereien anfangen und 11,4 %, dass sie schon einmal das Eigentum anderer Leute beschädigt haben (z. B. Autos zerkratzt, Fenster eingeworfen);
- 17,6 % haben oft Schwierigkeiten, sich auf Einzelheiten zu konzentrieren, 21,6 % haben häufig ein Gefühl innerer Unruhe und 52,4 % haben oft keine Lust, Aufgaben zu machen, bei denen man sich auf Einzelheiten konzentrieren muss;
- 11,6 % der Befragten fühlten sich in den letzten zwei Jahren überwiegend (d.h. über 50 % der Tage) traurig, niedergeschlagen, interesselos oder deprimiert, 41,9 % fühlten sich schon einmal über mindestens zwei Wochen fast täglich traurig, niedergeschlagen oder deprimiert;
- 9,9 % dachten schon einmal daran, Selbstmord zu begehen, 4,5 % machten konkrete Pläne und 2,9 % der Jugendlichen berichteten, schon einmal tatsächlich versucht zu haben, sich das Leben zu nehmen;
- 31,1 % hatten, selbst bei guter Vorbereitung, schon einmal starke Angst vor einer Prüfung oder Arbeit, 19,7 % davor, vor anderen zu sprechen;
- 20,4 % der Schülerinnen und Schüler berichteten von schwerwiegenderen und länger andauernden Bauchschmerzen und 23,9 % von Kopfschmerzen, die mindestens manchmal auch psychisch bedingt sind;

- 11,6 % der Befragten haben in den letzten sechs Jahren die Scheidung ihrer Eltern erlebt und 21,2 % fühlten sich über längere Zeit in der Schule überfordert.

Laut einer weiteren Befragung von 3392 Schülerinnen und Schülern zwischen zwölf und 16 Jahren in den alten und neuen Bundesländern signalisierten 20 bis 25 % Gefühle der Hilflosigkeit, des „Sich überflüssig Fühlens“ und der Einsamkeit, das Erleben von Sinnlosigkeit ihres Daseins, Ängste und Benachteiligung. Mindestens die Hälfte der Befragten fühlte sich gestresst, erschöpft, überfordert, belastet und müde. Wut, Aggression, Gereiztheit, Zorn und Ärger äußerten bis zu 55 % der Jugendlichen (Kolip, Nordlohne & Hurrelmann, 1995).

Für die Bewältigung der angesprochenen Anforderungen hängt es vermutlich ganz entscheidend davon ab, ob der Jugendliche davon ausgeht, dass er mit seinem Verhalten etwas bewirken kann, und ob er sich zutraut, seine Probleme bzw. Konflikte eigenständig zu lösen. So resignieren beispielsweise belastete Jugendliche angesichts auftretender Probleme häufiger als unbelastete und greifen anstelle von konstruktiven Problemlösungsstrategien eher zu ungünstigen Bewältigungsmaßnahmen, wie zum Beispiel Alkohol- oder Drogenkonsum oder sozialem Rückzug (vgl. Essau, Groen & Petermann, 2002; Frydenberg, 1997; Keating & McLean, 1996).

In Anlehnung an lerntheoretische Befunde von Bandura (1989, 1992) nehmen wir an, dass die *erfahrene Selbstwirksamkeit* eine zentrale Bedeutung besitzt. Bandura geht davon aus, dass die Selbstwirksamkeit über vier verschiedene Prozesse das menschliche Handeln beeinflusst:

- kognitive Prozesse (z. B. „Baue ich mir ein Erfolgs- oder Misserfolgsszenario auf?“),
- affektive Prozesse (z. B. „Wieviel Stress und Angst erlebe ich in einer belastenden Situation?“),
- motivationale Prozesse (z. B. „Wieviel Mühe gebe ich mir, um ein gestecktes oder vergebenes Ziel zu erreichen?“) und
- Auswahl von Umweltsituationen (z. B. „Präferiere ich Situationen, die ich bewältigen kann, oder solche, die ich für nicht bewältigbar halte?“).

Erst der Eindruck, etwas bewirken zu können, wird den Jugendlichen dazu bewegen, sich auch größeren Problemen zu stellen, und erst dadurch gelingt es ihm, ein stabiles Selbstvertrauen aufzubauen (vgl. Dumont & Provost, 1999). Kann er die genannten Anforderungen bewältigen und schreibt er sich den Erfolg selbst zu, wird er sich immer schwierigeren Aufgaben zuwenden und sich bemühen, diese zu bewältigen. Zentral ist dabei die Überzeugung, dass jemand selbst das Verhalten, das die Voraussetzung für den angestrebten Erfolg bildet, erfolgreich ausführen kann. Wichtig ist demnach die Verknüpfung zwischen eigener Anstrengung und Erfolg. Im Hintergrund dieser Überlegungen steht die Annahme, dass Menschen bestrebt sind, bei Problemen die Möglichkeiten auszuwählen, erfolgreich zu sein. Diese Überlegungen wurden vielfach überprüft (vgl. Überblick bei Bandura, 1989; 1992). Es konnte dabei gezeigt werden, dass beispielsweise die erfahrene Selbstwirksamkeit entscheidend für die Ausdauer bei der Bearbeitung einer unlösbaren Aufgabe ist. Hegt der Jugendliche Zweifel an seinen Fähigkeiten und am Erfolg seiner Bemühungen, dann wird er sich selbst bei der Problemlösung behindern, da die Aufmerksamkeit von der zu lösenden Aufgabe abgelenkt wird. Dieser Prozess vermindert zudem die Anstrengungen – man gibt auf und traut sich nichts mehr zu.

Heute liegen eine Vielzahl von Studien vor, die eine Übersicht über Risiko- und Schutzfaktoren der Entwicklung im Jugendalter geben (vgl. Petermann, 2002a; Werner & Smith, 2001). Aspekten der emotionalen und sozialen Kompetenz kommen dabei eine besondere Bedeutung zu (vgl. Halberstadt, Denham & Dunsmore, 2001; Payton et al., 2000; Petermann, 2002b; Saarni, 2002; Seiffge-Krenke, 2002). So fassten Payton et al. (2000) eine Vielzahl sozial-emotionaler Schlüsselfertigkeiten zusammen, die Tabelle 1 enthält.

Die ausgewählten sozial-emotionalen Schlüsselfertigkeiten kann man in ein Entwicklungsmodell des Jugendalters einordnen, in dem empirisch begründete Risiko- und Schutzfaktoren spezifiziert sind (vgl. Charvoz, Bodenmann & Hermann, 2002; Essau, Groen & Petermann, 2002; Farrington, 1995; Petermann, Niebank & Scheithauer, 2003; Pinquart, 2001; Schmidt et al., 2002; Werner & Smith, 2001).

Abbildung 1 gibt eine Übersicht über wichtige Risiko- und Schutzfaktoren. Überwiegen Risikofaktoren, misslingt die Bewältigung von Anforderungen im Jugendalter. In der Folge davon entstehen *scheinbare Handlungskompetenzen* des Jugendlichen, die sich auf ganz unterschiedliche Bereiche beziehen können (vgl. Tab. 2). Wir wol-

Tabelle 1: Ausgewählte sozial-emotionale Schlüsselfertigkeiten nach Payton et al. (2000).

Selbst- und Fremdwahrnehmung	
Wahrnehmung von Gefühlen	– Fähigkeit, die eigenen Gefühle richtig wahrzunehmen und zu benennen
Regulation von Gefühlen	– Fähigkeit, die eigenen Gefühle zu regulieren
positives Selbstbild	– Fähigkeit, eigene Stärken und Schwächen zu erkennen und alltäglichen Herausforderungen mit Selbstvertrauen und Optimismus zu begegnen
Perspektivenübernahme	– Fähigkeit, die Sichtweise anderer Personen wahrzunehmen
soziale Interaktion	
aktives Zuhören	– Fähigkeit, sich anderen zuzuwenden und ihnen zu zeigen, dass sie verstanden werden
Kommunikation	– Fähigkeit, Gespräche zu initiieren und aufrechtzuerhalten und seine Gedanken und Gefühle verbal und nonverbal auszudrücken
Kooperation	– Fähigkeit, sich mit anderen abzuwechseln und zu teilen
Verhandlungen	– Fähigkeit, in einem Konflikt alle Sichtweisen zu berücksichtigen, um zu einer für alle Beteiligten zufriedenstellenden Lösung zu kommen
Verweigerung	– Fähigkeit, sich zu verweigern und nicht unter Druck setzen zu lassen
Suche nach Unterstützung	– Fähigkeit, Unterstützungsbedarf zu erkennen und erreichbare und angemessene Hilfen in Anspruch zu nehmen

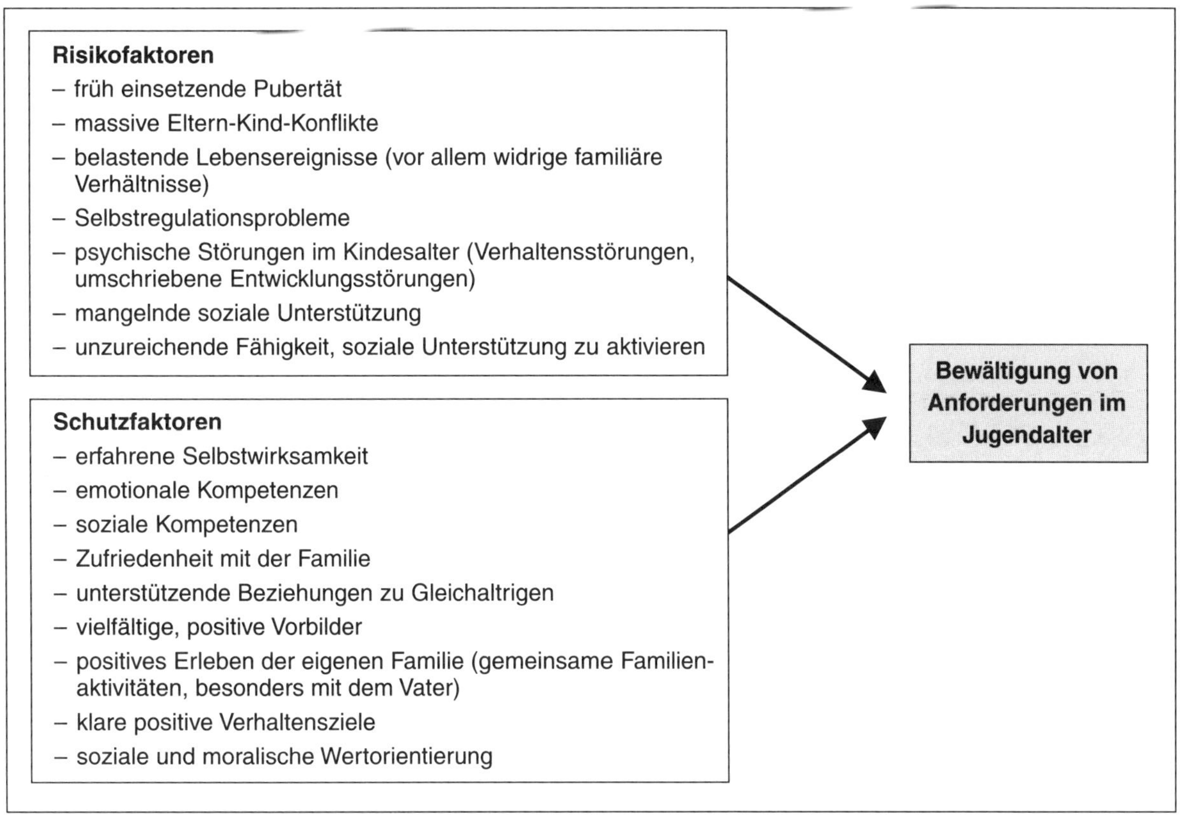

Abbildung 1: Risiko- und Schutzfaktoren im Kontext der Entwicklung im Jugendalter.

len so weit gehen, dass wir die meisten Fehlentwicklungen von Jugendlichen als scheinbare Handlungskompetenzen definieren. Sie stellen unangemessene Formen der Bewältigung von Krisen des Jugendalters dar und können sich sowohl auf das „Pflegen" einer körperlichen (psychosomatischen) oder psychischen Krankheit als auch auf Abhängigkeit und Sucht, Delinquenz und Aggression oder soziale Unsicherheit, sozialen Rückzug und Apathie beziehen. So belegen zum Beispiel verschiedene Studien, dass eine geringere erfahrene Selbstwirksamkeit das Risiko für abweichendes Verhalten, wie zum Beispiel Aggression, Delinquenz oder Drogenkonsum, erhöht (z. B. Chung & Elias, 1996; Ludwig & Pittman, 1999). Aus der Gruppe der so genannten Verhaltensstörungen beschränken wir uns in unserem Training auf die unter Punkt 2 und 3 in Tabelle 2 aufgeführten Problembereiche. Von den weiteren Problemen des Jugendalters, wie Selbstmordversuche, das Leben in einer Subkultur (z. B. einer Jugendbande oder Jugendsekte) oder die Flucht in eine diffuse Aussteigermentalität (z. B. Null-Bock-Haltung, Schulverweigerung), werden wir nur auf solche eingehen, die sich im Arbeitsverhalten niederschlagen.

Tabelle 2: Entwicklung von scheinbaren Handlungskompetenzen im Jugendalter.

- Psychische bzw. psychosomatische Krankheiten und die damit einhergehenden familiären Verstrickungen, die neue Aufgaben und Freiräume, aber auch Beschränkungen zur Folge haben
- Delinquenz und Aggression
- Soziale Unsicherheit und sozialer Rückzug sowie Apathie
- Alkohol-, Drogen- und Medikamentenabhängigkeit
- Leben in einer Subkultur (z. B. einer Jugendbande oder Jugendsekte)
- Selbstmordversuche
- Diffuse Aussteigermentalität (z. B. Null-Bock-Haltung, Schulverweigerung)
- Extreme Ess- und Gewichtsprobleme (Adipositas, Anorexia nervosa, Bulimia nervosa)

Die Zusammenstellung in Tabelle 2 enthält die wichtigsten Bereiche scheinbarer Handlungskompetenz, auf Grund derer manche Jugendliche die Beratung aufsuchen (vgl. Cicchetti & Toth, 1996; Ollendick & Prinz, 1997; Petermann, 2002a). Welcher Bereich scheinbarer Handlungskompetenz im einzelnen gewählt wird, hängt auch von Zeiterscheinungen ab (z. B. die Verbreitung von Jugendsekten oder die Verfügbarkeit neuer Medien; vgl. auch Rutter & Smith, 1995).

1.2 Ziele des Jugendalters: Unabhängigkeit und Eigenständigkeit

Das Jugendalter stellt ein Übergangsstadium dar, in dem Aufgaben und Rollen neu definiert werden. Jugendliche suchen nach neuen Leitvorstellungen, Werten und Zielen, mit denen sie sich von ihren Eltern oder Geschwistern unterscheiden. Diese Abgrenzung ist ein wichtiger Schritt zur Unabhängigkeit und Eigenständigkeit. Wir definieren deshalb den Begriff „Unabhängigkeit" im Sinne des Loslösens von den Eltern. Die Unabhängigkeit von den Eltern läuft als ein sich allmählich vollziehender Prozess; sie hilft dem Jugendlichen, sich für sein Handeln selbst verantwortlich zu fühlen. Hierdurch wird eine entscheidende Grundlage dafür geschaffen, Selbstsicherheit und Selbstvertrauen zu entwickeln. Der Jugendliche, der sich wenigstens in einigen Bereichen von seiner Familie unabhängig machen kann, wird in der Lage sein, für sein Handeln Verantwortung zu übernehmen, was in der Regel dann erst eigenständiges Handeln ermöglicht. Eigenständigkeit setzt also Unabhängigkeit voraus. „Eigenständigkeit" und „Unabhängigkeit" sind somit nicht deckungsgleich, wie ein Beispiel nahelegt. Ein Jugendlicher kann sich unabhängig von seinen Eltern fühlen bzw. machen und begibt sich dafür in eine neue Abhängigkeit, zum Beispiel die einer Jugendsekte, einer Jugendbewegung oder einer bestimmtem Musikszene (vgl. Schröder & Leonhardt, 1998). In ihr erlebt er zwar die Unabhängigkeit von seinen Eltern, aber seine Eigenständigkeit ist auf Grund der neuen Abhängigkeit oftmals noch stärker eingeschränkt als in seiner Herkunftsfamilie.

Für Jugendliche werden Vorbilder außerhalb der Familie bedeutsam, sie gehen deshalb mit den Geboten und Verboten ihrer Eltern „lockerer" um. Aus diesen Gründen sind Jugendliche weit stärker dem Einfluss von Gleichaltrigen außerhalb der Familie ausgesetzt; die gewünschte Wertschätzung durch diese Bezugsgruppe nimmt an Bedeutung zu. Liegen starre Rollenverteilungen in einer Familie vor und ändern sich die Erwartungen der Eltern gegenüber ihren heranwachsenden Kindern nicht, dann sind *Konflikte zwischen den Generationen* vorprogrammiert

(Heekerens, 1997). Neben diesen Konflikten kann auch ein Zielkonflikt auftreten: Ein Jugendlicher möchte zwar unabhängig Entscheidungen treffen, aber zugleich die familiäre Geborgenheit sowie Versorgung nicht aufgeben. Dieser Zielkonflikt kann zur Passivität führen, falls man aus eigener Kraft keine Lösung anstreben kann. Damit sind jedoch nur einige mögliche Konflikte angesprochen worden, die aus dem Wunsch nach Unabhängigkeit und Eigenständigkeit resultieren.

Massive Konflikte im Jugendalter entstehen, wenn Jugendliche sich von einer Familienideologie loslösen wollen. Eine *Familienideologie* legt das Selbstverständnis der Familie und die daraus abgeleiteten Funktionen und Aufgaben der einzelnen Mitglieder fest. Hierunter fallen die Erwartungen der Eltern an das Kind bzw. den Jugendlichen, feststehende Regeln, Rollen und Rituale. Vor diesem Hintergrund wird verständlich, warum manche Familien den Kontakt nach außen so gering wie möglich halten. In solchen isolierten Familien wird eine Loslösung nur schwer erfolgen können, da für den Jugendlichen kaum Möglichkeiten bestehen, neue Kontakte zu schließen. Wird diese Abkapselung der Familie zudem durch das Selbstverständnis einer besonders „harmonischen Familie" verstärkt, dann ist die Chance gering, dass sich ein Jugendlicher ohne Konflikte aus dieser Umklammerung lösen kann.

Große Konflikte ergeben sich auch, wenn Jugendliche unerfüllte Wünsche der Eltern stellvertretend für diese realisieren sollen. Die von den Eltern erfahrene Unterstützung kann zu einer unüberwindbaren Abhängigkeit führen, da man sich bei soviel Aufopferung „dankbar" zeigen muss. Besteht bei den Eltern zudem eine am Harmonieverständnis orientierte Familienideologie, so erschwert dies den Ablösungsprozess des Jugendlichen erheblich. Solche konfliktscheuen Familien lassen beim Jugendlichen kaum Fähigkeiten aufkommen, Konflikte auszutragen und auszuhalten.

Wiederum andere Familien verfolgen die Ideologie „Jeder soll nach seinen Möglichkeiten glücklich werden". In diesen Fällen liegt eine besondere Form der konfliktscheuen Familie vor, da die Eltern von vornherein keine oder kaum Regeln aussprechen, an denen sich Kinder orientieren können. Kindheit und Jugendzeit wird als Wachstumsprozess begriffen, der keine Orientierung durch die Eltern benötigt, da naturgemäß jeder Heranwachsende seinen Weg findet, der zu seinem Vorteil ausfällt. Diese Scheu vor Geboten, Verboten und Unterstützung verunsichert Kinder und Jugendliche und macht sie hilflos, da sie keine Chance erhalten, sich im Schutzraum der Familie mit Regeln, Verboten, Anforderungen sowie kontroversen Meinungen auseinander zu setzen (vgl. Petermann & Petermann, 2001). Eine wieder ganz andere Familienideologie veranlaßt Eltern zu der Meinung, was mir nicht geschadet hat, schadet auch meinen Kindern nicht. Oftmals handelt es sich hierbei um übergroße Strenge, extrem einengende Vorschriften und Regeln bis hin zu deprivierenden Bedingungen. Diese Familiensituation enthält viele Konflikt- und Streitgelegenheiten, die besonders bei Verselbstständigungsversuchen des Jugendlichen deutlich werden. Manchmal kann sich ein solcher Jugendlicher nur sehr radikal und plötzlich aus dem Familienverband lösen. Die genannten Familienideologien stellen nur eine Auswahl möglicher Formen dar.

Für die Entwicklung eines Trainings mit Jugendlichen ist zu klären, welche Folgen sich aus einer ungünstigen Familienideologie ergeben. Wir unterstellen, dass Jugendliche, die aus Familien mit diesen Ideologien kommen, keine Unabhängigkeit und Eigenständigkeit entwickeln. Sie erfahren deshalb nicht, dass sie mit ihrem Handeln etwas bewirken können. Im extremen Falle unterlassen sie Handeln und Aktivitäten. Es wird also angenommen, dass sich eine gelungene Verselbstständigung im Jugendalter im Handeln sowie in der Art der Aktivitäten niederschlägt. So wären etwa kompetente Verhaltensweisen: Unabhängigkeit wahren und dennoch jemanden um Hilfe bitten können oder zu jemandem kritische Distanz halten und ihm dennoch Vertrauen schenken.

Ungünstige Folgen des Strebens nach Unabhängigkeit und Eigenständigkeit liegen dann vor, wenn Jugendliche bei der Suche nach eigenen Wegen in einer hohen Selbstbezogenheit steckenbleiben. Sie haben sowohl den Kontakt zu ihrer Familie als auch zu den Gleichaltrigen verloren und beschränken sich auf eine lediglich auf die eigene Person bezogene Lebensperspektive, die von der Umwelt als Egoismus oder Arroganz gedeutet werden kann. Die daraus resultierenden Konflikte für das Sozial- und Arbeitsverhalten sind leicht vorstellbar.

Sehr problembeladen ist eine Selbstständigkeitsentwicklung auch dann, wenn eine Loslösung von der Familie zwar gelingt, zugleich aber keine Kontakte zu Gleichaltrigen aufgebaut werden können. Die dadurch entstandene soziale Isolation lässt beim Jugendlichen das Gefühl des Alleingelassenseins und der Ausweglosigkeit aufkommen. Für das Jahr 2000 meldete das Statistische Bundesamt 305 vollendete Suizide für die Altersgruppe der Zehn- bis 20-Jährigen. Selbstmord nimmt bei den häufigsten Todesursachen im Jugendalter hinter den Unfällen Platz zwei ein (vgl. Maier & Pekrun, 2001). Jugendliche, die versucht haben, sich das Leben zu nehmen, klagen sehr häufig über Probleme mit den Eltern (vgl. Brent & Moritz, 1996). Neben Selbstmordversuchen sind Drogenmissbrauch und Alkoholismus nicht auszuschließen. Nach Kolip et al. (1995) besitzen über 80 % der Jugendlichen (12 bis 16 Jahre) Erfahrungen mit Alkohol, 53,2 % mit Zigaretten und 4,4 % mit Haschisch. Als regelmäßige Alkoholkonsumenten stuften sich 1,3 % der Befragten ein, als regelmäßige Raucher 6,1 % (vgl. auch Essau et al., 1998b). Als Risikofaktoren für die Entwicklung von Alkohol- und Drogenproblemen bei Kindern und Jugendlichen werden unter anderem der familiäre Umgang (wie inkonsequentes Elternverhalten, geringe familiäre Bindungen) und schulisches Versagen diskutiert (Dierker, Merikangas & Essau, 1997; Krausz, Degkwitz & Verthein, 1998; Lösel & Bliesener, 1998; Luthar, Cushing & McMahon, 1997; Zucker, Fitzgerald & Moses, 1995). In einer solchen Situation sieht der Jugendliche keine Zukunftsperspektive und sein Misstrauen bzw. Pessimismus gegenüber seiner Umwelt verstärkt sich.

Vor dem oben beschriebenen Kreislauf der sozialen Isolation schützt sich eine andere Gruppe von Jugendlichen dadurch, dass sie sich von ihrer Familie zwar ablöst, unter Umständen radikal, aber zugleich bereitwillig den Normen einer Subkultur anschließt. Dies kann deshalb geschehen, weil die Jugendlichen noch nicht gelernt haben, ein autonomes, eigenständiges Leben zu führen. In dieser Lage führt die Anpassung an eine Subkultur manchmal dazu, dass sie sich von der Gesellschaft völlig abkapseln, zum Beispiel in Jugendsekten, oder dass sie delinquentes Verhalten zeigen, zum Beispiel in einer Jugendbande.

Wir haben unser Training mit Jugendlichen so konzipiert, dass sowohl die sozial isolierten als auch die aggressiven bzw. delinquenten Jugendlichen berücksichtigt werden können. Der eben genannte weitgesteckte Verhaltensbereich, dem sich das Training mit Jugendlichen zuwendet, ist von der Problemlage auffälliger Jugendlicher her erforderlich. So weisen Wiesner und Reitzle (2001) explizit auf die größere Effizienz solch breit angelegter Präventionsprogramme hin. Zudem kann durch ein symptomübergreifendes Vorgehen einer „Überflutung" des Marktes mit spezifischen Präventionsprogrammen, welche dem Anwender die Orientierung und Festlegung immens erschwert, sinnvoll entgegengewirkt werden (vgl. Wiesner & Reitzle, 2001; Compas et al., 1997). Es ist zudem eine ethisch begründbare Notwendigkeit, im Rahmen eines strukturierten und zeitlich begrenzten Trainings eine schnelle und nachhaltige Änderung zu erzielen. Für solche Änderungen spricht, dass sich das auffällige Verhalten eines Jugendlichen über viele Jahre entwickelt hat, und ein Problembereich mit anderen vielfältig – oft gar nicht erkennbar – zusammenhängt. In der Regel bedingen sich dann diese Verhaltensweisen wechselseitig oder sie sind durch ähnliche Defizite begründet. In vielen Fällen wurde den Jugendlichen nie die Notwendigkeit vor Augen geführt, bestimmte Verhaltensweisen zu erlernen oder ihnen wurde dabei nur unzureichende Unterstützung zuteil.

Zunächst unvereinbare Probleme des Jugendlichen besitzen oft eine gemeinsame Ursache, die zum Beispiel durch eine nicht ausreichende oder eine misslungene Loslösung vom Elternhaus gegeben ist. Viele Jugendliche werden auch von rigiden Denkmustern so stark bestimmt, dass eine Veränderung in keinem Bereich erfolgversprechend ist. In solchen Fällen sind sie davon überzeugt, dass eigene Bemühungen sinnlos sind. Gelingt es in einem solchen Fall, Veränderungen in einem Bereich zu initiieren, dann wird dies positive Entwicklungen in anderen zur Folge haben. Auch aus unserer praktischen Arbeit mit aggressiven Kindern wissen wir, dass so unterschiedliche Phänomene wie Aggression und soziale Unsicherheit nicht voneinander losgelöst betrachtet werden dürfen. Sie treten oft kombiniert (komorbide) auf oder bilden *unterschiedliche Pole einer Dimension auffälligen Sozialverhaltens* (vgl. Kusch & Petermann, 1997; Petermann & Petermann, 2000; 2003).

1.3 Verhaltensstörungen im Jugendalter

Es wurde schon darauf hingewiesen, dass Verhaltensstörungen bei Jugendlichen sich grob in die beiden Gruppen „aggressiv" bzw. „delinquent" und „soziale Isolation" untergliedern lassen. In diesem Sinne kann auch unterkontrolliertes bzw. externalisierendes (nach außen gerichtetes) von überkontrolliertem bzw. internalisierndem (nach innen gerichtetem) Problemverhalten getrennt werden (vgl. Döpfner et al., 2002; Petermann, 2002a). Viele Auffälligkeiten stehen für bestimmte Fehlentwicklungen im Jugendalter und äußern sich vorwiegend im Sozialverhalten. Unter Sozialverhalten versteht man das Handeln, das auf einen Partner ausgerichtet ist und von bestimmten Zielen geleitet wird. Solche Ziele beziehen sich normalerweise darauf, mit anderen in Kontakt zu kommen, zu kooperieren, zu helfen, und auf das eigene Bedürfnis nach Nähe und Geselligkeit. Von einer Verhaltensstörung spricht man, sofern diese Ziele gar nicht oder mit unangemessenen Mitteln angestrebt werden. Es kommt dann vor, dass ein Sozialverhalten nicht bzw. nur kaum (defizitär) oder zu stark (exzessiv) ausgeprägt ist. Ein Verhaltensmangel liegt zum Beispiel vor, wenn man bei kontaktscheuen und sozial unsicheren Jugendlichen initiativeloses, passives, gleichgültiges und sich zurückziehendes Verhalten feststellt. Neuere Studien belegen bei 20 bis 40 % der Jugendlichen vereinzelte depressive Symptome wie ein Gefühl des Unglücklichseins oder eine traurige Grundstimmung (vgl. Essau & Petermann, 2002; Wiesner & Reitzle, 2001).

Aggression und Delinquenz stehen für Verhaltensweisen, die besonders auffällig sind. Vielfach wird deshalb der Begriff „Verhaltensstörung" auf aggressives und delinquentes Verhalten beschränkt. Dies hängt vermutlich mit der starken Verbreitung dieser Verhaltensweisen und ihrem hohen Maß an Bedrohung zusammen. Wie aus Kriminalstatistiken zu entnehmen ist, sind junge Menschen in der jüngsten Zeit unverhältnismäßig häufig durch Straftaten aufgefallen (Bundeskriminalamt, 2002). Der Waffenbesitz nimmt in dieser Altersgruppe deutlich zu.

In einer Umfrage unter Chemnitzer Jugendlichen gaben 3 % an, eine Pistole zu besitzen, 6 % einen Baseballschläger, 6 % eine Gaspistole, 21 % Reizgas, 41 % ein Messer und 14 % eine andere Waffe. Fast alle Jugendlichen äußerten Angst, abends das Haus zu verlassen (Starke & Starke, 1995).

Laut Polizeilicher Kriminalstatistik (Bundeskriminalamt, 2002) überwiegen die Jungen bei den Tatverdächtigen deutlich (Verhältnis Mädchen : Jungen = 1 : 3). Unter den Straftaten dominieren bei den Kindern und Jugendlichen vor allem Ladendiebstahl, Körperverletzung und Sachbeschädigung. Besonders stark stieg in den letzten drei Jahren der prozentuale Anteil bei den Körperverletzungen; dieser Anteil verdoppelte sich seit 1998.

Tabelle 3: Prozentualer Anteil einzelner nach Alter und Geschlecht aufgeteilter Gruppen am Gesamtauftreten einzelner ausgewählter Straftaten (Tatverdächtige) 2001 (Bundeskriminalamt, 2002).

Straftaten	**Altersklassen**					
	< 14 Jahre		**14 < 18 Jahre**		**18 < 21 Jahre**	
	männlich	**weiblich**	**männlich**	**weiblich**	**männlich**	**weiblich**
Mord, Totschlag	0,3	0,0	5,4	0,7	11,3	1,0
Raub, räuberische Erpressung, räuberischer Angriff auf Kraftfahrer	7,4	1,1	27,0	3,2	18,0	1,2
Körperverletzung (gefährlich und schwer)	5,2	1,2	17,6	3,1	15,0	1,2
Körperverletzung (leichte)	3,4	0,7	9,9	2,4	8,7	1,2
Diebstahl (ohne erschwerende Umstände)	8,7	4,8	12,0	6,6	6,8	2,4
Diebstahl (unter erschwerenden Umständen)	7,6	1,2	24,3	2,2	16,7	1,2
Brandstiftung/Herbeiführen einer Brandgefahr	19,7	3,0	12,2	1,8	5,7	0,9
Sachbeschädigung	12,7	2,0	25,4	2,5	12,9	0,9
Rauschgiftdelikte	0,7	0,2	14,5	2,5	22,6	2,9
Straftaten gegen das Waffen- und Kriegswaffengesetz	3,6	0,1	15,0	0,4	14,0	0,5

Gewalt an Schulen ist ein Thema, das zunehmend in den Mittelpunkt des öffentlichen Interesses gerückt ist. Eine großangelegte Befragung von Schulleitern zum Thema Gewalt an ihrer Schule zeigte, dass Vandalismus (41,3 %), Diebstahl (35,1 %) und Körperverletzung (21,1 %) gelegentlich bis häufig vermerkt werden (Tillmann et al., 1999). Den Ergebnissen ist darüber hinaus zu entnehmen, dass Vandalismus und Körperverletzung in den Augen der Schulleiter in den letzten Jahren zugenommen haben (vgl. eine aktuelle Übersicht bei Scheithauer, Hayer & Petermann, 2003).

Die Befragung der Schüler nach der Häufigkeit der Gewalttaten zeigte, dass ein Drittel gelegentlich, oft oder sehr oft tätliche Auseinandersetzungen beobachten. In einer Befragung an über 10000 Schülerinnen und Schülern der Klassen 5 bis 13 in Mecklenburg-Vorpommern (Weitemeier & Montag, 1998) gaben gut ein Viertel der Jugendlichen an, auf dem Schulweg oder in der Schule von Mitschülern schon einmal tätlich angegriffen, bedroht oder beraubt worden zu sein. Von den 508 befragten Lehrern berichteten ungefähr zwei Drittel, bereits Gewaltfälle unter Schülern beobachtet zu haben.

Ein ähnliches Bild zur Gewalt an Schulen lässt sich auch beispielsweise für Norwegen skizzieren. In einer landesweiten Studie, an der 85 % aller Grund- und weiterführenden Schulen teilnahmen, kommt Olweus (1996) zu dem Ergebnis, dass 15 % der Schüler „hin und wieder" oder „öfter" an Gewalttaten beteiligt sind. Ferner fand er heraus, dass mehr als 50 % der befragten Zweit- und Drittklässler von älteren Schülern Gewalt erfahren. Er schlussfolgert, dass es vor allem die jüngeren und schwächeren Schüler sind, die von tätlichen Übergriffen der älteren betroffen sind. – Bei vielen Jugendlichen konnte ein Anstieg aggressiver und delinquenter Verhaltensweisen über den Verlauf der Jugendzeit festgestellt werden, der oft in einen Höhepunkt vor dem Übergang zum Erwachsenenalter mündet (vgl. Scheithauer & Petermann, 2002).

Bei den genannten sozial störenden Verhaltensweisen wird man sich schnell darauf einigen können, dass sie abgebaut werden sollten. Die Notwendigkeit einer Intervention wird von aktuellen Befunden aus Dunkelfeldstudien unterstrichen. So fanden Schmidt et al. (2002) in einer Längsschnittstudie bei nahezu 50 % derer, die nach dem Jugendalter nicht offiziell als Straftäter erfasst werden, dass trotzdem eine fortgeführte Delinquenz besteht.

Auf der Suche nach Ansatzpunkten für gezielte therapeutische Interventionen stellt sich zunächst die Frage nach den Ursachen des auffälligen Sozialverhaltens. Die Erklärungen für das Problemverhalten setzen auf unterschiedlichen Ebenen an und berücksichtigen neben möglicherweise beteiligten biologischen Dispositionen (vgl. Schmeck & Poustka, 2000) auch die psychosoziale Lage der Person. Dabei sind für ein Training mit Jugendlichen vor allem Faktoren auf seiten der Person von Interesse. Neben sozioökonomischen und familiären Risikofaktoren, durch die delinquente Jugendliche besonders belastet sind (vgl. Loeber & Farrington, 1998; Schmidt et al., 2002), liegen eine Reihe von weiteren Faktoren vor, die das Risiko für aggressives und delinquentes Verhalten begünstigen. So zeichnen sich aggressive Jugendliche durch eine mangelnde Impulskontrolle, ein negatives Selbstkonzept sowie niedrigere kognitive Fertigkeiten aus (vgl. Scheithauer & Petermann, 2002).

Beachtenswert sind auch Erklärungsansätze für aggressives Verhalten, in denen eine verzerrte Wahrnehmung und Missdeutung sozialer Situationen als Auslöser für aggressive Handlungen betont wird. Demnach neigen aggressive Jugendliche dazu, in provozierenden Situationen ihren Gleichaltrigen feindliche Intentionen zu unterstellen und auf Grund dieser Interpretation aggressiv zu reagieren (vgl. Crick & Dodge, 1994; Dodge & Schwartz, 1997). Besonders ausgeprägt ist diese Wahrnehmungstendenz bei Jugendlichen, die von Gleichaltrigen zurückgewiesen werden oder in mehrdeutigen Situationen.

Diese Art der Wahrnehmung sozialer Konfliktsituationen wird bestätigt durch Befunde, wie Kinder und Jugendliche aggressive Handlungen erklären (vgl. Petermann & Petermann, 2001). In den meisten Fällen beschreiben Kinder und Jugendliche ihr eigenes aggressives Verhalten als Eskalations- oder Protest-Aggression, das heißt als Reaktion auf einen aggressiven Angriff einer anderen Person. Eine Umstrukturierung dieser Erklärungen im Sinne einer verstärkten Wahrnehmung von Eigenverantwortlichkeit für aggressive Handlungen ging mit einem Aggressionsabbau einher. Ähnliche Erklärungen weisen auch straffällig gewordene Jugendliche auf, die in Konflikten dazu neigten, den Gegnern die Schuld zuzuschreiben (Fondacaro & Heller, 1990).

Aus *entwicklungspsychologischer Sicht* sind bei verhaltensgestörten Jugendlichen einige Entwicklungsdefizite auffällig. Aggressives und deviantes Sozialverhalten ist häufig verbunden mit einer niedrigeren Ausprägung allgemeiner kognitiver Fähigkeiten (vgl. Giancola, Mezzich & Tarter, 1998; Loeber & Hay, 1997). So sind delinquente Jugendliche ihren Gleichaltrigen zum Beispiel hinsichtlich der Fähigkeit zur Rollenübernahme unterlegen (vgl. Chalmers & Townsend, 1990; Lee & Prentice, 1988) und daher nur bedingt in der Lage, die Perspektive des Opfers einer aggressiven Handlung einzunehmen. Abweichend von unauffälligen Gleichaltrigen sind auch die moralischen Standpunkte, die delinquente Jugendliche vertreten. Eine umfassende Analyse von 15 Studien zur Moralentwicklung delinquenter Jugendlicher ergab, dass deviantes Verhalten mit einer *unterentwickelten moralischen Urteilsfähigkeit* einhergeht (Nelson, Smith & Dodd, 1990; vgl. Krettenauer, 1997). Die mangelnde Übernahme moralischer Standards und ein gestörtes Rechtsempfinden führen zu einer positiven Bewertung delinquenter Handlungen.

Es muss festgehalten werden, dass die Bezeichnung „verhaltensgestört" keine Aussagen über die Ursachen trifft, sondern lediglich beschreibenden Charakter besitzt und sich ausschließlich auf beobachtbares Verhalten bezieht. Wir verwenden den Begriff „verhaltensgestört" synonym mit dem Begriff „unangemessenes Sozialverhalten" und bezeichnen damit ein unangemessenes und ungünstiges sowie zeitlich länger als ein halbes Jahr andauerndes Sozialverhalten von Jugendlichen. Unangemessene und ungünstige Verhaltensweisen sind solche, die in irgendeiner Form Fremd- und Selbstbeschädigungen bedingen und dadurch sowie durch ihre zeitliche Erstreckung die Entwicklung eines Jugendlichen einschränken, hemmen, einseitig ausrichten und vorhandene Mängel vergrößern. Vielfach erstrecken sich solche Verhaltensweisen nicht nur auf einen Lebensbereich, sondern formen sich zu einem allgemeinen Lebensstil heraus. Verhaltensstörungen können also entweder in der Familie oder am Arbeitsplatz oder im Freizeitbereich oder in der Gleichaltrigengruppe oder in mehreren Bereichen gleichzeitig auftreten.

Von den 1035 Jugendlichen, die im Rahmen der Bremer Jugendstudie untersucht worden sind, erhielten 4,7 % die DSM-Diagnose einer Störung des Sozialverhaltens und 2,5 % die einer Störung mit oppositionellem Trotzverhalten (Petermann et al., 1999). Ungefähr drei Viertel der von diesen Diagnosen betroffenen Jugendlichen erlebten auf Grund ihrer Symptomatik Probleme und Beeinträchtigungen im elterlichen Zuhause, die Hälfte berichtete von Schwierigkeiten in der Schule. Ähnliche Auftretenshäufigkeiten zeigten sich auch in internationalen Studien; zusammenfassend liegen hier die Häufigkeiten der Störung des Sozialverhaltens zwischen 0,4 und 8,7 % und die der Störung mit oppositionellem Trotzverhalten zwischen 0,7 und 8,6 % (vgl. Scheithauer & Petermann, 2002). Während weibliche Jugendliche häufiger von internalisierenden Störungen betroffen sind (vgl. Groen & Petermann, 2002), finden sich bei nach außen gerichteten Verhaltensstörungen nahezu durchgehend deutlich höhere Auftretenshäufigkeiten bei Jungen (vgl. Döpfner, 2002). Bei delinquentem Verhalten lässt sich feststellen, dass mit zunehmender Deliktschwere der Anteil der männlichen Täter wächst (Scheithauer & Petermann, 2002).

Für die Entwicklung eines Trainings mit Jugendlichen müssen Aussagen über die Behandlungsbedürftigkeit der Verhaltensstörung aufgestellt werden. In einer aktuellen Übersicht betonen Scheithauer und Petermann (2002), dass zu jedem Zeitpunkt die Entwicklung delinquenten Verhaltens wieder beendet oder begonnen werden kann. Viele Störungen werden naturgemäß gut bewältigt und tragen zu einer gelungenen Persönlichkeitsreifung bei. Je länger eine Verhaltensstörung andauert, desto einschneidender sind die Folgen, die irgendwann vom Jugendlichen bzw. seiner Familie nicht mehr eigenständig überwunden werden können. In der Definition von Verhaltensstörungen wurde diese Belastungsgrenze für Jugendliche mit einem halben Jahr festgelegt. Diese sehr enge zeitliche Begrenzung ist gerade bei Verhaltensstörungen erforderlich, da solche Beeinträchtigungen eine sehr ungünstige Entwicklungsprognose besitzen. Dies trifft vor allem auf aggressives und delinquentes Verhalten zu, das in Längsschnittstudien sehr gut erforscht wurde (vgl. Farrington, 1995; Fergusson, 1998; Loeber & Hay, 1997). Aggressive Verhaltensstörungen gehen im Jugendalter häufig in Delinquenz über. Dabei zeigte es sich, dass ein bestimmtes Verhaltensmuster mit einem hohen Risiko für eine spätere Devianz einhergeht (Caspi & Moffitt, 1995). Dieses Risiko ist besonders hoch bei

- einem frühen Beginn der Störung,
- einer großen Anzahl betroffener Lebensbereiche und
- einer hohen Frequenz und Vielfalt des Problemverhaltens.

Je weiter die Entwicklung des auffälligen Verhaltens hin zu schwerwiegenden delinquenten Handlungen voranschreitet, desto unwahrscheinlicher wird die Rückkehr zu einem angemessenen Sozialverhalten. Dies ist auch dadurch zu erklären, dass mit zunehmendem Schweregrad des abweichenden Verhaltens bei den Jugendlichen eine immer größere Bandbreite auffälliger Verhaltensweisen zu beobachten ist. Je generalisierter das Problemverhalten auftritt, desto schwieriger ist es, Verhaltensänderungen zu bewirken, und desto schlechter ist demnach die Langzeitprognose. Auf Grund einer Längsschnittstudie von Schmidt et al. (2002) besitzen die beiden folgenden Risikofaktoren die größte prognostische Bedeutung für die Delinquenzentwicklung:

- Vorliegen einer umschriebenen Entwicklungsstörung im Grundschulalter (insbesondere Sprachstörungen und Lese-Rechtschreibschwäche), die zu einem mangelnden Schulerfolg führt.
- Vorhandensein widriger familiärer Bedingungen im Alter von 8 bis 13 Jahren, die ein angemessenes Maß an emotionaler Unterstützung sowie Anleitung und Kontrolle unwahrscheinlicher machen (vgl. Wasserman et al., 1996; Dodge et al., 1997).

Für andere psychische Probleme im Jugendalter wie soziale Unsicherheit bzw. Angststörungen und Depression liegen vergleichsweise wenig Längsschnittstudien vor. Doch auch hier zeigen sich für einen bedeutenden Teil der betroffenen Jugendlichen langfristige Probleme und Beeinträchtigungen in unterschiedlichen Lebensbereichen, die oft bis in das Erwachsenenalter hinein reichen. Auch bei diesen Störungsbildern scheint ein früher Beginn und eine sich bereits verfestigte, chronische Symptomatik das Risiko für einen schlechten Verlauf zu erhöhen (vgl. Groen & Petermann, 2002; U. Petermann et al., 2002).

Da Problemverhalten in späteren Entwicklungsphasen stabiler ist, sind therapeutische Interventionen um so aussichtsreicher, je früher sie in der Entwicklung des auffälligen Sozialverhaltens eingesetzt werden (vgl. Loeber & Farrington, 1998; Reid & Eddy, 1997; Scheithauer & Petermann, 2002). Verschiedene Studien legen jedoch nahe, dass es sich bei der Aggression um ein nur schwer zu veränderndes Verhalten handelt (vgl. Scheithauer & Petermann, 2002). Bei aggressiven bzw. delinquenten Jugendlichen sind die Therapieeffekte deutlich geringer als bei anderen Verhaltensproblemen (Scheithauer & Petermann, 2003). Die meisten Trainingsprogramme, die zur Behandlung aggressiver Verhaltensstörungen eingesetzt werden, konnten bisher nicht den Nachweis erbringen, dass sie das Problemverhalten *dauerhaft* vermindern oder gar beseitigen. Relativ erfolgreich sind multimodale Trainingsprogramme, die neben kognitiv-behavioralen Maßnahmen für die Jugendlichen (wie der Vermittlung sozialer Kompetenzen und Problemlösefähigkeiten) auch das soziale und vor allem familiäre Umfeld der Betroffenen angemessen berücksichtigen und in die therapeutischen Bemühungen miteinbeziehen (vgl. Borduin et al., 1995; Heekerens, 1997; Henggeler et al., 1998; Kazdin & Weisz, 1998; Lipsey & Wilson, 1998; Tolan & Gorman-Smith, 1997). Trotz nachhaltiger Verhaltensänderungen, die damit erreicht wurden, blieb aber auch hier das Verhalten der meisten Kinder/Jugendlichen noch auffällig. Für den Einsatz von Programmen, die gezielt Umwelten der Kinder/Jugendlichen beeinflussen, sprechen sich auch Taylor, Eddy und Biglan (1999) aus. Um zufriedenstellende Effekte zu erzielen, muss man empirisch abgesicherte Behandlungspakete entwickeln, die gezielt auf die Entwicklung und den sozialen Hintergrund des Jugendlichen bezogen werden können (vgl. Petermann, Döpfner & Schmidt, 2001).

1.4 Arbeits- und Motivationsstörungen im Jugendalter

Es gibt in der Psychologie relativ wenige Autoren, die sich mit diesem Problembereich umfassend beschäftigen (vgl. Keller & Thiel, 1998; Rollett & Bartram, 1998). Die meisten Autoren beschränken sich auf die Analyse einer mangelhaften Leistungsmotivation und übersehen soziale oder gar gesellschaftliche Aspekte. Die Gründe für Arbeits- und Motivationsstörungen liegen nämlich auf verschiedenen Ebenen, wobei die folgenden acht besonders wichtig sind:

- Apathie (Interesse- und Teilnahmslosigkeit),
- Zukunftspessimismus,
- mangelndes Selbstvertrauen,
- ungünstige Arbeitsstile und Lerndefizite,
- unrealistische Ziele und Vorstellungen,
- hohe Ablenkbarkeit,
- Mangel an gezielter Rückmeldung und Bekräftigung,
- ungünstige persönliche Erklärungen für eigene Leistungen und Defizite.

Rollett und Bartram (1998) vermuten, dass bei 20 bis 30 % aller Kinder und Jugendlichen mit Arbeits- und Motivationsstörungen *Apathie* vorherrscht. Diese Autoren verstehen darunter eine massive Interesse- und Teilnahmslosigkeit, die dazu führt, dass eine Person zwar auf Anforderungen der Umwelt scheinbar ohne Widerstand eingeht, die Aufgaben jedoch so langsam bearbeitet, dass sie sie kaum zu Ende führen kann. Diese Apathie wird durch verschiedene Ursachen hervorgerufen, die im weiteren angesprochen werden.

Einen sozial und gesellschaftlich vermittelten Prozess in diesem Kontext bildet der *Zukunftspessimismus* vieler Jugendlicher (vgl. Butz, 1996; Hondrich, 1998; Zinnecker & Strzoda, 1996). Im Bedrohungserleben der ostdeutschen Jugendlichen standen Arbeitslosigkeit (64 %) und Lehrstellenmangel (58 %) an erster Stelle. Persönliches Versagen und Suchtgefahr nannten je rund ein Drittel der Jugendlichen als Quelle der Bedrohung (Starke & Starke, 1995). Massive Zukunftsängste zeigten sich auch bei einer umfangreichen Jugendbefragung in Brandenburg (Sturzbecher, Dietrich & Kohistruck, 1994).

Sicherlich wird das Ausmaß, die Zukunft pessimistisch zu beurteilen, davon abhängen, inwieweit man glaubt, sich durch eigene Bemühungen aus schwierigen Lagen befreien zu können. Das damit angesprochene *Selbstvertrauen* des Jugendlichen ist in der Lage, bedrohliche Zustände abzuschirmen. Ein hoch ausgeprägtes Selbstvertrauen schützt den Jugendlichen vor Apathie und Selbstzweifel. So ergaben sich in der Brandenburger Studie signifikante Zusammenhänge zwischen der Selbstwerteinschätzung und der Erwartung, Alltagsprobleme eigenständig bewältigen zu können (Sturzbecher et al., 1994).

Besitzen Jugendliche ein zu geringes Selbstvertrauen, sind sie mit sich, ihren Zielen, ihrem Körper, ihrer sozialen Einbindung und ähnlichem unzufrieden, und in der Folge davon können Arbeits- und Motivationsstörungen sowie Verhaltensstörungen auftreten. Besteht ein überzogenes Selbstvertrauen, kann es zu anderen Problemen kommen; solche Jugendliche werden oft als arrogant von Gleichaltrigen abgelehnt und so zu Außenseitern.

Viele Arbeits- und Motivationsprobleme stehen unmittelbar mit *ungünstigen Arbeitsstilen und Lerndefiziten* im Zusammenhang. Besonders häufig wird dabei eine Anforderung durch Ausreden abgeschoben („Das kann ich schon!"; „Es lohnt sich nicht, diese Arbeit zu machen!"; „Andere machen das auch nicht!"; vgl. Rollett & Bartram, 1998). Dieser Typ von Anstrengungsvermeidern ist besonders schlecht zu motivieren, zum Beispiel einen kontinuierlichen Arbeitsrhythmus zu entwickeln. Die Folge davon ist, dass Jugendliche schnell Lerndefizite aufweisen. Zudem kann ihrem Vermeidungsverhalten, das sehr unterschiedliche Formen besitzt (z. B. ständig aus dem Fenster sehen, Nebensächliches in den Mittelpunkt stellen), schlecht entgegengewirkt werden. In diesen Fällen sind Lern- und Motivationsprobleme eng miteinander verbunden.

Jugendliche in schwierigen Verhältnissen, wie sie durch verschiedene Formen der sozialen Benachteiligung gegeben sind, flüchten sich oft in eine Phantasiewelt, aus der *unrealistische Ziele* und (berufliche) *Vorstellungen* resultieren. Solche Bedingungen entstehen, wenn Jugendliche keine angemessene Rückmeldung über ihre Fähigkeiten erhalten und man es versäumt, ihnen ihre Grenzen aufzuzeigen. Unrealistische Ziele und Vorstellungen führen zwangsläufig zu Enttäuschungen des Jugendlichen und in der Folge davon zu Arbeits- und Motivationsstörungen. Wer merkt, dass man seine angeblich vorhandenen Fähigkeiten nicht schätzt, ist gezwungen – allein schon, um das überzogene Selbstbild aufrechtzuerhalten – eine Haltung zu entwickeln, die der Maxime entspricht „Wenn ich will, dann kann ich schon – aber ich will halt nicht!".

Es wurde schon darauf hingewiesen, dass ein mangelndes Selbstvertrauen dazu führt, verstärkt über die eigene Person und ihre Fähigkeiten nachzudenken. Dieses Nachgrübeln lenkt von der zu bearbeitenden Aufgabe ab und behindert bei der Problemlösung (vgl. Schwarzer, 1993). Durch das Nachgrübeln weisen Jugendliche eine *hohe Ablenkbarkeit* auf, die zwangsläufig Arbeits- und Motivationsprobleme zur Folge hat. Neben diesen inneren Zuständen können auch Impulsivität, motorische Unruhe, Aufmerksamkeits- und Konzentrationsmängel das Arbeitsverhalten beeinträchtigen. Unter einer hohen Ablenkbarkeit versteht man ein Abschweifen von einer Aufgabe, das sowohl von äußeren als auch inneren Reizen verursacht sein kann; hierdurch werden Informationen nicht aufgenommen oder falsch gedeutet. Diese mangelhafte Informationsverarbeitung schlägt sich in den Arbeitsergebnissen, das heißt einer Vielfalt von Misserfolgen, nieder.

Wird die Leistungsbereitschaft und -fähigkeit von Jugendlichen nicht anerkannt und durch Lob unterstützt, so wird man nur bei intrinsisch motivierten Jugendlichen mit ausreichenden Bemühungen rechnen können. *Gezielte Rückmeldung* und *Bekräftigung* gibt dem Jugendlichen nicht nur eine Orientierung über seine Leistungsfähigkeit, sondern zeigt ihm auch Mängel und Fortschritte auf. Auf diese Weise erfährt er auch, durch welche Anstrengungen er sich verbessern kann. Rückmeldungen und Bekräftigung stärken das Selbstvertrauen des Jugendlichen und lassen ein Kompetenzgefühl überhaupt erst aufkommen. Arbeits- und Motivationsstörungen treten damit nicht oder nur vereinzelt auf.

Die objektiven Leistungen und die erzielte Bekräftigung stellen nur einen Bereich dar, aus dem der Jugendliche Orientierung ableitet. Einen weiteren wichtigen Bereich bilden *persönliche Erklärungen für Leistungen und Defizite*. Viele Forschungsbefunde in der Psychologie beziehen sich auf solche Ursachenerklärungen für gezeigte Leistungen. Diese Arbeiten gehen davon aus, dass es für die Motivation entscheidend ist, wie man Erfolge und Misserfolge erklärt: Glaubt man, durch eigenes Geschick den Ausgang einer Handlung beeinflussen zu können, oder macht man die jeweiligen Umstände (Glück und Pech) dafür verantwortlich? Solche für den Jugendlichen oft unbewusste Erklärungen bestimmen das Ausmaß der Anstrengungen, die man bei der Lösung einer unbekannten Aufgabe auf sich nimmt. Geht man davon aus, dass man durch eigene Fähigkeiten das Ergebnis beeinflussen kann und misst man der Aufgabe Bedeutung bei, dann wird man größere Anstrengungen unternehmen als wenn man die Aufgabe für unwichtig hält und die jeweiligen Umstände für den Ausgang verantwortlich macht.

Offensichtlich ist das Ausmaß, in dem man sich für eine Aufgabe und deren Bewältigung verantwortlich fühlt, entscheidend dafür, ob Arbeits- und Motivationsstörungen aufkommen oder nicht. Vielfach muss Jugendlichen mit Arbeits- und Motivationsstörungen aufgezeigt werden, wo sie Stärken und Defizite besitzen. Solche Hinweise tragen dazu bei, dass sie sich stärker für ihr Handeln verantwortlich fühlen können. In Grenzfällen kann jedoch eine übermäßig starke Verantwortung für Handeln dazu beitragen, dass nach wiederholten Misserfolgen der Blick für neue Lösungswege verstellt ist, da man sich zwanghaft mit einer Aufgabe auseinandersetzt und den sozialen Vergleich zu Gleichaltrigen aus den Augen verloren hat. Persönliche Erklärungen für eigene Leistungen und Defizite sollten aus diesen Gründen die Bezugsgruppe berücksichtigen.

1.5 Entwicklungsverläufe und Komorbidität

Studien zur Entwicklung von Störungen im Kindes- und Jugendalter sollen Hinweise auf folgende Fragen liefern (vgl. Niebank & Petermann, 2002):
- Handelt es sich um kontinuierliche Verläufe?
- Welche Faktoren erhöhen das Risiko einer abweichenden Entwicklung?
- Welche Faktoren schützen vor einer ungünstigen Entwicklung?
- Gibt es altersabhängige Ausprägungen der Störungsbilder?
- Gibt es Zusammenhänge zwischen einzelnen Störungsbildern?

Im Mittelpunkt des Interesses stehen vor allem Fragen der Kontinuität und Komorbidität von Störungsbildern (vgl. Niebank & Petermann, 2002). Die Ergebnisse aus diesem Bereich sind für Diagnostik und Klassifikation, vor allem aber für Optimierung von Interventionsmaßnahmen von Bedeutung (vgl. Hibbs, 1998; Petermann & Petermann, 2001). Sie liefern beispielsweise Hinweise darauf, in welche Richtung sich ein negatives Verhaltensmuster im ungünstigen Fall entwickeln kann oder auf welche begleitenden Störungen bei der Diagnostik geachtet werden sollte.

Komorbide Störungen können relativ häufig beobachtet werden. So tritt beispielsweise aggressives und delinquentes Verhalten bei Jugendlichen oft kombiniert mit Depression und Angststörungen auf (vgl. Angold, Costello & Erkanli, 1999; Reicher, 1999; Renouf, Kovacs & Mukerji, 1997). Das gleichzeitige Auftreten von Angst und Depression bei aggressiven und delinquenten Jugendlichen geht mit
- vermehrten Schwierigkeiten in der Schule (Capaldi, 1991),
- einer höheren Prävalenz von Drogenmissbrauch und Suizidversuchen (Capaldi, 1992) und
- einer höheren Chronizität der Probleme (Kusch & Petermann, 1997)

einher. Das Auftreten von komorbiden Störungsbildern wurde nicht nur für die Bereiche der Aggression und Delinquenz berichtet (Überblick bei Scheithauer & Petermann, 2002). Auch für ängstliche (Überblick bei U. Petermann et al., 2002) oder depressive Jugendliche (Überblick bei Essau & Petermann, 2002) liegen Studien zur gemeinsamen Auftretenswahrscheinlichkeit vor (vgl. auch Gesamtüberblick bei Angold et al.,

1999). Auch im Rahmen der Bremer Jugendstudie wiesen nahezu 40 % der befragten Jugendlichen mindestens zwei der untersuchten Diagnosen Angst, Depression, Substanzmissbrauch/-abhängigkeit oder somatoforme Störungen auf (Essau et al., 1998a; 1998b).

Studien zum Entwicklungsverlauf von Störungen liefern Hinweise darauf, unter welchen Bedingungen Problemverhalten über mehrere Entwicklungsabschnitte bestehen bleibt oder sich verfestigt. Bereits vor der Geburt des Kindes können ungünstige Konstellationen vorliegen, die die weitere Entwicklung des Kindes beeinträchtigen (z. B. Drogenmissbrauch der Mutter). Dies kann sich in einem schwierigen Temperament des Kindes, hyperaktivem und aggressivem Verhalten fortsetzen (vgl. Döpfner, 2002). Bei einer solchen Entwicklung besteht die Gefahr, dass sich mit zunehmendem Alter der Betroffenen die Probleme auf verschiedene Bereiche wie Schule oder Umgang mit Gleichaltrigen ausdehnen (vgl. Cicchetti, 1996; Scheithauer & Petermann, 2002), wobei eine beträchtliche Stabilität von Verhaltensstörungen in zahlreichen Studien belegt werden konnte (vgl. Farrington, 1995; Fergusson, 1998; Loeber & Hay, 1997).

1.6 Psychologische Hilfen für Jugendliche

Die Formen psychosozialer Unterstützung Jugendlicher variieren erheblich: Ein großer Teil versteht sich als Programm zur Verhinderung von Aggression und Delinquenz im Kindes- und Jugendalter. In vielen Fällen wird die Prävention von aggressivem und delinquentem Verhalten sowie die Förderung von prosozialem Verhalten als Teil schulischer Erziehungsprogramme gesehen (vgl. Greenberg et al., 1995; Hurrelmann & Settertobulte, 2002; Olweus, 1996; Verbeek & Petermann, 1999). Darüber hinaus existieren verschiedene Ansätze und Therapieprogramme zur spezifischen Arbeit mit bereits auffälligen und aggressiven Kindern und Jugendlichen (Lochman, Dunn & Klimes-Dougan, 1993; Petermann & Petermann, 2001; Southam-Gerow & Kendall, 1997). Vielfältig und Therapieansätze übergreifend sind oft Vorschläge zur Gruppentherapie mit aggressiven und delinquenten Jugendlichen (vgl. zusammenfassend Nissen, 1995). Solche Ansätze existieren auch für depressive und sozial unsichere Jugendliche (vgl. Ihle, Janke, Spieß & Herrle, 2002; Rademacher, Walter & Döpfner, 2002). Eine aktuelle Übersicht über (soziale) Trainings mit Jugendlichen liegt von U. Petermann, Walkenhorst und Roos (2001) vor.

Kapitel 2

Ziele

Die Ziele eines Trainings, das sowohl Arbeits- als auch Sozialverhalten fördern will, müssen auf ein grundlegendes Konzept bzw. einen theoretischen Rahmen zurückgeführt werden. Wir gehen dabei zentral von dem menschlichen Bestreben aus, über eigenes Handeln Selbstwirksamkeit zu erfahren (vgl. Bandura, 1989; 1992). Macht der Jugendliche die Erfahrung, sein Handeln und die Resultate beeinflussen zu können, dann wirkt dies bekräftigend und erhöht auch die Selbstbekräftigung, und er wird in vielen Bereichen kompetentes Verhalten zeigen. Kompetentes Verhalten kann durch vielfältige Fertigkeiten aus ganz unterschiedlichen Bereichen menschlichen Handelns und Könnens geprägt sein. Die Entwicklung des Jugendlichen setzt immer neue, spezifische Teilfertigkeiten voraus, die aufeinander aufbauen und die Voraussetzung für eine ständig komplexere Handlungskompetenz bilden. Da das globale Ziel des Trainings lautet, Handlungskompetenzen für Arbeits- und Sozialverhalten zu fördern, liegt es nahe, die dazu notwendigen Teilfertigkeiten zu trainieren. Dadurch ergeben sich aus den Teilfertigkeiten zugleich die Ziele unseres Trainings. Im nachfolgenden werden diese Ziele in eine hierarchische Abfolge gebracht und ansatzweise für Arbeits- und Sozialverhalten spezifiziert. Die Ausführungen beginnen mit den grundlegenden Zielen und führen zu für auffällige Jugendliche immer schwerer erreichbaren Zielen.

Das von uns vorgeschlagene multimodale Vorgehen wird durch empirische Ergebnisse gestützt (vgl. Kazdin & Weisz, 1998). Multimodale Vorgehensweisen integrieren Methoden zur Verbesserung der Selbstkontrolle und Problemlösestrategien ebenso wie Techniken zur Einübung sozialer Fertigkeiten (Dishion & Andrews, 1995; Jugert et al., 2002; Lochman et al., 1993; Tremblay et al., 1995).

2.1 Verbesserte Selbst- und Fremdwahrnehmung

Die Modelle der sozialen Informationsverarbeitung versuchen zu erklären, wie Informationen aus der Umwelt aufgenommen und verarbeitet werden und dadurch handlungsleitend wirken (Dodge & Schwartz, 1997). Solche Modelle gehen davon aus, dass Informationen aus der sozialen Umwelt wahrgenommen und dann in einem zweiten Schritt gespeichert und interpretiert werden. Auf dieser Grundlage werden Handlungsmöglichkeiten gesucht und schließlich auch eine Reaktion ausgewählt, die dann im fünften und letzten Schritt von der Person ausgeführt wird. Die Ergebnisse der Handlung bilden die Grundlage einer erneuten Bewertung der Situation. Abbildung 2 soll diese Zusammenhänge verdeutlichen.

Eine Reihe von empirischen Studien deutet darauf hin, dass Verhaltensstörungen im Kindes- und Jugendalter mit Hilfe dieser Prozesse beschrieben werden können. Umfangreiche Arbeiten liegen vor allem für externalisierende Störungen (wie beispielsweise Aggression, Delinquenz oder Hyperaktivität) vor (vgl. Dodge & Schwartz, 1997). Hierbei finden sich Hinweise, dass generell soziale Informationen unangemessen (verzerrt, fehlerhaft) wahrgenommen und verarbeitet werden. Beispielhaft soll hier die Studie von Sadowski und Kelley (1993) erwähnt werden. Die Autoren verglichen die Problemlösefertigkeiten von drei Gruppen miteinander: einer „gesunden" Gruppe ohne psychische Auffälligkeiten, einer psychiatrischen Gruppe sowie einer von psychisch-auffälligen Jugendlichen mit Selbstmordversuchen. Insgesamt verfügten die Jugendlichen mit Suizidversuchen über die geringsten sozialen Problemlösefertigkeiten im Vergleich zu den beiden anderen Gruppen: Sie zeigten die schlechteste Problemorientierung und reagierten am unangemessensten auf die Auslösesituation. Zusammen mit der psychiatrischen Kontrollgruppe wiesen sie Defizite in folgenden Bereichen auf:

- sie wussten weniger Alternativen in Problemsituationen,
- konnten sich nur schwer für eine Handlungsalternative entscheiden und
- berichteten über Schwierigkeiten bei der Umsetzung in konkretes Verhalten.

Im Folgenden soll auf die verschiedenen Schritte in Abbildung 2 näher eingegangen werden. Darüber hinaus illustriert Tabelle 4 diese Schritte am Beispiel des aggressiven und depressiven Verhaltens (vgl. auch Dodge, 1993).

Tabelle 4: Soziale Informationsverarbeitung bei aggressivem und depressivem Verhalten.

Verarbeitungsschritte	Aggression	Depression
Schritt 1 **Erkennen von Informationen**	Enkodierung von nur wenigen sozialen Hinweisreizen. Schwierigkeiten, die Aufmerksamkeit von aggressiven Hinweisreizen abzulenken.	Enkodierung bevorzugt negativer Aspekte der Umwelt, das heißt Misserfolge, Hinweise für das eigene Unvermögen, die eigene Unattraktivität etc.
Schritt 2 **Speichern und Interpretieren von Informationen**	Vermehrte Zuschreibung von Feindseligkeit, insbesondere bei vieldeutigen Hinweisreizen.	Ursachen negativer Ereignisse werden der eigenen Person zugeschrieben, zeitlich stabil und über unterschiedliche Situationen interpretiert. Attribution sozialer Zurückweisung.
Schritt 3 **Suche nach Handlungsalternativen**	Präferenz für aggressives Verhalten.	Präferenz für sozialen Rückzug und Kontaktvermeidung, verringertes Durchsetzungsvermögen.
Schritt 4 **Auswahl einer Handlungsalternative**	Aggressives Verhalten wird positiv und im Kontakt mit anderen als erfolgreich bewertet.	Erwartung des eigenen Versagens, kaum positive Selbstverstärkung.
Schritt 5 **Handeln**	Vermehrte Wahl aggressiver Reaktionen.	Vermehrt auftretende Traurigkeit, sozialer Rückzug, Kontakt- und Konfliktvermeidung.

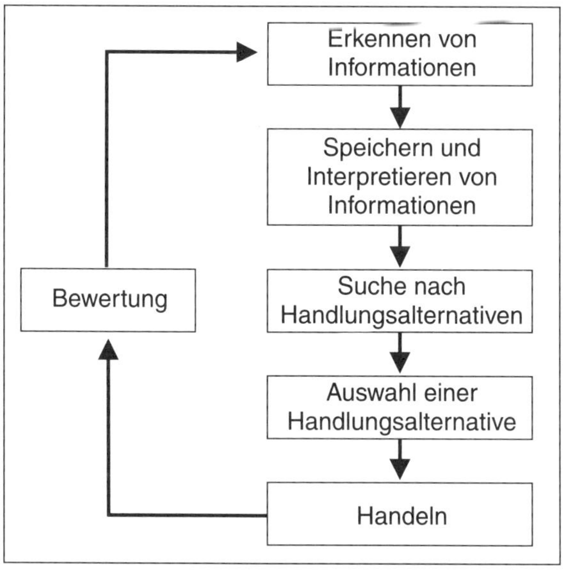

Abbildung 2: Modell der sozialen Informationsverarbeitung nach Dodge.

Erkennen von Informationen

Die Vielzahl und Komplexität der Informationen, die auf eine Person einströmen, machen es notwendig, dass schon in einem frühen Stadium der Informationsverarbeitung „ausgesiebt" wird: nicht alles, was um uns herum vorgeht, wird auch bewusst aufgenommen und weiter verarbeitet. Die Informationsverarbeitung bezieht sich nicht nur auf die soziale Umgebung, sondern auch auf die eigene Person. Bei der Selbstwahrnehmung wird die eigene Person eingeschätzt, wobei die damit zusammenhängende Selbstbewertung sich nicht grundlegend davon unterscheidet, wie man andere Personen wahrnimmt und bewertet (= Fremdwahrnehmung). Dennoch können sich Selbst- und Fremdwahrnehmung bei Jugendlichen unabhängig voneinander und unterschiedlich präzise ausbilden. Beide Wahrnehmungsformen lassen sich durch gezielte Übungen bei Jugendlichen verbessern.

Eine Reihe von entwicklungspsychologischen Studien belegen, dass die im Jugendalter häufig vorfindbare hohe Selbstbezogenheit (Egozentrismus) aus einem mangelnden Differenzierungsvermögen zwischen der eigenen Person (dem Selbst) und anderen resultiert. Dies trägt dann leicht zu einer verzerrten Selbst- und Fremdwahrnehmung bei. In solchen Fällen ist es notwendig, dass ein Jugendlicher zunächst seine eigenen Vorstellungen und Gefühle erkennen und benennen kann. In einem zweiten Schritt wären dann Gestik, Mimik, Bewegungen, Körperhaltungen und Körpersprache des Gegenübers zu deuten.

Auch das Arbeitsverhalten wird erheblich von Wahrnehmungsverzerrungen beeinflusst. Neben den bereits unter Abschnitt 1.4 beschriebenen ungünstigen Erklärungsprozessen für eigene Leistungen spielen noch grundlegendere Vorstellungen zur Planung und Strukturierung einer Arbeit eine Rolle. Falsche Vorstellungen darüber, wie schnell, mit wie viel bzw. wenig Aufwand und mit welchen Anstrengungen man eine Arbeit zu Ende bringen kann, führen zu erheblichen Motivationsproblemen. Oft stehen solch krasse Fehleinschätzungen im Rahmen der Arbeitsplanung auch im Zusammenhang mit falschen Vorstellungen über die berufliche Zukunft.

Speichern und Interpretieren von Informationen

Wahrnehmungsverzerrungen können mit falschen Ursachenerklärungen einhergehen. So finden sich beispielsweise Hinweise dafür, dass straffällig gewordene Jugendliche in mehrdeutigen Situationen eher dem Interaktionspartner die Schuld zuschieben (so genannte externale, personen-zentrierte Ursachenerklärung); es zeigte sich weiterhin eine positive Beziehung zwischen dem Ausmaß der Aggression und dem oben genannten Attributionsstil (Fondacaro & Heller, 1990). Diese fehlerhafte Informationsverarbeitung zeigt sich vor allem dann, wenn eine Bedrohung der eigenen Person wahrgenommen wird (Dodge et al., 1997).

Verzerrte Ursachenerklärungen konnten jedoch nicht nur bei aggressiven und delinquenten Jugendlichen, sondern auch bei depressiven Jugendlichen beobachtet werden. So tendieren beispielsweise depressive Jugendliche dazu, positive Ereignisse weniger durch ihr eigenes Bemühen zu erklären, sondern durch glückliche Umstände oder Zufall (vgl. Tab. 4; s. a. Curry & Craighead, 1990).

Depressive Jugendliche erwarten weniger eigene positive Leistungen und bewerten sich schlechter als unauffällige Jugendliche, obwohl objektiv keine Leistungsunterschiede festgestellt werden konnten (U. Petermann et al., 2002). Verzerrte Attributionsprozesse spielen darüber hinaus nicht nur bei psychischen Störungen eine wichtige Rolle, sondern auch bei alltäglichen Interaktionen und Konflikten. Grace, Kelley und McCain (1993) untersuchten an einer Gruppe von 115 Müttern und 122 Jugendlichen die Rolle von Attributionen bei Generationskonflikten. Generell lässt sich folgendes festhalten: die Streitigkeiten zwischen den Müttern und Jugendlichen verstärkten sich, wenn die Kognitionen der Beteiligten negativer wurden. Vor allem die Wahrnehmung, der andere handele immer so (globale Ursachenzuschreibung), stand mit den Eltern-Kind-Konflikten in positiver Beziehung; des weiteren die Überzeugung, die andere Person handele aus selbstsüchtigen Motiven. Diese Studie verdeutlicht, welche Bedeutung den Attributionsprozessen bei der Handlungsplanung – nicht nur bei psychisch auffälligen Personen – zukommt.

Suche nach Handlungsalternativen

Nachdem die Informationen aufgenommen und bewertet worden sind, müssen verschiedene Möglichkeiten gefunden werden, wie auf diese Situation reagiert werden kann. Dabei zeigte sich, dass aggressive Jugendliche im Vergleich zu depressiven und unauffälligen Altersgenossen weniger Handlungsmöglichkeiten fanden, wie man ein bestimmtes Ziel erreichen kann. Sie sahen selbstbehauptende Handlungen vergleichsweise selten als Lösungsmöglichkeit an und glaubten, dass ihnen wenig Hindernisse bei der Umsetzung ihres Vorhabens im Weg stehen (Joffe et al., 1990). Zudem kennen aggressive Jugendliche in Konfliktsituationen weniger alternative Problemlösungen und neigen zur direkten Aggression, wobei sie die massiven Aktionen nicht als aggressiven Angriff, sondern als notwendige Verteidigung ihrer Person bzw. ihrer Interessen bewerten (Guerra, Huesmann & Zelli, 1990; vgl. Scheithauer & Petermann, 2002).

Auswahl einer Handlungsalternative und deren Umsetzung in konkretes Verhalten

Welche der Handlungsalternativen wird nun ausgewählt und in die Tat umgesetzt? Chandler und Moran (1990) fanden eine Reihe von Unterschieden zwischen delinquenten und nicht-delinquenten Jugendlichen beim moralischen Urteilen. Demnach wissen delinquente Jugendliche nur unzureichend über gesellschaftliche Konventionen Bescheid, sie sind in ihren Urteilen abhängiger von anderen Personen, schlechter sozialisiert und haben Schwierigkeiten, die Sichtweise des anderen zu übernehmen. Des weiteren begründen sie ihre Urteile in Dilemmasituationen auf einer geringeren moralischen Urteilsebene (nach Kohlberg) als nicht-delinquente Jugendliche: so rechtfertigten sie ihre Entscheidungen mit dem Hinweis, dass dies ihren eigenen Interessen nütze.

Ebenso kann es bei Leistungsstress zu unangemessenen Strategien kommen, da Jugendliche nicht mehr in der Lage sind, die Situation und ihre eigenen Ressourcen einzuschätzen. Bei solchen Anforderungen unterliegt das gewählte Verhalten extremen Einschränkungen (vgl. Maier & Pekrun, 2001); in einem solchen Fall würden in dem oben beschriebenen Modell von Dodge die Schritte 2 bis 4 übersprungen.

Generell hängt die Auswahl der Handlungsalternativen vom Ausmaß ab, in dem sich ein Jugendlicher als belastet erlebt. Jugendliche, die sich als besonders belastet wahrnehmen, unterscheiden sich von Jugendlichen, die sich als gering belastet einschätzen, in folgenden Verhaltensstrategien: Die belasteten Jugendlichen

- gehen den Konfliktsituationen eher aus dem Weg,
- sie versuchen, nicht darüber nachzudenken und
- resignieren eher.

Besonders in Auseinandersetzungen mit den Eltern neigen diese Jugendlichen zu aggressiven Handlungsweisen. Eine Problemlösung mittels harter Drogen oder Alkohol wird zumindest in Betracht gezogen (s. a. Charvoz et al., 2002).

2.2 Selbstkontrolle und Ausdauer

Der Begriff „Selbstkontrolle“ steht für alle willentlich gelenkten Handlungen; Selbstkontrolle ist entscheidend dafür verantwortlich, ob ein Jugendlicher ein schwieriges Ziel erreicht und Motivationsprobleme langfristig überwinden kann. Selbstkontrolle setzt eine differenzierte Selbst- und Fremdbeobachtung voraus und trägt entscheidend dazu bei, dass ein neues Verhalten erprobt wird und langfristig beibehalten bleibt. Ein solches Bemühen kann nur gelingen, wenn der Jugendliche in der Lage ist,

- die Ursachen für sein Verhalten präzise einzuschätzen,
- korrekte Selbstbeobachtungen vorzunehmen und
- nicht ausschließlich externale Ursachenerklärungen heranzuziehen.

Im Umgang mit Jugendlichen findet man unterschiedliche Äußerungsformen einer mangelnden Selbstkontrolle. Neben sehr auffälligen Erscheinungsformen, wie Wut und Aggression, sind vor allem im Bereich „Geduld haben“ bzw. „warten können“ erhebliche Mängel zu beobachten. Hierdurch wird vor allem das Sozialverhalten beeinträchtigt. So verweisen Nangle und Hansen (1993) darauf, dass Jugendliche eher von unmittelbaren positiven Konsequenzen als von verzögerten negativen Konsequenzen beeinflusst werden. Eine unzureichende Selbstkontrolle bewirkt auch, dass die Jugendlichen beim Bearbeiten einer Aufgabe zu wenig Geduld mit sich selbst besitzen und in der Folge davon nur mit geringer Ausdauer einer Arbeit nachgehen. Auf diese Weise behindern sich Jugendlichen selbst und erzeugen viele und unnötige Misserfolge, wodurch ihr Arbeitsverhalten verstärkt beeinträchtigt wird. Zentral scheint auch die internale Kontrollüberzeugung zu sein, das heißt die Überzeugung, mit seinem eigenen Handeln die Umwelt beeinflussen zu können. So sagte in der Studie von Luthar (1991) eine internale Kontrollüberzeugung gute schulische Leistungen vorher. Dieses Ergebnis ist vor allem deswegen von Interesse, da die Studie mit psychisch robusten Jugendlichen durchgeführt wurde. Hierbei handelte es sich um Jugendliche, die trotz eines hohen Ausmaßes an negativen Lebensereignissen und ungünstiger Lebensverhältnisse von ihrer Umgebung als sozial kompetent eingestuft werden. Diese Beziehung zwischen Kontrollüberzeugung und schulischen Leistungen konnte auch von Luthar und Zigler (1992) bestätigt werden. Aus diesem Grund bauen Trainings, die das Arbeitsverhalten von Jugendlichen verbessern wollen, zunächst eine verstärkte Selbstkontrolle auf.

In einer Reihe von Therapiestudien konnte durch Selbstkontrolle aggressives Verhalten erfolgreich reduziert und dem Drogenmissbrauch entgegengewirkt werden (vgl. Brestan & Eyberg, 1998; Caplan et al., 1992; Etscheidt, 1991; Kazdin & Weisz, 1998). Selbstkontrolle kann als zentrales Ziel jeder Verhaltensmodifikation angesehen werden. Gerade ältere Kinder und Jugendliche (ab etwa dem 11. Lebensjahr) profitierten verstärkt von diesem Ansatz. Somit scheint es vielversprechend, bei Jugendlichen unangemessenes Verhalten durch Selbstkontrolle zu modifizieren, da

- problematisches Verhalten durch Selbstverbalisation – als eine Form von Selbstkontrolle – verzögert und damit in seinen negativen Auswirkungen reguliert werden kann;
- massive Verhaltensstörungen mit stabilen Beeinträchtigungen langfristig nur durch veränderte Selbstverstärkungen geändert werden können;

- vor allem eine hohe Selbstbezogenheit auf Grund falscher Selbstverstärkung zu einer Verweigerungshaltung und einer unzureichenden Mitarbeit in einem Training führt und diese nur durch entsprechende Gegenmaßnahmen abgebaut werden können;
- massive Arbeits- und Verhaltensstörungen auch entscheidend von Umweltfaktoren beeinflusst werden (z. B. Einfluss der Gleichaltrigen auf delinquentes Verhalten) und diesen nur durch Autonomie des Jugendlichen, wie sie durch die Selbstkontrolle zu realisieren ist, gegengesteuert werden kann.

2.3 Umgehen mit dem eigenen Körper und Gefühlen

Der eigene Körper, die körperliche Fitness, Attraktivität und sexuelle Anziehungskraft sind wesentliche Aspekte, auf Grund derer ein Jugendlicher sein Körperbild definiert (vgl. Reinecke, 2000; Williams & McGee, 1991). In der Regel werden der Körperausdruck und die Körperhaltung als wichtigste Information von einem Kommunikationspartner wahrgenommen und dienen vor allem bei der Kontaktanbahnung zur Orientierung. Eine dem Kommunikationspartner zugewandte Körperhaltung trägt zu einer vertrauensvollen Beziehung bei (Petermann, 1996a). Diese für den sozialen und beruflichen Erfolg entscheidende Kommunikationsform ist den meisten Jugendlichen kaum bewusst, geschweige denn in ihrer Wirkung – speziell im beruflichen Bereich – bekannt. Auf Grund dieser weitreichenden Bedeutung muss in *Rollenspielen* Körperausdruck und Körperhaltung mit Hilfe von Video-Rückmeldung harmonisch aufeinander abgestimmt werden (vgl. Specht & Petermann, 1999). Durch diese Schritte entsteht ein positives Körper- bzw. Selbstbild, das zu einer angemessenen Selbstdarstellung des Jugendlichen führt.

Mit *Rollenspielen* lassen sich am nachhaltigsten die in Tabelle 1 ausgewählten sozial-emotionalen Schlüsselfertigkeiten einüben. Das präzise Deuten, Ausdrücken von und Umgehen mit Gefühlen bildet eine wichtige Gruppe sozial-emotionaler Schlüsselfertigkeiten. Dies konnte auch von Wise et al. (1991) gezeigt werden. Sie trainierten erfolgreich soziale Fertigkeiten und selbstbehauptendes Verhalten bei Jugendlichen, indem sie über Videodemonstrationen und Rollenspiele Hinweise für selbstbehauptendes und aggressives Verhalten gaben und die damit in Zusammenhang stehenden Gefühle verdeutlichten.

Sport und Bewegungsspiele können ebenso wie Rollenspiele zur Verhaltenseinübung herangezogen werden. Gelingt es dabei, den Jugendlichen durch gezielte Anleitung schnelle Erfolgserlebnisse zu vermitteln, dann hat dies positive Auswirkungen auf den Jugendlichen (Brettschneider & Brandl-Bredenbeck, 1997; Raithel, 1997); dafür sprechen auch die Befunde von Luthar, Zigler und Goldstein (1992). Sie verglichen die psychische Gesundheit von hochbegabten Vierzehnjährigen mit der Gleichaltriger ohne besondere Begabung, sportlich begabter und älterer Collegestudenten miteinander. Die Sportler berichteten über weniger Depressionen und ein positiveres Selbstbild als die Hochbegabten. Die Autoren führen dieses Ergebnis auf die Erfolgserlebnisse von Sportlern zurück. Auch bei „normalen" Jugendlichen ohne herausragende sportliche Begabung ergab sich eine positive Beziehung zwischen sportlicher Betätigung und einem positiven Selbstbild (Covey & Feltz, 1991; Williams & McGee, 1991). Nach unseren Erfahrungen gelingt es, durch Sport und Bewegungsspiele schwach motivierte und/oder verhaltensgestörte Jugendliche zu aktivieren. Wesentlich dabei ist, dass das Medium sprachunabhängig ist und einen weiten Interessenbereich des Jugendlichen anspricht. In vielen Fällen kann man auch die durch Sport ausgelösten Gruppenprozesse heranziehen, um

- ein Regel- und Normenverständnis aufzubauen,
- einige Kommunikations- und Interaktionsfertigkeiten einzuüben und
- prosoziales Verhalten (helfen und helfen lassen) zu ermöglichen.

2.4 Selbstsicherheit und stabiles Selbstbild

Eine angemessene Selbstdarstellung setzt Selbstsicherheit und ein stabiles Selbstbild voraus. Unter dem Selbstbild sollen dabei alle Vorstellungen und Bewertungen über die eigene Person verstanden werden. Die Bedeutung des Selbstbildes für die Sozialentwicklung von Jugendlichen unterstreichen viele Studien (vgl. Flammer & Alsaker, 2002).

Eine besonders differenzierte Vorstellung über die Entwicklung des Selbstbildes im Jugendalter stammt von Harter (zusammenfassend 1999). In ihren Studien belegte Harter fünf wesentliche Aspekte, die die Veränderungen im Selbstbild bzw. der Identität vom Jugendlichen und Heranwachsenden charakterisieren (vgl. Tab. 5).

Tabelle 5: Entwicklung des Selbstbildes im Jugendalter (nach Harter, 1999).

1. *Differenzierung des Selbstbildes.* Der Jugendliche erlebt Stärken und Schwächen in unterschiedlichen Bereichen (z. B. äußere Erscheinung, schulische Leistungsfähigkeit, Beliebtheit bei Gleichaltrigen).
2. *Erkennen von Unterschieden und Widersprüchen in der Selbstwahrnehmung.* Der Jugendliche ist bestrebt, unterschiedlich wahrgenommene Kompetenzen in ein umfassendes, konsistentes Selbstbild zu integrieren.
3. *Erwerb der Fähigkeit – neben der wahrgenommenen Identität –, andere Selbstkonzepte zu konstruieren.* Der Jugendliche beginnt sein wirkliches Auftreten mit einem von ihm selbst entworfenen Wunsch- und Idealbild zu vergleichen.
4. *Intensive Beschäftigung mit der eigenen Person mit dem Wunsch, sich selbst besser kennenzulernen.* Da Jugendliche nicht abschätzen können, wie normal das „Nachdenken über sich selbst" ist, können sich Hemmungen entwickeln. Beziehungen zu Gleichaltrigen können helfen, diese Einschätzung zu relativieren.
5. *Erkennen der Variabilität des Selbst über Zeit und Situationen.* Diese Erkenntnis resultiert aus der Vielfalt der wahrgenommenen Selbstkonzepte und der Fähigkeit, sich weitere idealisierte Selbstbilder zu konstruieren.

Misslingt es Jugendlichen, eine stimmige Identität und ein positives Selbstwertgefühl aufzubauen, dann können Gefühle von Traurigkeit bzw. Niedergeschlagenheit auftreten und soziale Kompetenzen sowie Problemlösefertigkeiten beeinträchtigt sein.

Hirsch und DuBois (1991) zeigten vier verschiedene Entwicklungswege des Selbstbildes auf:
- konstant hoher Selbstwert,
- konstant niedriger Selbstwert,
- sich mit zunehmendem Alter stark verschlechterndes und
- schließlich sich mit zunehmendem Alter leicht verbesserndes Selbstbild.

Die Jugendlichen, die über den Zeitraum von zwei Jahren ein positives Selbstbild aufrechterhalten konnten, berichteten über die wenigsten Symptome (wie Ängste, Depression, Zwänge oder Somatisierungen), eine größere Zufriedenheit mit der Schule und mehr schulisches Engagement als diejenigen, die ein niedriges Selbstbild aufwiesen.

2.5 Einfühlungsvermögen

Unter Einfühlungsvermögen versteht man das Bemühen, sich in die Lage des anderen zu versetzen. Durchgängig besteht eine klare Beziehung zwischen der Herausbildung von Einfühlungsvermögen und prosozialem Verhalten (Hilfeverhalten; vgl. Volland, 1995).

Hains (1984) zeigt auf, dass delinquente Jugendliche oft gleichzeitig Mängel im Einfühlungsvermögen, der moralischen Urteilsfähigkeit und beim Lösen sozialer Probleme aufweisen; Lee und Prentice (1988) fanden bei delinquenten Jugendlichen Defizite bei der Fähigkeit zur Rollenübernahme, beim logischen Denken und moralischen Urteilen. Goldstein und Michaels (1985) berichten über Zusammenhänge zwischen Einfühlungsvermögen, positivem Selbstbild und Hilfeverhalten – wenn auch eindeutige Ergebnisse nur bei weiblichen Jugendlichen nachweisbar waren. Für diese Autoren sind die soziale Wahrnehmung, soziale Einstellungen und Einfühlungsvermögen eng miteinander gekoppelt; konsequenterweise gehen sie davon aus, dass in einem Training sozialer Fertigkeiten das Einfühlungsvermögen ein zentrales Ziel darstellt, das durch Rollenspiele und Video-Rückmeldung erreicht werden kann. Auf diese Art und Weise konnten Chalmers und Townsend (1990) positive Effekte auf das Einfühlungsvermögen verhaltensauffälliger Mädchen erzielen. Hierzu stellte der Lehrer jeweils als Modell die neu zu erwerbende Fertigkeit vor (z. B. mimisches Ausdrucksverhalten verstehen) und anschließend wurden dazu Rollenspiele (mit Rollentausch) durchgeführt. Mit Hilfe dieses Trainings verbesserten sich bei den Teilnehmerinnen die Fähigkeit zur sozialen Rollenübernahme, ihre Empathie und Akzeptanz für individuelle Unterschiede. Darüber hinaus verhielten die Mädchen sich in der Klasse weniger störend. Ferner konnte mehr kooperatives, konstruktives und aufgabenbezogenes Verhalten beobachtet werden.

2.6 Umgehen mit Lob, Kritik und Misserfolg

Das schwierigste Ziel des Trainings bezieht sich auf das Umgehen mit sozialen Situationen, in denen Lob oder Kritik ausgesprochen bzw. erfahren wird; weiterhin auf Situationen, bei denen ein Jugendlicher einen Misserfolg verarbeiten muss. Solche Situationen treten im privaten und beruflichen Bereich gleichermaßen auf. Sie bewirken, dass eigenes Können und Handeln bekräftigt oder in Frage gestellt wird. Besonders negativ wirkt es sich dann aus, wenn ein Jugendlicher, der über kein positives Selbstbild verfügt, Kritik erfährt. Er wird dadurch in seiner Erwartung bestätigt, dass er immer versagt, man ihn deshalb ablehnt, und er ein wertloser und überflüssiger Partner ist. Eine solche Rückmeldung führt zur Passivität, zu Motivationsverlust und Apathie. In manchen Fällen können Jugendliche überhaupt keine Rückmeldung ertragen, sie scheuen Bewertungssituationen und werden auch bei Lob und sozialer Anerkennung verlegen. Das Ziel des Trainings besteht darin,

- die Scheu vor Bewertungen abzubauen,
- positive und negative Bewertungen angemessen zu verarbeiten,
- Misserfolge mit eigenen Bemühungen in Beziehung zu setzen, aber auch zu relativieren und
- Bewertungen gegenüber anderen angemessen auszudrücken.

Für das Training mit Jugendlichen bedeutet dies, dass man zunächst die Kriterien herausarbeiten muss, die einer Bewertung zu Grunde gelegt werden. Bewertungen erfolgen dabei in dreifacher Weise:

- als erfahrene Bewertung,
- als abgegebene Bewertung und
- als Selbstbewertung.

Selbstverständlich können für diese drei Bewertungsformen ganz unterschiedliche Kriterien gelten. In der Regel wird man in der Reflexionsphase eines Rollenspiels oder bei Selbstbeobachtungsaufgaben diese Kriterien schrittweise herausarbeiten können. Die Bewertungen bestimmen die Erwartungen und das Handeln des Jugendlichen entscheidend. Sie fließen zudem in die Kriterien ein, nach denen sich der Jugendliche mit Gleichaltrigen vergleicht; somit sind die Standards, die einer Bewertung zu Grunde gelegt werden, die Folge einer Kette von erfahrenen Erfolgen und Misserfolgen. Die unangemessene Verarbeitung der erfahrenen Erfolge bzw. Misserfolge führt zu falschen Bewertungsstandards und damit zur Unter- oder Überschätzung der eigenen Fähigkeiten. Selbstverständlich hängt darüber hinaus die Bewertung, ob ein Misserfolg vorliegt oder nicht, davon ab, in welchem Ausmaß der Jugendliche Belohnungen aufschieben kann bzw. wie hoch seine Frustrationstoleranz ist. In diesem Zusammenhang wären eine erhöhte Frustrationstoleranz und die Fähigkeit, Belohnungen aufzuschieben, wichtige Teilziele.

2.7 Integration der Ziele

Die ausgeführten Ziele sind von Jugendlichen unterschiedlich gut erreichbar. Dieser Tatbestand erfordert es, die Ziele in eine Abfolge zu bringen, die mit den am einfachsten zu bewältigenden Anforderungen beginnt und zu immer komplexeren fortschreitet. Ordnet man die Ziele nach einem solchen Schema, dann werden schwierige Ziele von den Jugendlichen nur erreicht werden können, wenn vermittelnde Prozesse in geeigneter Weise die Voraussetzungen dafür schaffen.

Abbildung 3 gibt eine Zusammenschau der sechs ausgeführten Ziele und nennt drei vermittelnde Prozesse. Es handelt sich bei den vermittelnden Prozessen um

- Selbstbewertung und soziale Vergleichsprozesse,
- Erleben eigener Wirksamkeit und
- Bewältigen von immer schwierigeren Problemen.

Die Selbstbewertung, die sich an eigenen Standards oder am Handeln anderer orientiert, ist der entscheidende Zwischenschritt, der darüber bestimmt, in welcher Form Verhalten selbstbekräftigt wird. Von der Selbstbekräftigung wiederum hängt ab, ob sich Menschen ausdauernd einer Beschäftigung zuwenden, wie sie ihr Verhalten überhaupt kontrollieren können und ob sie das eigene Verhalten als wirksam erleben. Schätzt man sich selbst zu kritisch und andere zu positiv ein, dann wird man eigenes Handeln nur selten als wirksam erleben können. Bewertet man sich selbst häufig nach anderen Kriterien, wie man sie seinen Mitmenschen gegenüber anlegt und erlebt soziale Vergleichsprozesse als bedrohlich, dann wird man kaum in angemessener Weise zu Einfühlungsvermögen gegenüber Dritten in der Lage sein. Diese Aussage soll an zwei Extrembeispielen verdeutlicht werden: Der Jugendliche, der sich selbst als Star und als überlegen fühlt, wird es gar nicht einsehen, warum er sich mit so viel „dümmeren" Kameraden auseinandersetzen soll. Bei einem solchen Bemühen kann für ihn kein „Profit" resultieren. Ein von Minderwertigkeitsgefühlen geplagter Jugendlicher wird noch so geringe Bemühungen und Leistungen seiner Kameraden als großartig und für sich als unerreichbar wahrnehmen. Alle Kameraden sind „Könner", man selbst ein „Versager", und dies beinhaltet einen strengen Trennungsstrich zwischen diesen beiden Welten, die den Versuch, durch Einfühlungsvermögen die Lage des vermeintlichen Erfolgreichen zu ergründen, als widersinnig erscheinen lassen. Diese Beispiele legen nahe, dass eine Wechselwirkung zwischen Einfühlungsvermögen und Selbstsicherheit sowie einem stabilen Selbstbild besteht und beide zusammen eine Voraussetzung für das Bewältigen von noch schwierigeren Problemen bilden.

Der zweite vermittelnde Prozess repräsentiert die Kernvariable unseres Trainings und bezieht sich darauf, dass durch eine verbesserte Selbststeuerung die eigene Wirksamkeit erlebt wird. Das Erfahren eigener Wirksamkeit hat ein „Sich-Etwas-Zutrauen" zur Folge und vermittelt dem Jugendlichen ein erhöhtes Selbstvertrauen und damit hohe Selbstsicherheit. Eine minimale Ausprägung dieser Kernvariablen bietet also die Voraussetzung dafür, die Ziele „Umgehen mit dem eigenen Körper und mit Gefühlen" und „Selbstsicherheit und stabiles Selbstbild" erreichen zu können. Diese beiden Ziele stehen in Wechselwirkung miteinander, da die Erfahrung, mit dem eigenen Körper und mit Gefühlen gut umgehen zu können, zu Selbstsicherheit und einem stabilen Selbstbild führt und umgekehrt. Bedenkt man die enge Beziehung zwischen Körper- und Selbstbild, so verdeutlicht dies, wie diese Ziele miteinander verknüpft sind.

Der dritte vermittelnde Prozess hilft, die erzielten Trainingsfortschritte zu festigen und zu verallgemeinern. Erfährt der Jugendliche, dass er immer schwierigere Aufgaben selbstständig bewältigen kann, dann wird er sich in der Zukunft mehr zutrauen und bereits Erreichtes als Bestandteil seines Selbstbildes begreifen. Sich einstellende Kri-

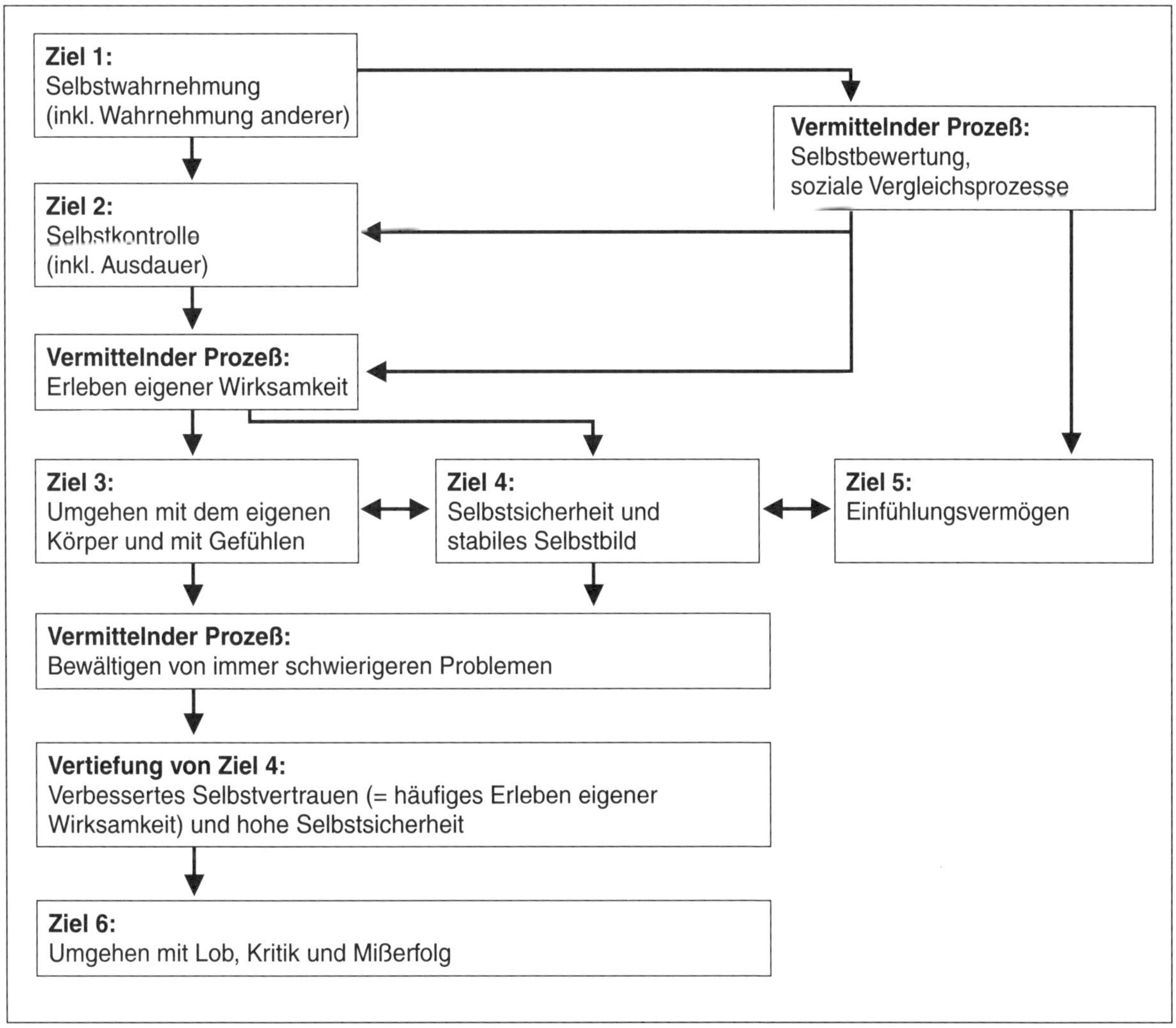

Abbildung 3: Ziele des Trainings mit Jugendlichen.

sen, Kritik und Misserfolge sind nur unter solchen Bedingungen aktiv zu bewältigen. Damit ist ein weiteres Prinzip des Trainings angesprochen, das darin besteht, die Jugendlichen mit immer schwierigeren und komplexeren Aufgaben zu konfrontieren. Sind die Anforderungen für die Jugendlichen noch bewältigbar, dann gelingt es, sie für den weiteren Verlauf des Trainings zu motivieren.

Das in Abbildung 3 vorgestellte Schema lässt sich auf Arbeits- und Sozialverhalten anwenden. Im Rahmen der Analyse und Veränderung von Arbeitsverhalten kann man mit seiner Hilfe vor allem Motivationsprobleme angehen.

Kapitel 3

Grundlagen des Vorgehens

Ein strukturiertes und zielorientiertes Vorgehen basiert auf einer Reihe von Bestandteilen, die erst in ihrem Zusammenwirken ein Training ausmachen. Die Bestandteile beziehen sich auf den Aufbau des Trainings, die eingesetzten Materialien, den Bezug zum sozialen Umfeld des Jugendlichen und die Übertragung der Ergebnisse auf den Alltag. Die Ausführungen klären zentrale Grundbegriffe der Arbeitsweise, gehen jedoch noch nicht auf das konkrete Vorgehen ein.

3.1 Merkmale des Trainings

Das Training mit Jugendlichen gliedert sich in ein so genanntes Einzeltraining, in dem ein einzelner Jugendlicher mit einem Trainer arbeitet, und ein Gruppentraining, an dem vier oder fünf Jugendliche teilnehmen. Das Gruppentraining, in dem Rollenspiele eine große Bedeutung besitzen, schließt sich dem Einzeltraining an und umfasst mit dem Erstkontakt mindestens elf Sitzungen; es sollte von zwei Trainern geleitet werden. Das Einzeltraining besteht aus minimal fünf Treffen sowie einem Erstkontakt. Es wird empfohlen, sowohl im Einzel- als auch im Gruppentraining jeweils zwei Sitzungen pro Woche durchzuführen (vgl. Abb. 4). Um die Erfolge langfristig noch besser zu sichern, bietet es sich an, sofern es die Gegebenheiten zulassen, in regelmäßigen Abständen so genannte Auffrischungssitzungen anzubieten (vgl. auch Wiesner & Reitzle, 2001). Dieses Vorgehen eröffnet die Möglichkeit, spezifische Inhalte noch einmal zu wiederholen und somit zu verfestigen oder aber auf Grund der sich ergebenden aktuellen Situation noch einmal vertieft zu behandeln. Zugleich wird so die ohnehin mit dem Training verfolgte Alltagsanbindung noch gefördert, da die neu erlernten Verhaltensweisen in viel stärkerem Maße im Freizeit- und Berufssetting – sozusagen im „real life“ – erprobt und in den Auffrischungssitzungen reflektiert werden können.

3.1.1 Einzeltraining

In diesem Teil des Trainings werden vorwiegend berufliche und private Zukunftsvorstellungen angesprochen. Das Vorgehen ist dabei so aufgebaut, dass mit dem für den Jugendlichen wenig bedrohlichen Bereich der beruflichen Zukunft begonnen wird. Vermutlich ist dieser deswegen nicht so bedrohlich, weil Jugendliche ihre berufliche Situation zwar als bedeutsam, jedoch für ihr Selbstbild weniger zentral ansehen als ihre privaten Vorstellungen von Glück und Geborgenheit. Im beruflichen Sektor kann man zudem den Nutzen eines Trainings gut verdeutlichen: Jugendliche sind in der Regel dankbar, wenn man im Gespräch und Rollenspiel ihre beruflichen Vorstellungen ernst nimmt und sie soweit differenziert, dass sie Wege

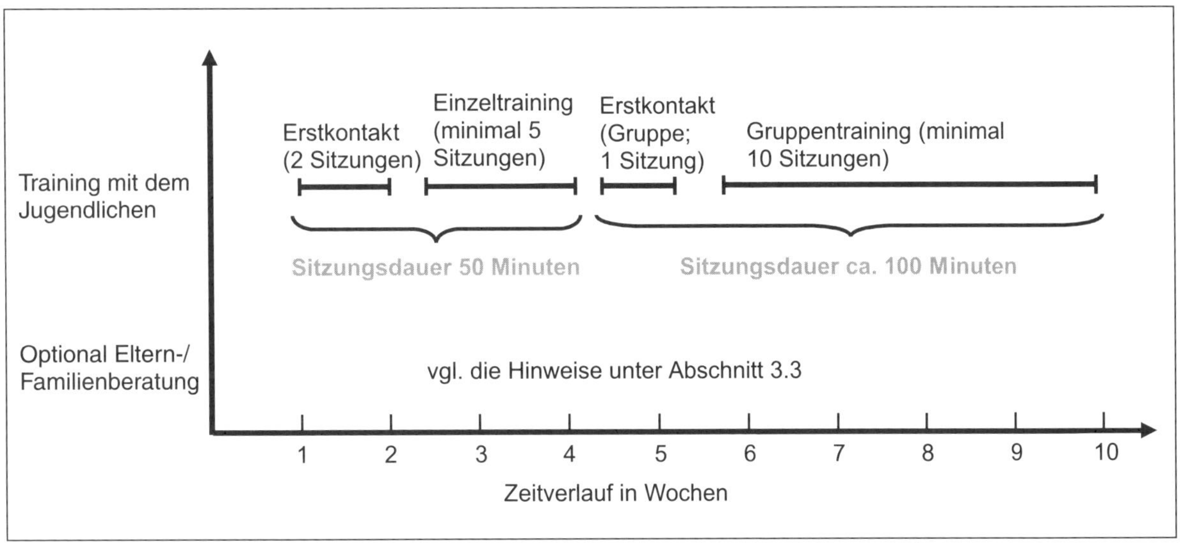

Abbildung 4: Übersicht über den zeitlichen Ablauf des Trainings mit Jugendlichen.

sehen, wie sie sie in die Praxis umsetzen können. Haben die Jugendlichen den Nutzen des Vorgehens für den beruflichen Sektor erfahren, dann sind sie in den späteren Sitzungen eher bereit, konsequent mitzuarbeiten. Sie vertrauen dann auch dem Trainer und sind deshalb in der Lage, mit ihm über private Themen zu sprechen.

Im Einzeltraining werden im Wesentlichen die ersten beiden Ziele – also Selbst- und Fremdwahrnehmung sowie Selbstkontrolle und Ausdauer – bearbeitet. Normalerweise handelt es sich bei solchen Zielen um Gesprächsthemen, die ein hohes Maß an Selbstreflexion voraussetzen. Hierzu sind viele Jugendliche jedoch nicht zu bewegen, was uns zu Materialien führte, die einen anderen – bildgetragenen – Zugang eröffnen. Zu den gesammelten Problemsituationen aus Beruf und Familie wurden Cartoons erstellt, die die Aussage lustig verfremdet darstellen und auf diese Weise eine gute Gesprächsgrundlage bieten (vgl. Abschnitt 5.2).

Das Einzeltraining enthält für den Jugendlichen einen hohen Bekräftigungswert. Dieser liegt
- in der Gegenständlichkeit und Attraktivität der Materialien (Cartoons),
- in der ungeteilten Zuwendung und Aufmerksamkeit eines Erwachsenen,
- in dem Wechsel von Aufgaben, die ein gewisses Ausmaß an Konzentration erfordern, und solchen, die als angenehm empfunden werden sowie
- in den Freiräumen des Vorgehens, die darin bestehen, dass der Jugendliche Themen einbringen kann, die ihm persönlich wichtig sind.

Einige dieser günstigen Bedingungen fallen im Gruppentraining weg, was zu einer verringerten Bereitschaft zur Mitarbeit führen kann.

3.1.2 Gruppentraining

In dieser sich zeitlich mindestens doppelt so lang wie das Einzeltraining erstreckenden Phase werden vorwiegend neue Verhaltensweisen in Rollenspielen eingeübt. Das Rollenspiel wird von uns als das wichtigste Vorgehen zur Verhaltensveränderung aufgefasst, wobei wir einen positiven und langandauernden Effekt nur von *gelenkten Rollenspielen* erwarten (vgl. Specht & Petermann, 1999). Unter gelenkten Rollenspielen verstehen wir solche, bei denen vom Trainer das Thema, die Lösung bzw. das anzustrebende Zielverhalten, die Rollenverteilung und die Struktur der Auswertung des Rollenspiels vorgegeben werden. Ein solches Rollenspiel bezieht sich zunächst auf die Darstellung einer Situation, die von zwei oder mehr Spielern vorgetragen wird. Es schließt sich ein Rollentausch sowie der Wechsel von Spielern und Beobachtern an, so dass alle Teilnehmer an dem Rollenspiel aktiv beteiligt werden können. Nach der Spielphase folgt eine Phase der verbalen Reflexion (Auswertung), in der
- der Spielablauf bewertet,
- die emotionale Beteiligung bzw. Betroffenheit erfragt und
- geklärt wird, was man besser hätte darstellen können (vgl. genauer Petermann & Petermann, 2001).

Neben den Rollenspielen werden auch Bewegungsspiele durchgeführt, mit denen das Ziel „Umgehen mit dem eigenen Körper und mit Gefühlen" bearbeitet werden soll.

Wesentlich für das Gelingen der Rollenspiele ist, dass sie an den realen Problemen der Jugendlichen ansetzen, die diese im Beruf oder im Privatleben haben. Auch beim konkreten Vorgehen, wie dem Nachspielen eines Vorstellungsgespräches, treten Probleme auf, die in der Komplexität der Anforderungen liegen. So ist es denkbar, dass ein Jugendlicher die Vorgabe missversteht oder von der Gruppe ausgeschlossen wird, da er bei Rollenspielen große Sprachprobleme hat oder besonders gehemmt ist.

Rollenspiele sind fast wertlos, wenn der Jugendliche eine oberflächliche Rückmeldung erhält. Wünschenswert ist eine Video-Rückmeldung, um Jugendlichen ihre Mängel im Sozialkontakt oder berufsbezogenen Verhalten zu demonstrieren. Naheliegenderweise ist die Video-Rückmeldung unverzichtbar, wenn man die in Kapitel 2 vorgetragenen Ziele, die sich auf Körperhaltung, Gestik und Mimik beziehen, realisieren will. Solche Rückmeldungen besitzen eine erstaunliche Verhaltenswirksamkeit, sie sind jedoch zeitaufwändig und setzen Gruppen voraus, an denen möglichst zwei Trainer teilnehmen. Der Zeitaufwand für eine solche Sitzung muss mit mindestens 100 Minuten veranschlagt werden.

3.2 Materialienbezogenes Vorgehen

Unter einem materialienbezogenen Vorgehen soll eine Arbeitsweise verstanden werden, die speziell erstellte Materialien für eine zielgerichtete Problembearbeitung verwendet. Materialien beinhalten dabei Fotos, Cartoons, Videos, PC-Software oder auch ausgearbeitete Rollenspielvorlagen. Solche Materialien dienen zum einen dazu, unser Vorgehen einfacher erlernbar und durchschaubarer zu gestalten. Darüber hinaus spricht zum anderen eine Vielzahl von Gründen für den Einsatz von Materialien bei Jugendlichen. So wirken altersgemäß gestaltete Materialien für Jugendliche motivierend. Materialien unterstützen den Trainer darin, Teilschritte innerhalb seines Vorgehens besser zu realisieren. Für den Jugendlichen ist zudem klar erkennbar, welches Problem er angehen soll. Er erhält zum Beispiel durch bildliche Darstellungen Assoziations- und Reflexionshilfen. In vielen Fällen sind diese Materialien auch eine willkommene Unterstützung des Trainers, weil er einem Jugendlichen ein „heikles" Thema nahebringen will. Die Materialien müssen so gestaltet sein, dass der Jugendliche sich darin wiedererkennen kann; auf diese Weise wird eine Identifikation des Jugendlichen mit dem Vorgehen und dessen Zielen möglich.

Am weitesten verbreitet sind sicherlich Bildvorlagen (Fotos, Cartoons, illustrierte Merk- oder Instruktionskarten, Erinnerungssymbole). Solche Vorlagen, die alle in dem vorliegenden Training zum Einsatz kommen, werden in der Trainingssitzung erarbeitet und manche auch für Aufgaben im Alltag verwendet. Einige Aufgaben, wie das Erkennen und Benennen von Gefühlen, lassen sich mit Jugendlichen nur anhand von visuellen Vorgaben (Fotoserien) präzise bearbeiten. Wir beobachten, dass viele Jugendliche über den Umgang mit den Materialien Sicherheit gewinnen, und dass die Lenkung durch den Trainer dadurch ihre Grenzen erfährt. Solche Materialien erleichtern Lernprozesse, vertiefen bestimmte Erfahrungen, zeigen zum Beispiel bei der videogestützten Rückmeldung hautnah eigene Schwächen und Stärken auf, und ermöglichen oft erst eine zielorientierte, strukturierte und effektive Arbeit mit Jugendlichen. Effektiv bedeutet in diesem Kontext, dass Jugendliche durch ihr Handeln ihre eigenen Fähigkeiten und Grenzen erfahren und allmählich mit der Unterstützung des Trainers und vorgefertigter Materialien neue Kompetenzen aufbauen. Diese Lernfortschritte stärken ihr Selbstvertrauen und tragen dazu bei, dass ihre Kooperationsbereitschaft zunimmt. Durch den Einsatz von Materialien wird das Vorgehen für den Jugendlichen regelgeleitet und durchschaubar, was Sicherheit und Vertrauen bei ihm aufkommen lässt.

3.3 Familienbezogenes Vorgehen

Dieses Training wurde zunächst im stationären Bereich (Heimerziehung) erprobt, in dem keine Elternberatung möglich war. Die mit dem Training erzielten Ergebnisse, die gewählte Problematik und das Alter der Jugendlichen lassen es prinzipiell fraglich erscheinen, ob ein familienbezogenes Vorgehen überhaupt wünschenswert ist.

Die im weiteren beschriebene Intervention verzichtet daher auf ein familienbezogenes Vorgehen, auch wenn sich die in unseren früheren Arbeiten vorgeschlagenen Empfehlungen zur Eltern- und Familienberatung (vgl. Petermann & Petermann, 2001, Kapitel 7) damit vereinbaren lassen. Prinzipiell sind die dort unterbreiteten Materialien zur Elternberatung auch für die Gruppe der Jugendlichen einsetzbar; dennoch sollte man genau prüfen, ob eine Eltern- bzw. Familienberatung bei Jugendlichen nötig ist oder ob diese sich schon soweit aus der Familie herausgelöst haben, dass dadurch eine problematische Rückbindung an die Familie eingeleitet würde. Wir teilen hier nur einige im Rahmen einer solchen Diskussion zu beachtende Faktoren mit:

- Arbeitsverhalten und Verhalten gegenüber Gleichaltrigen sind von ihren aktuellen Erscheinungsformen her gesehen weitgehend unabhängig von der Familie; bei psychosomatischen Störungen im Jugendalter liegt der Fall bekanntlich anders (vgl. z. B. die Pubertätsmagersucht). Bei Jugendlichen, bei denen Arbeits- und Sozialverhalten gefördert werden soll, stehen die konkreten Alltagsdefizite im Vordergrund, die durch Verhaltensübungen unmittelbar reduziert werden können.
- Generell sind Jugendliche als autonome Persönlichkeiten zu begreifen, denen man zubilligen muss, dass sie auch ohne ihre Herkunftsfamilie persönliche Probleme angehen.
- In vielen Fällen kann das Konfliktpotenzial einer Familie einen Fortschritt des Jugendlichen im Sozialverhalten behindern; hat der Jugendliche noch während der Lehrzeit vor, sich von den Eltern unabhängig und sich selbstständig zu machen, sollte man es ihm überlassen, ob er Familiengespräche wünscht.
- Die Effekte eines Trainings müssen in den Bereich übertragbar sein, den die Jugendli-

chen als Konfliktfeld ausweisen und in dem sie sich bewegen; im vorliegenden Fall dürfte dies in erster Linie die Ausbildungsstelle bzw. die weiterführende Schule oder der Arbeitsplatz sein; Bereiche also, mit denen die Eltern des Jugendlichen kaum in Berührung kommen. Ebenso verhält es sich, wenn es um Konflikte im Freizeitbereich oder im Kontakt zu Gleichaltrigen außerhalb der Familie geht.

3.4 Institutionsbezogenes Vorgehen

Wird ein Training mit Jugendlichen in einer Institution durchgeführt, dann wirkt sich dies auf die Arbeit als solche aus. Zunächst bildet eine strukturierte Maßnahme eine Einschränkung des Ablaufes in einer Klinik oder einem Heim. Die Einschränkung ist allein schon dadurch gegeben, dass Jugendliche zu bestimmten Zeiten, in denen normalerweise Hausaufgaben erledigt werden oder eine Freizeitaktivität angesetzt ist, zu den Sitzungen des Trainings kommen müssen. Darüber hinaus benötigt man für das Training einen festen, in einer bestimmten Weise ausgestatteten Raum, der zu den Sitzungen immer verfügbar ist. Für die Durchführung des Vorgehens sind technische Geräte erforderlich, wie eine Videokamera und ein Aufnahmegerät; zudem ist das Vorgehen personalintensiv, was zur Folge hat, dass andere Arbeiten in der Institution „liegen bleiben". Diese organisatorischen und personellen Einschränkungen nimmt eine Klinik oder ein Heim nur hin, wenn man sich von dem Vorgehen einen klar erkennbaren Erfolg erhofft. Diese Erwartungen der Leitung, des Pflegepersonals bzw. der Erzieher und der Jugendlichen selbst erschweren in der Regel die Arbeit. So sollen diese Maßnahmen viele im Alltag ungelöste Probleme beheben, auch in Bereichen, in denen keine Trainingsziele formuliert und angegangen wurden. Hinzu kommt, dass Alltag, pädagogisches Bemühen und Training oft unverbunden nebeneinander stehen. Um eine Maßnahme wie die von uns vorgeschlagene durchführen zu können, sollten folgende Punkte Beachtung finden:

- Alle betroffenen Pflegepersonen bzw. Erzieher und Jugendliche, die nicht direkt an der Maßnahme teilnehmen, brauchen Informationen über die Ziele und das Vorgehen selbst. Diese Ziele sollen positiv formuliert und die Teilnehmer des Trainings nicht als extrem hilfebedürftig ausgewiesen werden. Dadurch können Etikettierungen und ungünstige Bewertungen einerseits und Widerstände der Jugendlichen andererseits vermieden werden. In der Regel sollte man die Maßnahme als Förderung darstellen, die jedem Jugendlichen nützen kann, wobei man aus Personalgründen zunächst mit nur einer Gruppe beginnen müsse. Das Training sollte als zusätzliche und besondere Maßnahme angekündigt werden.
- Vor allem das Pflegepersonal bzw. die Erzieher, die die Jugendlichen aus dem Training betreuen, sollten regelmäßige Informationen bzw. Supervisionen (Petermann, 1996c) während des Trainingsverlaufs erhalten. Solche Sitzungen eröffnen die Möglichkeit, das konkrete, auf einen bestimmten Jugendlichen bezogene Vorgehen detaillierter zu erläutern. Der Trainer erfährt auf diese Weise frühzeitig von positiven und negativen Veränderungen, die der Betreffende im Alltag zeigt. Solche Veränderungen müssen erklärt werden, damit sie das Pflegepersonal bzw. die Erzieher einordnen können.
- In vielen Fällen ist es ratsam, das Pflegepersonal bzw. die Erzieher in die Arbeit mit einzubeziehen. Solche Aufgaben können sich auf die Durchführung einer Verhaltensbeobachtung, auf Verhaltensübungen, das Erstellen von Tages- bzw. Arbeitsplänen oder auf sozialpädagogische Bemühungen erstrecken. Zugleich erhält der Jugendliche dadurch Hilfestellungen, die im Training erzielten Fortschritte auf den Alltag zu übertragen. Es kann sich auch als gewinnbringend erweisen, wenn eine solche Betreuungsperson am Gruppentraining als Kotrainer teilnimmt. Entscheidend ist aber dabei zu beachten, dass diese nicht von den Jugendlichen auf Grund von negativen Alltagserlebnissen abgelehnt wird, sondern ein Vertrauensverhältnis besteht.
- Der Einbezug des Pflegepersonals bzw. der Erzieher hat zur Folge, dass sich Erziehungsbemühungen und das Vorgehen im Training miteinander verschränken. Die Zusammenarbeit zwischen den unterschiedlichen Berufsgruppen kann jedoch nur dann befriedigend verlaufen, wenn der Trainer sein Vorgehen durchschaubar gestaltet.
- Vielfach muss das Pflegepersonal bzw. müssen die Erzieher erst auf kleine Verhaltensfortschritte bei den Jugendlichen aufmerksam gemacht werden, die sie auf Grund von Vorurteilen und Vorbehalten gegenüber dem Vorgehen und den Jugendlichen nicht erkennen. Nur so und durch die Transparenz des Vorgehens können diese abgebaut werden. Der Einstieg in ein

Training setzt deshalb in der Regel eine systematische Schulung in Verhaltensbeobachtung voraus.

Der damit beschriebene hohe Aufwand, den man betreiben muss, um ein Vorgehen „feldverträglich" zu gestalten, hat jedoch auch einige Vorteile. So kann man Pfleger bzw. Erzieher, die Verhalten systematisch beobachten, zur Diagnostik im sozialen Feld heranziehen. Sie können hinsichtlich der Probleme im Arbeits- und Sozialverhalten wichtige Details vor Ort registrieren und vor allem die Belastbarkeit des Jugendlichen hautnah feststellen. Sie können Hinweise aus Gruppenprozessen sammeln, die in der Trainingssituation weniger deutlich zum Tragen kommen. In vielen Fällen sind Pfleger bzw. Erzieher ideale Mediatoren bzw. Kotrainer; sie können darüber hinaus die Jugendlichen motivieren, regelmäßig an den Trainingssitzungen teilzunehmen. Ein solches Vorgehen erhöht den Erfolg der Bemühungen und trägt zur Stabilität der erzielten Effekte langfristig bei.

Wir gehen davon aus, dass ein institutionsbezogenes Vorgehen zwar einen erhöhten Abstimmungsaufwand zwischen den einzelnen Berufsgruppen erforderlich macht, diese Bemühungen sich jedoch wieder auszahlen. Naheliegenderweise bildet die soziale Umgebung, vor allem die Gruppe der Gleichaltrigen, aber auch die Institution als soziale Organisation eine Erschwernis bei der Erreichung der gesetzten Ziele. Die genaue Kenntnis und Berücksichtigung dieser sozialen Bezugsgrößen ist demnach eine notwendige Vorbedingung eines institutionsbezogenen Vorgehens, da ansonsten ein Training zum Fremdkörper und zur Belastung in einer Institution wird. Gelingt eine Einbindung des Trainings in eine Institution nicht, dann lassen sich die erzielten Trainingserfolge kaum auf den Alltag übertragen bzw. sie werden keinen längerfristigen Bestand aufweisen.

3.5 Übertragung der möglichen Erfolge auf den Alltag

Es wurde eben schon darauf hingewiesen, dass der langfristige Erfolg eines Trainings entscheidend davon mitbestimmt wird, ob man die Bedingungen einer Institution, in der der Jugendliche lebt, oder die seiner Familie richtig erkannt und in das Vorgehen einbezogen hat. Hierzu muss man das Training an die Bedingungen des Jugendlichen anpassen. So ist es in manchen Fällen erforderlich, die Anforderungen des Trainings zeitweise entsprechend zu reduzieren, um besonders problematischen Jugendlichen leichter Erfolge zu vermitteln. Im weiteren Verlauf des Trainings kann man dann wieder die Anforderungen allmählich erhöhen. Oft ermöglicht erst die Verringerung der Anforderungen – wobei diese dann aber *konsequent* abzuverlangen sind –, dass der Jugendliche endlich die Erfolge erzielt, die ihn zu größeren Anstrengungen ermutigen.

Ebenso kann man die Bedingungen, unter denen der Jugendliche lebt, den Zielen des Trainings anpassen. Solche Veränderungen können sich auf einen Schulwechsel beziehen, der mit dem Ziel erfolgt, einen Jugendlichen in seinem schulischen Leistungsvermögen nicht zu unter- oder überfordern. Ein Jugendlicher, der in der Schule oder am Ausbildungsplatz ständig überfordert ist und deshalb viele Misserfolge erlebt, wird kaum von unserem Training profitieren. Er wird das Vorgehen als weltfremde Spielstunde begreifen, deren Ziele und Aufgaben er nicht auf den Alltag übertragen kann. Auf die Familie bezogen könnten Veränderungen bedeuten, dass der Jugendliche endlich ein Einzelzimmer erhält, für das er allein verantwortlich ist. Dadurch besteht die Chance, dass er zu einer größeren Selbstständigkeit und Eigenverantwortlichkeit gelangt; erst in einer solchen Situation wird er vielfach erkennen, welchen Einfluss seine Bemühungen, zum Beispiel im Hinblick auf die Ausgestaltung oder die Ordnung seines Zimmers, haben.

Die Übertragung des Trainingserfolges auf den Alltag hängt davon ab, wie stark sich die Bedingungen innerhalb und außerhalb des Trainings gleichen. Dies verlangt „Wirklichkeitsnähe" von seiten des Trainings und „vermehrte Strukturierung" von seiten des Alltags. Konkret tragen folgende Elemente des Trainings dazu bei:

- *Allmählich gesteigerte Belastungsfähigkeit des Jugendlichen durch gezielte Erfolgserlebnisse und den Einsatz von Selbstkontrolle.*
  Selbstkontrollverfahren unterstützen ihn darin, sich zunächst einmal von der Bezugsgruppe zu lösen und für neue Aspekte aufgeschlossen zu werden. Wie in Abschnitt 2.2 berichtet, lassen sich dadurch Verweigerungshaltung und Motivationsprobleme verringern. Selbstkontrolle macht den Jugendlichen unabhängig vom Trainer, auch wenn dieser ihn dazu ermutigt und ihm entsprechende „Hausaufgaben" gibt. Selbstkontrolle kann schon zu Beginn des Einzeltrainings geübt bzw. vertieft werden und lässt sich sofort auf den Alltag übertragen.

- *Sozialpädagogische Maßnahmen, mit deren Hilfe der Alltag des Jugendlichen strukturiert werden kann.*
  In einer Institution (wie einem Heim) wären dies vor allem gezielte Freizeitangebote, in denen der Jugendliche in Neigungsgruppen unter fachgerechter Anleitung Fähigkeiten einübt und vervollkommnet (z. B. im Sport, in der Elektronik oder dem Theaterspiel). Wird das Training in einer Beratungsstelle durchgeführt, dann ist der Jugendliche auf entsprechend anforderungsgerechte Angebote in der freien Jugendarbeit oder der Volkshochschule hinzuweisen.
- *Anbindung des Trainings an die aktuelle Situation des Jugendlichen in Ausbildung und Schule.*
  Der Jugendliche kann durch gezielte Übungen, wie einem Rollenspiel zum Thema „Vorstellungsgespräch", den Bezug des Trainings zum beruflichen Alltag erkennen. Materialien, Inhalte und Gesprächsführung sollten sich häufig an Alltagsproblemen orientieren, wobei man zum Beispiel durch Cartoons, eine Überzeichnung des Alltags anstreben kann, die Betroffenheit bewirkt und dennoch mit ausreichender Distanz zum Alltag neue Problemlösungen erkennen lässt. Wie schon erwähnt, eröffnet das Einzeltraining dem Jugendlichen die Chance, ihm wichtig erscheinende Alltagsprobleme zum Thema einer Sitzung zu machen.

Kapitel 4

Indikationsstellung

Ein breit angelegtes Training eröffnet zwar vielfältige Anwendungsbereiche, diese setzen jedoch für den Einzelfall ein differenziertes Begründungsschema voraus. Unter einem Begründungsschema wollen wir alle diagnostischen Bemühungen verstehen, die die Ziele und das konkrete Handeln festlegen. Da sich das vorliegende Training nicht auf ein bestimmtes Sozialverhalten bezieht, wird es im Rahmen der Indikationsstellung weniger darum gehen, ein besonders problematisches Verhalten (z. B. Aggression) von anderen abzugrenzen, um dieses dann zu verändern; Ziel muss es vielmehr sein, aus der Gruppe möglicher Arbeits- und Verhaltensprobleme diejenigen auszuwählen, die ein Verhaltenstraining angehen kann. Hierzu ein Beispiel: Arbeitsprobleme werden sicherlich auch durch Konzentrations- und Intelligenzmängel bestimmt, die zu unzureichenden Lernvoraussetzungen bei dem Jugendlichen führen. Solche Defizite könnte man durch Konzentrations-, Intelligenz-, Kreativitäts- oder Lerntrainings verringern, sie sind jedoch nicht Schwerpunkt eines Verhaltenstrainings. In unserem Vorgehen kann man bestenfalls davon ausgehen, dass Übungen zum Beispiel zur Selbstkontrolle, die ein Jugendlicher im Kontext von Rollenspielen verwirklicht, sich auch auf kognitive Bereiche übertragen lassen und der Jugendliche auf diesem Wege seine mangelhafte Konzentrationsfähigkeit verbessert. Dies bedeutet für die Indikationsstellung:

- auf Grund der vielfältigen Ursachen für Arbeits- und Verhaltensstörungen können nur verhaltensbezogene Ziele angestrebt werden;
- Verhaltens- und Lernleistungsstörungen sind voneinander abzugrenzen;
- vor allem Verhaltensstörungen müssen in ihren Auswirkungen auf Arbeits- und Sozialverhalten spezifiziert werden.

4.1 Ebenen der Indikationsstellung

Unter den Ebenen der Indikationsstellung sollen die möglichen Zugänge verstanden werden, durch die man Informationen über einen Jugendlichen sammeln kann. In der Regel wird man sich zunächst damit begnügen, den Jugendlichen zu befragen. Dies kann in einem mehr oder weniger strukturierten Interview oder anhand von standardisierten Fragebögen erfolgen; in beiden Fällen erfragt man die *Einstellung* des Jugendlichen. Solche Befragungen beinhalten sehr oft Verzerrungen, auch wenn man psychologische Testverfahren heranzieht. Dieser Tatbestand erfordert deshalb eine systematische Verhaltensbeobachtung, die möglichst geschehensnah, konkret bearbeitbare Auffälligkeiten festhält. Informationen auf der *Verhaltensebene* sind in vielen Fällen erst dann einzuordnen, wenn man die Kontextbedingungen kennt, unter denen der Jugendliche ein Problemverhalten zeigt. Die Informationen über diese Kontextbedingungen können sich auf die familiäre, die schulische, die Ausbildungssituation oder auf die Bedingungen einer Institution (Klinik, Heim) beziehen; solche Daten beschreiben die *Umweltebene.*

4.1.1 Einstellungsebene

Die meisten Empfehlungen und Verfahren liegen auf dieser Ebene vor, wobei sie sich fast ausschließlich auf die Bereiche Aggression und Delinquenz beschränken (vgl. Döpfner et al., 2002). Alle umfassenden Verfahren wurden im angloamerikanischen Sprachraum entwickelt und liegen in der Regel nicht in deutscher Sprache vor. Scheithauer und Petermann (2002) führen aus, dass delinquentes Verhalten im Jugendalter sehr differenziert diagnostiziert werden muss, um eine ausreichende Basis für die Begründung der Trainingsziele zu finden. Leider fehlen Studien, die die übrigen Verhaltensbereiche oder Arbeitsverhalten in einer solch differenzierten Weise aufschlüsseln. Eine mögliche Lösung aus diesem Dilemma bietet die so genannte Achenbach-Skala (= *C*hild *B*ehavior *C*heck*l*ist, CBCL). So empfehlen Döpfner et al. (2002) den aus der Child Behavior Checklist abgeleiteten Fragebogen für Jugendliche (YSR), der aus zwei Teilen besteht (vgl. dazu S. 52).

4.1.2 Verhaltensebene

Sozialverhalten äußert sich in der zwischenmenschlichen Interaktion und kann unmittelbar durch systematische und standardisierte Beobachtungen erfasst werden. Eine verhaltensnahe Indikationsstellung kann auf solche Informationen nicht verzichten. Die systematische Verhaltensbeobachtung setzt ein Kategoriensystem und Kodierregeln voraus. Das Kategoriensystem muss voneinander unabhängige Aspekte aufweisen, die einen Verhaltensbereich konkret beschreiben und vollständig abdecken. Die Kategorien müssen im vorliegenden Fall sowohl Arbeits- als auch Sozialverhalten abbilden können. Erfahrungsgemäß kann man in der Praxis nicht mehr als 12 bis 15 konkret ausformulierte Kategorien einem überschaubaren Beobachtungsbogen zu Grunde legen. Da bislang keine deutschsprachigen Beobachtungsverfahren für diese Belange vorliegen, wurde in Vorstudien ein solches Kategoriensystem entwickelt und erprobt (vgl. U. Petermann, 1992).

4.1.3 Umweltebene

Für die Entwicklung des Arbeits- und Sozialverhaltens eines Jugendlichen spielen Umwelteinflüsse eine entscheidende Rolle. Hierunter fallen Faktoren, die seine bisherige Entwicklung prägten und solche, die sein aktuelles Verhalten aufrechterhalten. Informationen über die Umweltebene erhält man aus:

- Explorationen mit Bezugspersonen (z. B. Eltern, Erzieher im Heim, Ausbilder, Lehrer),
- Akten, die die Entwicklung des Jugendlichen dokumentieren (z. B. Jugendamts- oder Gerichtsakten),
- der Kenntnis der Institution, in der der Jugendliche zur Zeit lebt (z. B. Pflegefamilie, Klinik, Heim),
- der Beobachtung des Bezugsfeldes und des Erziehungsverhaltens, das gegenüber dem Jugendlichen praktiziert wird, und
- der Situation in der Schule bzw. Ausbildung und der sich daraus ableitbaren Zukunftsperspektive des Jugendlichen.

Diese Informationen geben Aufschluss darüber, in welchem Ausmaß der Jugendliche in sein soziales Umfeld eingebunden ist, und welche Probleme ihn belasten oder auf ihn noch zukommen werden. In der Regel sind diese Umweltbedingungen eine bedeutende Grundlage dafür, ob es dem Jugendlichen gelingt, den möglichen Trainingserfolg auf den Alltag zu übertragen. Die Stabilität der Erfolge hängt davon entscheidend ab.

4.2 Zum konkreten Vorgehen

Durch ein weitgefasstes (multimodales) Vorgehen kann man sich eine solide Entscheidungsbasis schaffen. So sollte die Informationssammlung mit einem diagnostischen Gespräch mit dem Jugendlichen beginnen. Die daraus resultierenden subjektiven Einschätzungen sollten durch standardisierte Fragebögen und Daten aus psychologischen Tests ergänzt werden. Eine systematische Verhaltensbeobachtung bildet die dritte, oft sehr zeitaufwändige, aber unverzichtbare Zugangsmöglichkeit. In manchen Fällen kann man auch durch die Aktenanalyse die diagnostischen Entscheidungen absichern (vgl. Abb. 5).

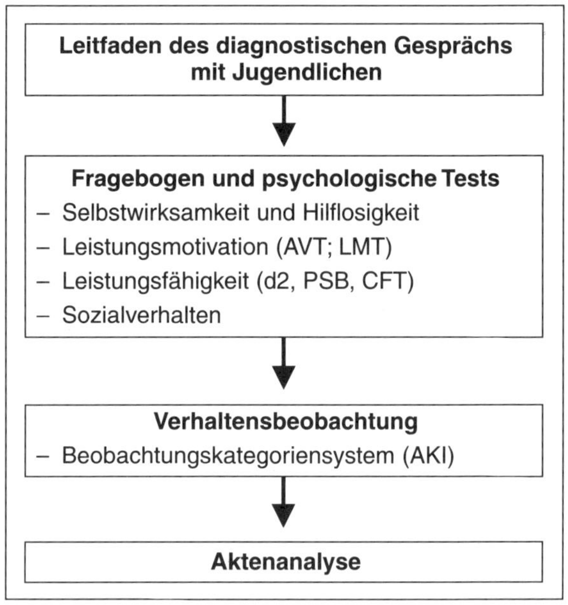

Abbildung 5: Informationssammlung im Rahmen der Indikationsstellung.

4.2.1 Diagnostisches Gespräch mit Jugendlichen

Im Gegensatz zu einem Training mit Kindern sind bei der Arbeit mit Jugendlichen diese selbst die zentralen Ansprechpartner, wenn eine Verhaltensanalyse durchzuführen ist; die Eltern spielen eine eher untergeordnete Rolle. Wir empfehlen ein Informationsgespräch mit dem Jugendlichen, bei dem er einige allgemeine Fragen zu seiner Person, bisherigen Entwicklung, Familie, zur aktuellen Situation und seiner Beziehung zu Gleichaltrigen beantworten soll (vgl. den Fragebogen auf S. 44–48). Der Trainer möchte dabei die Sichtweisen des Jugendlichen kennenlernen und ist in dieser Phase ausschließlich an seinen Bewertungen interessiert.

Das Gespräch, das in der Regel eine Stunde dauert, soll sich an einem Leitfaden orientieren und zunächst mit wenig bedrohlichen, *allgemeinen*

Aussagen beginnen, die sich auf den beruflichen Bereich beziehen. Verhaltensangaben werden zunächst global erfragt, indem man Gewohnheiten anspricht, die der Jugendliche – je nach bereits bestehender Offenheit – mit mehr oder weniger vertraulichen Informationen füllen kann. Wichtig ist in dieser frühen Phase des Kontaktes, dass der Jugendliche bestimmen kann, wie „nah" ihm der Trainer kommen darf.

Die sich daran anschließenden Fragen über die *bisherige Entwicklung* des Jugendlichen sollen das Erleben in verschiedenen sozialen Bezügen (Kindergarten, Schule, Ausbildungsstelle) erfassen. Gezielt werden dabei Bewertungen erfragt (glücklichste vs. unglücklichste Zeit), die es dem Jugendlichen ermöglichen, private (vielleicht belastende) Erlebnisse mitzuteilen.

Schon weit bedrohlicher kann der dritte Fragenblock wirken: die Qualität der *Familienbeziehungen*. Es soll dabei das Verhältnis zu einzelnen Familienmitgliedern gekennzeichnet werden. Dieser Bereich schließt auch Fragen danach ein, wann der geeignete Zeitpunkt gekommen ist, an dem man sich aus seiner Familie lösen soll. Oft können auch offene Fragen, zum Beispiel „Was würdest du, wenn du eine eigene Familie gründen würdest, anders machen als deine Eltern?", Aufschluss über belastende Erlebnisse aus der Familie des Jugendlichen geben. Es ist nahe liegend, dass der Trainer bei solch offenen Fragen und eventuell kurzen Antworten des Jugendlichen hinsichtlich einer ausstehenden Begründung nachhaken muss.

Die Verhaltensanalyse im engeren Sinne beginnt mit dem vierten Bereich, der sich auf die *aktuelle Situation* bezieht. Der Jugendliche soll einen typischen Arbeitstag aus der letzten Woche und einen typischen Tag am letzten Wochenende *genau im Ablauf* beschreiben. Bei kritischen Situationen oder besonders harmonischen Erlebnissen ist nach den Reaktionen der Beteiligten zu fragen. In diesem Abschnitt werden Arbeits- und Freizeitverhalten thematisiert. Der Jugendliche soll seine Neigungen beschreiben und vor allem eine Angabe darüber machen, mit welcher Ausdauer er ihnen nachgeht. Er wird noch danach gefragt, wie er mit Erfolg und Misserfolg umgeht, was er zu Hause tut und was ihn dort besonders stört. Bedeutsam sind auch die Zukunftsvorstellungen des Jugendlichen, seine Wünsche und, wie er mit Langeweile umgeht. Man sollte dabei auch ein offenes Ohr für sich abzeichnende (oder bestehende) Süchte haben (Alkohol, Drogen, Spiel etc.). Über die psychische Situation sagt in der Regel auch der Tag-Nacht-Rhythmus etwas aus. Ein unregelmäßiger Rhythmus hat vielfältige Auswirkungen. So sind vermehrt nervöse Verhaltensweisen, massive Stimmungsschwankungen oder Konzentrationsprobleme in der Schule oder am Arbeitsplatz die Folge. Ein stark und langandauernd gestörter Tag-Nacht-Rhythmus lässt sich zudem mit manchen Berufen (wie dem des Bäckers) schlecht vereinbaren.

Der letzte Fragenblock betrifft die *Beziehungen zu Gleichaltrigen*. In diesem Zusammenhang wird geklärt, ob Freundschaften bestehen, welcher Art sie sind und unter welchen Bedingungen ein Jugendlicher eine Freundschaft beenden würde. Ein zweiter Themenbereich setzt sich mit gegengeschlechtlichen Beziehungen auseinander. Mit den ausgewählten Fragen soll geklärt werden, wie stabil diese Freundschaften sind und in welcher Form die Gruppe der Gleichaltrigen solche gegengeschlechtlichen Beziehungen akzeptiert oder inwieweit der Jugendliche sich durch diese Bindung von seinen „Kameraden" gelöst hat und konkrete Pläne für die Zukunft besitzt.

Die Sammlung von 57 Fragen bildet eine Orientierung für das Gespräch mit dem Jugendlichen. Sollte man den Eindruck haben, dass manche Problembereiche zu bedrohlich sind, dann empfiehlt es sich, das Vorgehen zu unterbrechen und zunächst standardisierte Fragebögen oder psychologische Tests von dem Jugendlichen bearbeiten zu lassen.

4.2.2 Fragebögen und psychologische Tests

Bei der Auswahl geeigneter Verfahren tritt das bereits angesprochene Problem auf: Weitgefasste Trainings benötigen multimodale Diagnoseverfahren, um ihren Einsatz zu begründen (vgl. Döpfner et al., 2002). Die Entwicklung von Arbeits- und Sozialverhalten steht im Zusammenhang mit der Leistungsfähigkeit und dem allgemeinen Stand der Persönlichkeitsentwicklung. Für eine sinnvolle Indikation des Trainings sind daher Intelligenz- und Konzentrationstests vonnöten, in manchen Fällen auch Persönlichkeitstests. Wir wollen zunächst mit der Beschreibung von Verfahren beginnen, die sich unmittelbar auf die Ziele des Trainings beziehen.

Gesprachsleitfaden für Jugendliche

A. Allgemeine Fragen

1. Wie ist dein vollständiger Name?
2. Wie alt bist du ?
3. Wo bist du geboren?
4. Was machst du schulisch, ausbildungsmäßig oder beruflich?

   ____

5. Was machst du genau?

   ____

   ____

6. Was gefällt dir in der Schule/am Arbeitsplatz gut?

   ____

   ____

7. Was gefällt dir in der Schule/am Arbeitsplatz nicht?

   ____

   ____

8. Was willst du machen, wenn die Schule/Ausbildung vorüber ist?

   ____

   ____

9. Denkst du, das klappt? Was machst du, wenn das schief geht?

   ____

   ____

10. Wie stark hängt es von dir ab, ob es klappt?

    ____

    ____

11. Was glaubst du ist deine Gewohnheit, die dich am meisten daran hindert, dein Ziel im Beruf zu erreichen?

    ____

    ____

12. Wie wirkt sich diese Gewohnheit sonst noch aus (zu Hause, bei Freunden)?

    ____

13. Nenne einige Gewohnheiten und Dinge, mit denen wir uns hier beschäftigen könnten.

14. Was ist dir davon am wichtigsten?

B. Fragen zur bisherigen Entwicklung

Zu vielen Punkten, die wir angesprochen haben, kann ich noch wenig sagen, da ich dich noch zu wenig kenne. Aus diesem Grund möchte ich dir einige Fragen stellen, die sich mit deiner Kindheit bis zum heutigen Tag beschäftigen. Alles, was du erzählst, bleibt unter uns. Bitte beschreibe mir die Erinnerungen genau!

1. Bitte nenne mir Personen, die dir in deinem bisherigen Leben wichtig waren.

2. Wer war an deiner Erziehung beteiligt?

3. Wenn du dein bisheriges Leben in fünf Abschnitte aufteilen würdest (als Kleinkind, Kindergartenkind, Grundschulkind, Schulkind, Lehrling) – welcher Abschnitt war deine glücklichste Zeit?

4. Warum? Von wem oder was hing das ab?

5. Was war deine unglücklichste Zeit?

6. Warum? Von wem oder was hing das ab?

7. Nenne mir bitte drei wichtige Erlebnisse aus deiner Kleinkind- oder Kindergartenzeit, die du selbst erinnern kannst oder die man dir erzählt hat.

8. Nenne mir bitte drei wichtige Erlebnisse aus deiner Grundschulzeit.

9. Nenne mir bitte drei wichtige Erlebnisse aus deiner Schulzeit.

10. Nenne mir bitte drei wichtige Erlebnisse aus deiner Lehrzeit

C. Familienbeziehungen

1. Hast du Geschwister? Wieviele? Wie alt?

2. Leben deine Geschwister in der Familie?

3. Wie kannst du das Verhältnis zu deinen Geschwistern beschreiben (freundschaftlich, ablehnend, eifersüchtig, fremd)?

4. Denkst du, dass deine Eltern deine Geschwister und dich gleich behandelt haben?

5. Leben deine Mutter und dein Vater heute noch in eurer Familie?

6. Hat deine Mutter einen Freund/dein Vater eine Freundin? Ist sie/er wieder verheiratet?

7. Denkst du dir, dass du dich als Jugendlicher in deinem Alter von der Familie unabhängig machen sollst? Warum, in welcher Form und wie stark?

8. Was würdest du, wenn du eine eigene Familie gründen würdest, anders machen als deine Eltern?

D. Aktuelle Situation

1. Bitte beschreibe mir einen typischen Werktag aus der letzten Woche, vom Aufstehen bis zum Zubettgehen.

2. Bitte beschreibe mir einen typischen Tag am letzten Wochenende.

3. Was läuft an einem Tag, der „in den Sand gesetzt“ ist, alles schief?

4. Hast du ein Hobby oder sogar mehrere?

5. Was macht dir dabei besonders großen Spaß?

6. Hast du das Hobby schon lange?

7. Wie oft in der Woche gehst du deinem Hobby nach?

8. Kannst du einmal beschreiben, was in dir vorgeht und wie du dich fühlst, wenn dir etwas richtig Spaß macht?

9. Wenn man dir eine für dich zu schwere Aufgabe gibt, was tust du dann?

10. Was machst du am liebsten, wenn du zu Hause bist? Bitte beschreibe es genau.

11. Was geht dir am meisten auf den „Wecker“, wenn du zu Hause bist. Bitte beschreibe es genau.

12. Wenn du jedes Hobby machen könntest, ohne auf's Geld zu achten, was würdest du dann tun?

13. Glaubst du, dass Langeweile dir zur Qual werden kann? Kennst du dieses Gefühl? Was machst du dann?

14. Schläfst du manchmal zu wenig? Ab wann schläfst du normalerweise ein?

15. Wachst du nachts oder morgens sehr früh auf? Schläfst du dann wieder ein?

E. Beziehung zu Gleichaltrigen

1. Hast du Freunde/Freundinnen, mit denen du schon Jahre befreundet bist?

2. Was unternehmt ihr zusammen am liebsten?

3. Wie oft trefft ihr euch?

4. Hast du mehr Freunde/Freundinnen als andere in deinem Alter?

5. Was glaubst du, was einen richtigen Freund ausmacht?

6. Wann würdest du eine Freundschaft beenden?

7. Hast du eine feste Freundin/einen festen Freund?

8. Wie lange bist du schon mit deiner jetzigen Freundin/deinem jetzigen Freund zusammen?

9. Sind deine Kameraden neidisch, dass du eine Freundin/einen Freund hast?

10. Was wünschst du dir für die Zukunft?

Erfassung von Selbstwirksamkeit und Hilflosigkeit

In den letzten Jahren entwickelte vor allem die Arbeitsgruppe von Ralf Schwarzer an der Freien Universität Berlin Erhebungsverfahren auf dem Hintergrund der (sozialen) Lerntheorie und der Theorie der erlernten Hilflosigkeit von Seligman (zusammenfassend 1995). Diese sind mit unserem Ansatz gut vereinbar. Dabei handelt es sich um Skalen zur Selbstwirksamkeit (vgl. S. 51) und Hilflosigkeit (vgl. S. 50), die Fähigkeiten erfassen, in welcher Form Menschen vermuten, ihr Schicksal beeinflussen zu können. Die abgedruckten Fragebögen gehen auf Schwarzer (1986) zurück und wurden von uns auf unsere Problemgruppen bezogen modifiziert.

Der Hilflosigkeitsfragebogen basiert auf dem Konzept von Seligman, das davon ausgeht, dass man nach einer bestimmten Anzahl von Unkontrollierbarkeitserfahrungen, zum Beispiel nach Misserfolgen, von der Unabhängigkeit zwischen eigenem Handeln und den daraus resultierenden Folgen ausgeht. Schon in Abschnitt 1.1 wurde die Bedeutung von erfahrener Selbstwirksamkeit für Jugendliche unterstrichen. Selbstwirksamkeit wird erlebt, wenn man eigenständig das Verhalten, das die Voraussetzung für einen angestrebten Erfolg bildet, erfolgreich ausüben kann. In Studien der Arbeitsgruppe von Ralf Schwarzer (1986) zeichnet sich bei Jugendlichen ab, dass allgemeine Hilflosigkeit und Selbstwirksamkeit negativ miteinander korrelieren. Wer hilflos ist, glaubt, nichts beeinflussen zu können; er weist ein niedriges Selbstwertgefühl auf und ist schüchtern. In unseren Arbeiten umschreiben wir dieses Verhalten als soziale Unsicherheit (vgl. U. Petermann, 1992; Petermann & Petermann, 2003).

Erfassung von Leistungsmotivation

Wir empfehlen bei Jugendlichen im Hauptschulalter (11 bis ca. 15 Jahre) den Anstrengungsvermeidungstest (AVT) von Rollett und Bartram (1998). Dieses Verfahren besteht aus Ja-Nein-Fragen, von denen 20 das Anstrengungsverhalten und 10 den Pflichteifer erfragen. Bei dem Fragebogen geht es darum, die Leistungs- und Anstrengungsbereitschaft eines Schülers zu erfassen. Der AVT ist besonders für die Indikationsstellung geeignet, da er niedrig Leistungsmotivierte, die eine Anstrengungsvermeidungstendenz als unangemessene Problemlösestrategie aufweisen, genau differenziert. Unter *Anstrengungsvermeidung* wird das Bestreben verstanden, Leistungsanforderungen aus dem Weg zu gehen und den Weg des geringsten Widerstandes ausfindig zu machen. Dementsprechend stellt der Test auch eine Sammlung von Ausreden zusammen, die Jugendliche benutzen, um sich vor der Arbeit zu drücken. Der zweite Aspekt, der *Pflichteifer*, bezieht sich auf das ausreichende Maß an Planung der eigenen Arbeit.

Für Jugendliche von 15 bis 20 Jahren empfehlen wir den *L*eistungs*m*otivations*t*est (LMT) von Hermans, Petermann und Zielinski (1978). Dieses Verfahren besteht aus vier Skalen, mit denen Leistungsverhalten näher bestimmt werden kann; es handelt sich um
- Leistungsstreben,
- Ausdauer und Fleiß,
- leistungsfördernde und
- leistungshemmende Prüfungsangst.

Dieser Fragebogen steht in der Tradition der Leistungsmotivationsforschung und will durch ein ökonomisches und theoriegeleitetes Verfahren Leistungsmotivation erfassen. Es bestehen Beziehungen zwischen den Antworten im LMT und dem selbst eingeschätzten schulischen und häuslichen Lern- und Arbeitsverhalten. Der Test besteht aus 90 Fragen, denen sich jeweils mehrere, vorformulierte Antworten anschließen, aus denen eine ausgewählt werden soll. Die Fragen gehen allerdings häufig auf Schule oder Unterricht und Prüfungen ein und sind für Auszubildende weniger zutreffend. Führt man das vorliegende Training allerdings mit Schülern oder Studenten durch, dann liegt mit dem LMT ein interessantes und differenziertes Verfahren vor.

Erfassung der Leistungsfähigkeit

Wesentliche Leistungsmängel, die sich auf einen möglichen Erfolg des Trainings auswirken, liegen in der Konzentrationsfähigkeit und den Lernvoraussetzungen (Intelligenz) begründet. Als ökonomisches Verfahren zur Beurteilung der Konzentrationsfähigkeit bietet sich der d2-Test von Brickenkamp (1981) und als anspruchsvolles Verfahren der Intelligenzerfassung das *P*rüfsystem für *S*chul- und *B*ildungsberatung (PSB) von Horn (1969) an. Ist zu befürchten, dass der Jugendliche auf Grund schulischer Lerndefizite im PSB zu schlecht abschneiden würde, kann der *C*ulture-*F*air Intelligenz-*T*est (CFT 20) von Cattell und Weiß (1980) durchgeführt werden. Der CFT ist in der Lage, die schulunabhängige Intelligenz zu bestimmen.

Hilflosigkeitsskala

(Im Fragebogen ist hilfloses Verhalten jeweils durch die Antwort „stimmt“ angezeigt.)

	stimmt	stimmt nicht
1. Es gibt viele Probleme, vor denen ich ratlos stehe.	______	______
2. Es ist zwecklos, sich bei der Arbeit anzustrengen. Ich weiß ja doch nicht, ob ich jemals eine Lehre machen kann.	______	______
3. Auch wenn ich mich bei der Arbeit anstrenge, arbeite ich schlechter als die anderen.	______	______
4. Ich glaube, dass meine Beurteilungen herzlich wenig damit zu tun haben, ob ich mich angestrengt habe oder nicht.	______	______
5. Schon zu Beginn einer Arbeit weiß ich, dass es nicht klappen wird.	______	______
6. Egal, ob ich mich anstrenge oder nicht, ich glaube, ich werde nie bessere Arbeiten machen können.	______	______
7. Wenn mir ein anderer etwas erklären will, dann kann ich das häufig schlecht verstehen.	______	______
8. Es lohnt sich nicht, sich bei der Arbeit anzustrengen, weil ich doch nichts Gutes fertig bringe.	______	______
9. Ob ich mich bei der Arbeit anstrenge oder nicht, macht keinen Unterschied, weil ich doch nicht weiß, ob da etwas herauskommt.	______	______
10. Egal, ob ich mich anstrenge oder nicht, das Arbeitsamt wird mir keine Arbeit verschaffen können.	______	______
11. Auch wenn ich genau weiß, was ich zu arbeiten habe, weiß ich nicht, ob ich meine Arbeit auch gut mache.	______	______
12. Wenn mir ein Meister etwas bei der Arbeit erklärt, dann kann ich das häufig nicht richtig verstehen.	______	______

Selbstwirksamkeitsskala

(Im Fragebogen ist selbstwirksames Verhalten jeweils durch die Antwort „stimmt" angezeigt.)

	stimmt	stimmt nicht
1. Wenn ich mich bei der Arbeit anstrenge, erziele ich auch gute Leistungen.	______	______
2. Ich kann mir meistens selbst helfen, wenn ein Problem für mich auftaucht.	______	______
3. Mir fällt meistens etwas ein, wenn ich in der Klemme bin.	______	______
4. Wenn ich mich angestrengt habe, kann ich zufriedenstellende Leistungen erbringen.	______	______
5. Auch wenn ich eine neue Arbeit zu machen habe, gelingt es mir, gute Leistungen zu erbringen.	______	______
6. Wenn ich mich bei der Arbeit anstrenge, läuft bei mir alles wie am Schnürchen.	______	______
7. Anstrengung lohnt sich immer, auch wenn der Erfolg nicht sofort da ist.	______	______
8. Ich habe bei der Arbeit die Erfahrung gemacht, dass hoher Einsatz auch hohe Gewinne erbringt.	______	______
9. Ich habe die Erfahrung gemacht, dass, wenn ich mich besonders bei der Arbeit anstrenge, ich dann auch bessere Beurteilungen erhalte.	______	______
10. Wenn ich mich genügend anstrenge, gelingt es mir immer, gute Leistungen zu erbringen.	______	______
11. Es fällt mir nicht schwer, bei unerwartet schwierigen Problemen eine Lösung zu finden.	______	______
12. Egal, was auch kommen mag, ich werde es schon in den Griff bekommen.	______	______
13. Ich weiß genau, was ich machen muss, um gute Leistungen zu bringen.	______	______

Erfassung von Sozialverhalten

Zur umfassenden Problemabklärung eignet sich der bereits erwähnte Fragebogen für Jugendliche (YSR) aus der Arbeitsgruppe um Achenbach, der in deutscher Übersetzung vorliegt (vgl. Döpfner et al., 2002). Der YSR besteht aus zwei Teilen. Im ersten Teil werden die psychosozialen Kompetenzen (z. B. Auswahl der Freizeitaktivitäten, Anzahl der Freunde) und im zweiten Teil Verhaltensauffälligkeiten sowie emotionale Probleme erfasst. Der Fragebogen liegt auch in einer Version für Eltern und einer weiteren für Lehrer vor; er umfasst jeweils 89 Aussagen und ist ökonomisch durchzuführen und auszuwerten. Für jeden Fragebogen werden acht Problemskalen gebildet; im einzelnen sind dies:
- sozialer Rückzug,
- körperliche Beschwerden,
- ängstlich/depressiv,
- dissoziales Verhalten,
- aggressives Verhalten,
- soziale Probleme,
- schizoid/zwanghaft und
- Aufmerksamkeitsprobleme.

Der Einsatz für unsere Fragestellung ist empfehlenswert, da eine umfassende Problemklärung dadurch möglich ist.

Des weiteren soll lediglich noch ein spezifisches Verfahren zur Erfassung sozialer Ängste erwähnt werden: der *A*ngstfragebogen *f*ür *S*chüler (AFS; Wieczerkowski et al., 1974). In manchen Fällen ist nämlich davon auszugehen, dass Leistungsverhalten von sozialer Angst beeinflusst wird, und sich zudem Schulunlust, Schulangst oder Prüfungsangst in der Leistungsfähigkeit eines Jugendlichen widerspiegeln können. Eine ausführliche Liste weiterer Erhebungsverfahren zur Erfassung des Sozialverhaltens stellten kürzlich Döpfner et al. (2002) zusammen. Der Leser soll an dieser Stelle auf diese weiterführende Literatur verwiesen werden.

4.2.3 Verhaltensbeobachtung

Die Erfolge eines Trainings zur Förderung von Arbeits- und Sozialverhalten sollten sich in beobachtbaren Änderungen niederschlagen. Die Verhaltensbeobachtungen sind demzufolge sowohl zur Indikationsstellung als auch zur Verlaufs- und Erfolgskontrolle des Trainings erforderlich. Das zu entwickelnde Beobachtungssystem muss deshalb in erster Linie das durch das Training abzubauende Problemverhalten spezifizieren und in einem weiteren Schritt für das Zielverhalten des Trainings offen sein. Unter dem Zielverhalten verstehen wir Handlungskompetenzen, die sich im Arbeits- und Sozialverhalten äußern. Das Problemverhalten bezieht sich auf Verhaltensdefizite eines Jugendlichen, die sich in passivem, initiativelosem Verhalten zeigen, das oft zu Verweigerung, Vermeidung oder sozialem Rückzug führt. Davon muss man exzessives Problemverhalten abgrenzen, das die weitgefasste Klasse aggressiver Handlungsweisen beinhaltet. So muss der Beobachtungsbogen mindestens die drei Bereiche des *a*ggressiven, *k*ompetenten und *i*nitiativelosen Verhaltens (AKI) umfassen. Die Kategorien dieses Beobachtungsbogens (AKI, siehe S. 55) sollen kurz ausgeführt werden.

Aggressives Verhalten

Für diesen Bereich liegen Kategorien aus bereits überprüften Erhebungsverfahren vor (Petermann & Petermann, 2000; 2001), die sich in vier Aspekte aufgliedern lassen:
- verbale und nonverbale Aggression,
- offen gezeigte, also direkte, und hinterhältige, verdeckte Aggression,
- Aggression gegen die eigene Person, gegen andere sowie gegen Gegenstände und
- passiv-erfahrende sowie aktiv-bewirkende Aggression.

In einer Studie an Jugendlichen im Berufsvorbereitungsjahr stellten sich folgende Kategorien als bedeutsam heraus (vgl. U. Petermann, 1992): Verbal wie nonverbal aggressives Verhalten, das sich sowohl offen als auch hinterhältig äußert; eindeutig beobachtbar sind dabei vor allem Aggressionen gegen andere Personen. Es zeigte sich in der Studie, dass vor allem die aktiv-bewirkende Aggression an der Entstehung eines Konfliktes beteiligt ist. So wird nur dieser Aspekt in der Verhaltensbeobachtung berücksichtigt und es entstehen folgende vier Beobachtungskategorien:
- *Offen gezeigtes, verbales aggressives Verhalten (Kat. 1):*
  zum Beispiel anschreien; beschimpfen; drohen; verfluchen.
- *Offen gezeigtes, nonverbales aggressives Verhalten (Kat. 2):*
  zum Beispiel boxen; schlagen; anrempeln; schubsen; treten; beißen; kratzen; spucken.
- *Hinterhältiges, verbales und nonverbales aggressives Verhalten (Kat. 3):*
  zum Beispiel verspotten; ironische Bemerkun-

gen machen; auf Schwächen des anderen anspielen; heimlich Dinge wegnehmen; hinter dem Rücken eines anderen Grimassen schneiden.
- *Aggressiv aufforderndes, provozierendes Verhalten (Kat. 4):*
  zum Beispiel befehlen; kommandieren; Anweisungen geben; kontrollieren; Aufgaben verteilen; verbieten; belehren.

Kompetentes Verhalten

Der zweite bedeutsame Bereich betrifft kompetentes Verhalten. Ein solches Verhalten setzt eine Reihe von kognitiven Fähigkeiten wie Selbstwahrnehmung, Selbstkontrolle oder Einfühlungsvermögen voraus. Es handelt sich hierbei um die Teilziele unseres Trainings, die jedoch nicht beobachtbar sind. Wir müssen uns deshalb auf die beobachtbaren Aspekte beschränken, die sich in Form von Kontakt- und Interaktionsfertigkeiten äußern und zur Folge haben, dass sich Jugendliche angemessen selbstdarstellen können (z. B. selbstbehaupten). Für Arbeits- und Sozialverhalten ist die Kooperationsfähigkeit wesentlich, das heißt das Ausmaß, in dem man angemessen und kompromissbereit auf Verpflichtungen, Anforderungen und Aufforderungen eingehen kann. Dieser Aspekt wird durch die Fähigkeit ergänzt, verbal und nonverbal Initiative zu ergreifen. Der zweite Bereich – die angemessene Selbstdarstellung – beinhaltet Elemente, die wir in Selbstsicherheitstrainings finden (vgl. U. Petermann et al., 2002; Petermann & Petermann, 2003). Hierunter fallen
- Ablehnen, das heißt Nein-sagen-können,
- angemessen Wünsche oder Forderungen stellen sowie
- seine Meinung, Gefühle und Kritik ausdrücken können.

Aus den beschriebenen Aspekten resultieren fünf Verhaltensformen:
- *Nicht-aggressives, aufforderndes Verhalten (Kat. 5):*
  zum Beispiel freundlich Anweisungen geben; um etwas bitten; (nach Informationen) fragen; Vorschläge unterbreiten; Wünsche äußern; angemessen Forderungen stellen und darauf bestehen.
- *Verbales und nonverbales Eingehen auf nicht-aggressives, aufforderndes Verhalten (Kat. 6):*
  zum Beispiel Aufforderungen oder Wünschen nachkommen, indem bestimmte Tätigkeiten ausgeführt werden; auf Bitten oder Vorschläge eingehen; Fragen beantworten; helfen; unterstützen.
- *Verbales und nonverbales Ablehnen von Aufforderungen jeglicher Art (Kat. 7):*
  zum Beispiel ablehnen von angemessenen oder unangemessenen Forderungen, Wünschen und Bitten – mit oder ohne Begründung.
- *Verbales Interaktionsverhalten (Kat. 8):*
  zum Beispiel ein Gespräch mit jemandem beginnen und aufrechterhalten (über Filme, Motorräder, Musik, Autos, Mädchen u.a.); etwas erklären; zuhören; loben; ermutigen; nicht verletzend kritisieren und seine Meinung äußern.
- *Nonverbales Interaktionsverhalten (Kat. 9):*
  zum Beispiel etwas gemeinsam unternehmen; arbeiten; spielen; vorbereiten.

Initiativeloses Verhalten

Dieser Verhaltensbereich wird entweder von der Tendenz zur Anstrengungsvermeidung bestimmt oder durch soziale Angst und Unsicherheit ausgelöst und aufrechterhalten. Initiativelose Jugendliche nehmen an, dass sie mit ihrem Verhalten die Ergebnisse von Handlungen nicht beeinflussen können. Passives Verhalten steht im Vordergrund und manchmal wird trotz genügender, eindeutiger und positiver Anreize nicht reagiert. Rückzugsverhalten, soziale Isolation und Resignation sind die Folge; der soziale Austausch und die Orientierung an anderen unterbleibt. Teilweise drückt sich initiativeloses Verhalten in stark verlangsamten Reaktionen aus. Solche Verhaltensweisen haben wir ausführlich in Abschnitt 1.4 beschrieben (vgl. Apathie, Interesse- und Teilnahmslosigkeit).

In das Kategoriensystem geht dieser Verhaltensbereich in folgender Weise ein:
- *Ablehnung: verbal und nonverbal (Kat. 10):*
  zum Beispiel Kontakt ohne Angabe von Gründen abbrechen; sich wegwenden; weggehen; eine andere Tätigkeit beginnen; auf Anforderungen von anderen nicht eingehen; Aufforderungen, Wünsche, Bitten ablehnen; Langeweile und Desinteresse äußern.
- *Passivität: verbal und nonverbal (Kat. 11):*
  zum Beispiel sich zu anderen stellen oder setzen, ohne sie anzusprechen; sich am Gespräch nicht beteiligen; anderen bei einer Tätigkeit zuschauen, ohne mitzumachen.
- *Vermeidung: verbal und nonverbal (Kat. 12):*
  zum Beispiel sich alleine beschäftigen; kein Interesse am Gruppengeschehen zeigen; andere nicht beachten, nicht ansprechen; Mitarbeit und Aufgaben verweigern.

Aus den insgesamt zwölf Kategorien lässt sich ein Beobachtungsbogen zusammenstellen, der sowohl für Arbeits- als auch Sozialverhalten Gültigkeit besitzt. In der hier abgedruckten Form wurden die Inhaltsbeschreibungen der Kategorien (rechte Spalte: konkretes Verhalten) sowohl auf Sozial- als auch auf Arbeitsverhalten bezogen. Selbstverständlich können diese konkreten Beschreibungen auch in einem Anwendungsfeld, in dem ausschließlich Arbeits- oder Sozialverhalten beurteilt werden sollen, verwendet werden.

Die Verhaltensbeobachtungen sollten in weitgehend standardisierten Situationen erfolgen, wobei den Einschätzungen eine Fünfer-Skala zu Grunde gelegt wird. Diese Skala umfasst die folgenden Abstufungen:
- Verhalten tritt nie auf,
- Verhalten tritt sehr selten auf,
- Verhalten tritt manchmal auf,
- Verhalten tritt häufig auf und
- Verhalten tritt durchgängig, immer auf.

Die Arbeitsgruppe von Gert Jugert am Zentrum für Klinische Psychologie und Rehabilitation der Universität Bremen analysierte den beschriebenen Beobachtungsbogen im Rahmen einer Interventionsstudie an 106 Jugendlichen und belegte die Änderungssensitivität des Verfahrens. Besonders die Ergebnisse der Faktorenanalyse stützen die Struktur des Beobachtungsbogens; die Drei-Faktoren-Lösung erbrachte folgende Ergebnisse:
- Aggressives Verhalten (31,7 %),
- kompetentes Verhalten (20,5 %) und
- initiativloses Verhalten (16,8 %).

Die eindeutige Faktorenstruktur und die Varianzaufklärung über die drei Verhaltensweisen von insgesamt 69 % unterstreicht die Aussagekraft unseres Kategoriensystems eindeutig.

4.2.4 Aktenanalyse

Vor allem in der sozialpädagogischen Forschung der letzten 20 Jahre besaß die Aktenanalyse eine große Bedeutung, wobei vorwiegend Jugendamts- und Jugendgerichtsakten systematisch ausgewertet wurden (vgl. Planungsgruppe Petra, 1991). Unter Akten versteht man dabei nach sachlichen und chronologischen Gesichtspunkten gesammelte Schriftstücke. Sie geben Anhaltspunkte im Hinblick auf die Entwicklung eines Jugendlichen. Einen gewissen Informationsgehalt besitzen Anträge und entsprechende Begründungen zur Heimaufnahme sowie Urteile und Urteilsbegründungen der Jugendgerichte. Aus den Akten lässt sich entnehmen, wie häufig Bezugspersonen, die an der Erziehung des Jugendlichen beteiligt waren, und Lebensumwelten wechselten. In der Regel liegen auch Hinweise auf die schulische Entwicklung vor (z. B. auf Grund eines Gutachtens des Schulpsychologischen Dienstes oder der Schule für Erziehungshilfe). In manchen Fällen verfügt man auch über Einschätzungen und Befunde eines Kinderarztes oder Kinder- und Jugendpsychiaters.

Akten sind lückenhaft und auch nicht immer zuverlässig, da manche Ereignisse (z. B. ein Straftatbestand) besonders stark im Vordergrund stehen. Aus diesem Grund sind Informationen aus den Akten vorsichtig zu interpretieren. Vielfach können jedoch Hinweise aus den Akten die Einschätzungen eines Jugendlichen, die er im Rahmen des diagnostischen Gesprächs abgibt, ergänzen, korrigieren oder relativieren. So berichten Jugendliche in einem diagnostischen Gespräch kaum über ihren körperlichen Gesundheitszustand. Der Trainer dürfte überfordert sein, wenn er eine körperliche Beeinträchtigung, zum Beispiel des Rückens, und deren Folgen beurteilen soll. Diese können darin bestehen, dass die Belastbarkeit des Jugendlichen am Ausbildungsplatz reduziert ist oder die Beeinträchtigung durch die Art der Arbeitsbelastung bedeutend zunimmt. Hier müssen Expertenurteile zur Untermauerung herangezogen werden. Eine Reihe von Gründen, die etwa zu einer Heimeinweisung beitragen, wird der Jugendliche wahrscheinlich vergessen haben oder verbergen wollen. Solche Gründe können sich auf eine Sprachstörung, auf Einnässen/Einkoten, massive Nahrungsverweigerung als Baby und Kleinkind, eine Spielleidenschaft, Alkoholmissbrauch, Prostitution oder Streunen beziehen.

Beobachtungskategoriensystem AKI			
Aggressives Verhalten	**Kategorie**	**Konkretes Verhalten**	**Urteil**
	1	Anschreien; beschimpfen; drohen; verfluchen	_____
	2	Boxen; schlagen; anrempeln; schubsen; treten; beißen; kratzen; bespucken; bewerfen; beschmutzen; an den Haaren ziehen	_____
	3	Verspotten; ironische Bemerkungen machen; auf Schwächen des anderen anspielen; heimlich Dinge wegnehmen; „Bein stellen"; Grimassen schneiden; schadenfreudiges Hilfeverweigern; unangemessenes Ablehnen von Wünschen und Forderungen; den Stuhl wegziehen	_____
	4	Befehlen; kommandieren; Anweisungen geben; kontrollieren; Aufgaben verteilen; verbieten; belehren; schadenfreudig lachen	_____
Kompetentes Verhalten	**Kategorie**	**Konkretes Verhalten**	**Urteil**
	5	Freundliche Anweisungen geben; um etwas bitten, etwas fragen; Vorschläge unterbreiten; Wünsche äußern; angemessene Forderungen stellen und darauf bestehen	_____
	6	Aufforderungen oder Wünschen nachkommen, indem bestimmte Tätigkeiten ausgeführt werden; auf Bitten oder Vorschläge eingehen; Fragen beantworten; helfen; unterstützen	_____
	7	Angemessenes Ablehnen von angemessenen oder unangemessenen Forderungen, Wünschen und Bitten – mit oder ohne Begründung	_____
	8	Ein Gespräch mit jemandem beginnen und/ oder aufrechterhalten; etwas erklären; zuhören; loben; ermutigen; nicht verletzend kritisieren und seine Meinung äußern	_____
	9	Etwas gemeinsam unternehmen, arbeiten, spielen, vorbereiten	_____
Initiativeloses Verhalten	**Kategorie**	**Konkretes Verhalten**	**Urteil**
	10	Gespräch oder gemeinsame Tätigkeit ohne Angabe von Gründen abbrechen; sich wegwenden; weggehen; eine andere Tätigkeit beginnen; auf Aufforderungen von anderen nicht eingehen; Aufforderungen, Wünsche, Bitten ablehnen; Langeweile und Desinteresse zeigen	_____
	11	Sich zu anderen stellen oder setzen, ohne jemanden anzusprechen; zuhören, ohne sich am Gespräch zu beteiligen; anderen bei ihren gemeinsamen Aktivitäten zuschauen, ohne mitzumachen	_____
	12	Sich alleine beschäftigen wie lesen, Briefe schreiben, etwas alleine spielen; am Gruppengeschehen, an bestimmten Aktivitäten mit anderen oder an bestimmten Jugendlichen kein Interesse zeigen; andere nicht beachten, nicht ansprechen, nicht anblicken	_____

Kapitel 5

Einzeltraining mit Jugendlichen

Das folgende Kapitel berichtet über das praktische Vorgehen sowie über Materialien, Erfahrungen und mögliche Schwierigkeiten des Einzeltrainings. Unter Einzeltraining wird dabei ein Vorgehen verstanden, bei dem ein Trainer mit einem Jugendlichen in circa 50-minütigen Sitzungen ein vorgegebenes Thema bearbeitet. Dieser Trainingsabschnitt besteht aus minimal fünf Sitzungen, die ein- oder zweimal wöchentlich stattfinden.

5.1 Rahmenbedingungen

Bereits in Kapitel 3 haben wir institutionelle Rahmenbedingungen diskutiert, die sich im Vorgehen niederschlagen. Im weiteren wollen wir über Faktoren berichten, die für die Beziehungsgestaltung zwischen Trainer und Jugendlichen bedeutsam sind. Gerade bei einer stark strukturierten Vorgehensweise besteht die Gefahr, dass allgemeine Fragen wie die der Gesprächsführung und vor allem der Motivierung vernachlässigt werden. Vielfach wird auch ein Widerspruch gesehen zwischen der Absicht, zielorientiert und strukturiert zu arbeiten, und den Bemühungen, eine positive Beziehung aufzubauen.

5.1.1 Gesprächsführung

Für den Verlauf des Trainings ist die Gestaltung des Erstkontaktes zentral; hier erfährt der Jugendliche, welche Ziele der Trainer anstreben will. Schon die Form, in der diese Ziele formuliert werden, drückt die Beziehung zu dem Jugendlichen aus. Der Trainer muss sich an den persönlichen Interessen des Jugendlichen orientieren. Dem Jugendlichen gelingt es so, in einer frühen Phase des Trainings den Verlauf *mitzubestimmen.* Die Gesprächsführung sollte Ideen und Vorschläge beim Jugendlichen fördern und ihn immer zur Eigeninitiative anregen. Nur über diese Offenheit für die persönlichen Belange des Jugendlichen kann das Vorgehen das übergeordnete Ziel – nämlich das Erleben von Selbstwirksamkeit – erreichen. Die Mitbestimmung bei der Wahl der Themen und Inhalte stößt an eine Grenze, die durch zwei Prinzipien gegeben sind: Es handelt sich um die schrittweise schwieriger werdenden Ziele des Trainings und um bestimmte Rituale, die dem Jugendlichen Gewissheit über den Ablauf der Sitzungen geben sollen. Ein solcher Aufbau des Trainings und die Strukturierung einer Sitzung, die in Abschnitt 5.2 detailliert dargestellt werden, engen sowohl die Form als auch die Themen der Gespräche ein. Im Einzeltraining kann der Trainer jedoch offene Sitzungen vereinbaren, die dem Jugendlichen als zusätzliches Angebot angezeigt werden, in denen er ausschließlich „Wunschthemen“ besprechen kann. Eine solche *Flexibilität* ist in vielen Fällen wünschenswert, da sie den Jugendlichen dazu motiviert, über aktuelle Probleme zu sprechen. Oft tragen solche Sitzungen zur Entlastung des Jugendlichen bei und ermöglichen ihm erst eine konsequente Mitarbeit. Wird dieses Angebot deutlich als „zusätzlich“ ausgewiesen, dann erfährt der Jugendliche den Trainer in den unterschiedlich strukturierten Situationen als *konsistent* und *glaubhaft.* Dies sind entscheidende Vorbedingungen für jede Gesprächsführung, da sich auf diese Weise erst Vertrauen entwickeln kann (Petermann, 1996b).

Sicherlich werden manche Jugendberater mit den Vorgaben unseres Trainings Probleme haben. Vermutlich vor allem deshalb, da man sich in der Gesprächsführung nur begrenzte Zeit auf ein Thema konzentrieren kann und man die Vielzahl der weitergehenden Ziele nicht aus den Augen verlieren darf. Diese Einengung bedeutet zunächst für den Trainer, dass er sich nur schrittweise den Schwierigkeiten des Jugendlichen nähert, auch wenn er größere Zusammenhänge erkannt hat, und der Jugendliche im Gespräch oder Rollenspiel entsprechende Ansätze liefert. Diese schrittweise Belastung des Jugendlichen sollte jedoch in dieser abgestuften Weise erfolgen, um den Jugendlichen nicht zu massiv mit eigenen Mängeln und Schwächen zu konfrontieren. Auf den Jugendlichen kann ein solcher Gesprächsstil *bedrohlich* und *unkalkulierbar* wirken und im ungünstigsten Fall seine weitere Mitarbeit in Frage stellen.

Mit dem zuletzt angesprochenen Aspekt berühren wir ein weiteres wichtiges Merkmal der Gesprächsführung: Der Trainer muss sich in seinen Äußerungen und seinem Handeln als *zuverlässiges* Gegenüber erweisen. Diese grundlegende

Haltung im Gespräch ist deshalb so bedeutsam, weil viele schwierige Jugendliche Erwachsene eher als Gegner oder Kontrolleure wahrnehmen und dies auch mit entsprechenden Beispielen begründen können. Die Zuverlässigkeit in der Gesprächsführung und im Handeln sollte sich in folgenden Aspekten niederschlagen:

- Absprachen zwischen dem Trainer und dem Jugendlichen (z. B. über die Auswahl und Länge der Sitzungen) sind einzuhalten;
- das Vorgehen sollte durch die bereits erwähnten Rituale nicht nur durchschaubar sein, sondern auch Sicherheit darüber vermitteln, wie der Trainer mit dem Jugendlichen zukünftig umgeht;
- Aufmerksamkeit und Verstärkung sind dem Jugendlichen bei vergleichbaren Handlungen in derselben Weise auszudrücken;
- Zuverlässigkeit bedeutet auch, eigene Fehler dem Jugendlichen gegenüber auszusprechen.

5.1.2 Motivierung

Eine Gesprächsführung, die die eben ausgeführten Aspekte realisiert, trägt sicherlich zur Motivierung eines Jugendlichen bei. Jugendliche, die einen zuverlässigen Gesprächspartner vorfinden und zudem erkennen, dass sie durch das Training besser mit anderen umgehen können, sind ausreichend motiviert. Schwierig ist es jedoch im Vorfeld, in dem diese positiven Erfahrungen zwangsläufig noch nicht vorliegen können. Betrachten wir uns hierzu nochmals die Ausgangslage der Jugendlichen etwas genauer.

Es wurde eben schon erwähnt, dass schwierige Jugendliche Erwachsenen gegenüber misstrauisch sind und eher eine Abwehrhaltung einnehmen. Diese Haltung wird zudem bei vielen Jugendlichen von der unausgesprochenen Befürchtung unterstützt, die bevorstehende Aufgabe nicht bewältigen zu können. Sie erwarten einen Misserfolg oder hegen zumindest den Verdacht, dass der Trainer ihnen Schwächen nachweisen will. Diese Erwartungen führen zu einem generellen Vermeidungsverhalten. Eine Reihe von Jugendlichen schreckt auch die Vorstellung ab, durch das Training – neben Schule oder Ausbildung – eine weitere wöchentliche Verpflichtung einzugehen; sie sehen dadurch ihre Freizeit eingeschränkt.

Bei dieser Motivationslage kann man durch verschiedene Bemühungen einen Zugang zu dem Jugendlichen finden, wobei es darauf ankommt, ein Verpflichtungsgefühl des Jugendlichen gegenüber dem Trainer aufzubauen, das im weiteren Verlauf zu einer vertrauensvollen Beziehung führt. Das wichtigste Ziel der Motivierung besteht zunächst darin, beim Jugendlichen eine Bereitschaft zu wecken oder zu stärken, das Training (für einen gewissen Zeitraum) erst einmal kennenzulernen. In einem zweiten Schritt soll dann dazu motiviert werden, längerfristig an dem Training mitzuarbeiten.

Übersicht über Prinzipien der Motivierung

- Mitbestimmung ermöglichen, um Eigeninitiative zu fördern;
- gezielte Übertragung von Verantwortung;
- Durchschaubarkeit und Zuverlässigkeit im Handeln;
- bewältigbare Anforderungen stellen und gezielte Rückmeldungen geben;
- Interesse an der Person und den jeweiligen Problemen zeigen;
- Informationen der Jugendlichen vertraulich behandeln;
- die bisherige Entwicklung des Jugendlichen akzeptieren und mit ihm eine Perspektive entwickeln; sowie
- Lob und Unterstützung gezielt einsetzen.

Welche Bemühungen kann der Trainer unternehmen? Wir wollen einige kurz umschreiben:

- Auch ein strukturiertes Training muss dem Jugendlichen Freiräume zur Mitbestimmung ermöglichen, da nur auf diese Weise die Eigeninitiative gefördert werden kann. Dieses Prinzip besitzt für alle Phasen des Trainings Gültigkeit und wurde bereits unter dem Aspekt der Gesprächsführung behandelt.
- Gezielte Übertragung von Verantwortung auf den Jugendlichen; so kann er in jeder Sitzung des Einzeltrainings aus einer größeren Anzahl von Themen eines für sich auswählen. Die Ausgestaltung im Rollenspiel kann weitgehend dem Jugendlichen überlassen werden. Für viele Jugendliche ist es in dieser Phase schon wichtig, ihre eigenen Alltagserlebnisse im Rollenspiel darzustellen. Ein solcher Wunsch ist nachhaltig zu unterstützen, da er eine ideale Form der Verantwortungsübertragung bildet.
- Der Aspekt der Durchschaubarkeit und Zuverlässigkeit wurde bereits im Kontext der Gesprächsführung behandelt. Er bedeutet, dass man dem Jugendlichen eine klare Rückmeldung über sein Verhalten gibt, jedoch zunächst nur die Punkte thematisiert, die dem Entwicklungsstand des Jugendlichen entsprechen. Jede

nachhaltige Überforderung oder Bedrohung zerstört bei der beschriebenen Gruppe der Jugendlichen die Motivation. Der Trainer soll Interesse an der Person und den Problemen des Jugendlichen ausdrücken, indem er sich gezielt über seine Wünsche, Ziele, Vorstellungen und Schwierigkeiten informieren lässt. Bei solchen Gesprächen sollte der Trainer versichern, dass er alle Informationen streng vertraulich behandelt. Für viele Jugendliche ist es sehr wichtig, sie in ihrer bisherigen Entwicklung zu akzeptieren, diesbezügliche Bekundungen des Trainers haben eindeutig und dennoch nicht übertrieben zu erfolgen. Interesse zeigen bedeutet dabei nicht, auf berechtigte Kritik an dem Verhalten des Jugendlichen zu verzichten. Oft erhöht diese differenzierte Rückmeldung die Glaubwürdigkeit und wertet ein erzieltes Lob auf.

- Sicherlich sind Lob und Unterstützung weitere geeignete Mittel, den Jugendlichen nachhaltig zu motivieren. Weisen Jugendliche massive Verhaltensstörungen auf, so sollte man in erster Linie solche Verhaltensweisen loben, die mit dem Problemverhalten (z. B. Aggression) unvereinbar sind, beispielsweise besonders humorvolles, kooperatives oder einfühlsames Verhalten. Werden solche Verhaltensweisen konsequent gelobt, dann hilft man dem Jugendlichen, ein neues, positives Selbstbild aufzubauen und zu festigen, was ihn wiederum zu einer intensiveren Mitarbeit motiviert.

5.2 Ziele, praktisches Vorgehen und Materialien

Bevor mit dem Einzeltraining begonnen wird, ist ein Erstkontakt nötig. Die Darstellung des Erstkontaktes orientiert sich an den drei Punkten Ziele, praktisches Vorgehen und Materialien. Dieses Vorgehen wird auch für die Ausführungen zum Einzel- und Gruppentraining gewählt.

5.2.1 Erstkontakt

Ziele

1. Der Jugendliche soll eine *Vorstellung* über den *Trainingsablauf* und die *Trainingsinhalte* gewinnen.
2. Weiterhin dient der Erstkontakt dazu, wechselseitige *Erwartungen abzuklären,* die Ziele des Trainers und des Jugendlichen abzusprechen, wichtige Vereinbarungen zu treffen und so zu einer Übereinkunft über die gemeinsame Trainingsarbeit zu kommen.
3. Dem Jugendlichen muss einsichtig werden, dass es auf eine *kontinuierliche Mitarbeit* seinerseits entscheidend ankommt.

Praktisches Vorgehen

1. Um das erste Ziel zu erreichen, wird der Jugendliche *über das Training genau informiert.* Er erhält mit Hilfe vorgefertigter Wandzeitungen einen differenzierten Überblick über jede Sitzung des Einzel- und Gruppentrainings. Einige Materialien werden ihm gezeigt und er wird auf die Verhaltensrückmeldung vorbereitet.

Für die Arbeit im gesamten Einzelkontakt wird ein Kassettenrecorder benötigt, und für das Gruppentraining ist überwiegend eine Videoanlage erforderlich. Damit werden die Rollenspiele aufgezeichnet und ausgewertet, aber auch Gruppendiskussionen u. ä. Ein anfänglich eingesetzter Kassettenrecorder ist nicht nur für einen Berater sehr praktisch und handlich, sondern es lassen sich damit auch Rollenspiele systematisch mit dem Jugendlichen auswerten, und er wird allmählich mit den Medien vertraut gemacht. Würde man sofort mit einer Videoanlage die Arbeit beginnen, so brächte dies verschiedene, zum Teil erhebliche Schwierigkeiten mit sich. Die Jugendlichen schrecken nicht nur vor einer Aufnahme

Tabelle 6: Ziele, praktisches Vorgehen und Materialien des Erstkontaktes.

Ziele	Praktisches Vorgehen	Materialien
Den Jugendlichen über das Training informieren	Einzel- und Gruppentrainingssitzungen vorstellen und Materialien beispielhaft zeigen	Wandzeitungen sowie ein Cartoon und ein Foto
Abmachungen über den Trainingsverlauf treffen	Besprechen und Ergänzen eines Vertrages in schriftlicher Form	Zwei vorgefertigte Vertragsexemplare
Kontinuierliche Mitarbeit	Einführen des Tagebuches und an Beispielen erklären	Tagebuchblatt und Trainingsmappe

und Selbstdarstellung im Rollenspiel zurück; sie zeigen insbesondere auch Scheu bis hin zur Angst vor der Rückmeldung, also dem Anschauen der Aufnahme. Sie möchten sich nämlich nur ungern mit sich selbst und ihrem Verhalten konfrontieren lassen. Zum Teil genieren sie sich auch, wenn ein anderer die Aufnahme mit ansieht. Aus diesen Gründen ist ein Vorgehen zu wählen, das den Betreffenden nicht zu sehr bedroht und ihn an diese Verhaltensrückmeldung schrittweise gewöhnt.

2. Zur *Abklärung der Erwartungen und Zielsetzungen* erläutert der Trainer dem Jugendlichen einige wichtige Ziele. Er begründet, warum es für einen Jugendlichen wichtig ist, gerade diese Ziele anzustreben. Im nächsten Schritt soll der Jugendliche eigene Ziele überlegen und wenigstens zwei, die für ihn von besonderer Bedeutung sind, formulieren. Diese können dann vor allem im Einzeltraining mit ihm bearbeitet werden, worüber aber der Jugendliche mit entscheidet. Die dabei genannten Ziele betreffen beispielsweise immer wieder ihre familiäre Situation. Einem Jugendlichen ist es wichtig, mit dem Bruder besser auszukommen; einem anderen bedeutet eine positiv geklärte Beziehung zur Mutter und deren Freund etwas. – Für viele Jugendliche ist, trotz aller Verselbstständigungs- und „Abnabelungs"-Prozesse und trotz manchem schweren Konflikt mit den Eltern, die familiäre Bindung und Beziehung von erheblicher Bedeutung.

Wenn mit einem Jugendlichen alle Modalitäten des Trainings besprochen worden sind und er sich zur Teilnahme bereit erklärt hat, wird dies in schriftlicher Form festgehalten. Ein vorgefertigter Vertrag, in dem einige wichtige Ziele und Inhalte des Trainings aufgeführt sind, wird um die individuellen Ziele des Jugendlichen ergänzt. In diesem Vertrag (Muster siehe S. 60) sind immer Angaben über die Trainingslänge sowie Sitzungsanzahl und die Notwendigkeit der aktiven Mitarbeit des Jugendlichen enthalten. Zwei Vertragsexemplare werden vom Jugendlichen und Trainer unterschrieben; jeder behält eines für sich.

In wieviel Sitzungen die fünf Themenblöcke des Einzeltrainings bearbeitet werden, hängt zum einen davon ab, wie viele eigene Ziele und Gesprächsthemen der Jugendliche nennt und zu bearbeiten bereit ist. Zum anderen sind die diagnostischen Ergebnisse gerade für die Länge des Einzeltrainings von Bedeutung. Liegen vielfältige Probleme vor, einschließlich kognitiver Defizite, die zum Beispiel das Lerntempo stark verlangsamen, dann werden mehr als fünf Sitzungen notwendig sein. Beispielsweise kann die Bearbeitung eines Themenblocks zwei oder drei Sitzungen benötigen, da sich eine Reihe zusätzlicher Aspekte ergeben. Der Inhalt eines Themenblocks kann auch auf zwei Sitzungen verteilt werden, da ein Jugendlicher ansonsten überfordert wäre. Das bedeutet, dass das Einzeltraining individuell auf bis zu zehn Sitzungen ausgeweitet werden kann. Wichtig ist, dass der Trainer sich vor Vertragsabschluss über die Sitzungsanzahl klar wird und diese im Vertragsmuster entsprechend angibt. Ist sich der Trainer unsicher, so sollte er zwei oder drei Einzelkontakte mehr einplanen.

Das Gruppentraining umfasst standardmäßig zehn Sitzungen plus einem Erstkontakt in der Gruppe. Das Vorgehen kann auf Grund von Besonderheiten der Gruppenzusammensetzung um ein bis drei Sitzungen erweitert werden. Auch kann ein Themenblock auf Grund von Defiziten oder Wünschen der Jugendlichen intensiver, das heißt zweimal bearbeitet werden (z. B. Vorstellungsgespräche üben oder Umgehen mit Mißerfolg). Also auch hier muss sich der Trainer vor Vertragsabschluss darüber klar werden, wie viele Gruppentreffen stattfinden sollen.

Ist die Zusammenarbeit soweit geregelt, werden alle Termine für das Einzeltraining festgelegt und der Beginn des Gruppentrainings angekündigt. Bei manchen Jugendlichen kann es sinnvoll und nützlich sein, mit ihnen einen Plan zu erstellen, auf dem die Sitzungen des Einzeltrainings mit Datum und Uhrzeit eingetragen sind. Mit manchen Jugendlichen müssen zudem Vereinbarungen getroffen werden, damit sie sich zum Beispiel regelmäßig am Tag den Plan ansehen, indem sie ihn zu Hause an einer Stelle aufbewahren, mit der sie zwangsläufig im Tagesablauf konfrontiert sind, zum Beispiel eine Pinnwand über dem Esstisch, an der Zimmertür, in der Toilette.

3. Bedeutung und Notwendigkeit einer *kontinuierlichen Mitarbeit* werden dem Jugendlichen anhand des zu führenden „Tagebuches" erläutert. Mit dem Tagebuch wird der Jugendliche zur systematischen Selbstbeobachtung angeregt; zugleich lernt er differenziert Verhaltensweisen hinsichtlich ihrer Zusammenhänge und Effekte einzuschätzen. Dadurch soll er einerseits befähigt werden, selbstständig Probleme anzugehen, andererseits wird dadurch unterstrichen, dass eine Zielerreichung und Verhaltensänderung nur durch eine kontinuierliche Mitarbeit des Jugendlichen im gesamten Training möglich ist.

Muster eines Trainingsvertrages

Vereinbarung zum Training

zwischen ....

und ....

In der Zeit von .... bis .... einschließlich wird
von .... ein Training durchgeführt. Es findet in
.... statt.

Im Training kannst du lernen, andere besser zu verstehen. Du kannst auch erfahren, wie du mit Kritik und Misserfolg besser klarkommst. Die Übungen helfen dir zum Beispiel, wie man sich am besten bei einem Vorstellungsgespräch verhält oder wie man mit anderen in Kontakt kommt.

Du kannst dir in dem Training auch selbst Ziele stecken, zum Beispiel:

....

....

Insgesamt finden ..... Einzeltreffen (à 50 Minuten) und .... Gruppentreffen (à 100 Minuten) statt. An den Gruppentreffen nehmen vier bis fünf Jugendliche teil.

Für das Ende des Trainings ist geplant, dass alle Teilnehmer gemeinsam mit dem Trainer etwas unternehmen (z. B. Essen gehen, ins Kino gehen). Dies wird in der Gruppe festgelegt. Teilnehmen darf jeder, der pünktlich und regelmäßig kommt und mitarbeitet. Aus eigenem Verschulden (z. B. vergessen, keine Lust) darf jemand im Einzel- und Gruppentraining insgesamt nicht mehr als einmal fehlen und aus entschuldbaren Gründen (z. B. Krankheit) nicht mehr als zweimal.

....	....	....
Ort, Datum	Teilnehmer/in	Trainer/in

Dies wird auch durch eine Trainingsmappe betont, die dem Jugendlichen ausgehändigt wird. In diese heftet er seinen Trainingsvertrag und nacheinander die einzelnen Tagebuchblätter sowie verschiedene Arbeitsmaterialien. Die Mappe nimmt der Jugendliche mit nach Hause und bringt sie zu jedem Treffen mit.

Materialien

Es werden zwei Wandzeitungen vorbereitet, auf denen die Themen einmal des Einzel- und einmal des Gruppentrainings stehen. Ein oder zwei Cartoons aus dem Einzeltraining (siehe S. 66 ff.) sowie Fotos aus dem Gruppentraining (siehe S.118 ff.) sind bereitzuhalten. Außerdem werden zwei vorgefertigte Vertragsexemplare (siehe S. 60), die genügend Raum für Ergänzungen und eventuelle Veränderungen lassen sowie ein Tagebuchblatt (siehe S. 65) und eine Heftmappe benötigt.

5.2.2 Einzeltraining

Im Einzeltraining werden mit einem Jugendlichen fünf Themenblöcke bearbeitet. Für jeden Themenblock wird minimal eine Sitzung von circa 50 Minuten Dauer veranschlagt. Es handelt sich um:

1. Themenblock:	Beruf und Zukunft
2. Themenblock:	Freizeit und Familie
3. Themenblock:	Lebensschicksale und Eigenverantwortung
4. Themenblock:	Schwierige Situationen und widerstehen lernen
5. Themenblock:	Offenes Angebot: Eigenständiges Problemlösen

Die Struktur einer jeden Einzeltrainingssitzung sieht wie folgt aus:
- Auswertung des Tagebuches;
- Themenarbeit mit den Materialien und Rollenspiele mit Rückmeldung;
- Absprache über eine neue Regel für das Tagebuch.

5.2.2.1 Beruf und Zukunft

Ziele

Die Ziele einer Einzeltrainingssitzung gliedern sich entsprechend der Struktur des Sitzungsablaufs. So beziehen sich manche auf die Auswertung des Tagebuches und die Absprache neuer Aufgaben für dasselbe. Diese Ziele verändern sich nicht, sondern sie sind sitzungsübergreifend. Andere Ziele variieren von Themenblock zu Themenblock und sind differenziert auf die jeweilige Sitzung abgestimmt.

1. Dem Jugendlichen sollen eigene *berufliche Vorstellungen* bewusst gemacht werden.
2. Er soll die *Chancen und Grenzen* für einen beruflichen Weg erkennen.
3. Er soll bei beruflichen bzw. Ausbildungsschwierigkeiten *neue Problemlösungen* finden und umsetzen können.
4. Der Jugendliche soll *sich beobachten* und *einschätzen* lernen sowie bestimmte *Verhaltens-*

Tabelle 7: Ziele, praktisches Vorgehen und Materialien der ersten Sitzung des Einzeltrainings.

Ziele	Praktisches Vorgehen	Materialien
Sich eigener beruflicher Vorstellungen bewusst werden	Der Jugendliche beschreibt verschiedene Bilder zu acht Berufsgruppen und assoziiert frei dazu.	Acht Cartoons und Schreibmaterial
Chancen und Grenzen für einen beruflichen Weg erkennen	Vor- und Nachteile der acht Berufsgruppen werden gesammelt	Acht Cartoons und Schreibmaterial
Neue Problemlösungen bei beruflichen Schwierigkeiten erkennen	Rollenspiele und Rollentausch zur beliebtesten und unbeliebtesten Berufsgruppe	Kassettenrecorder
Selbstbeobachtung lernen sowie Verhalten einüben	Absprache über eine Beobachtungsaufgabe und/oder eine Verhaltensregel zum Themenblock „Beruf und Zukunft“	Tagebuch

weisen und *Selbstkontrolltechniken* im Alltag einüben.

Die ersten drei Ziele sind die sitzungsspezifischen, das vierte Ziel das sitzungsübergreifende. Ab der zweiten Einzeltrainingssitzung bezieht sich ein weiteres sitzungsübergreifendes Ziel auf die Auswertung des Tagebuches.

Praktisches Vorgehen

- *Auswertung des Tagebuches*

Jedes Treffen wird mit der Aufforderung an den Jugendlichen eingeleitet, zu erzählen, wie es ihm geht und was er seit der letzten Sitzung erlebt hat. Dabei ergeben sich häufig Anhaltspunkte, auf die Aufgaben im Tagebuch überzuleiten. Ist dies nicht der Fall, so wird der Jugendliche nach spätestens zehn Minuten direkt daraufhin angesprochen.

Da im Erstkontakt noch keine Aufgabe für das Tagebuch erteilt wurde, kann auch noch nichts ausgewertet werden. Es ist jedoch wichtig, noch einmal die kontinuierliche Mitarbeit des Jugendlichen zu unterstreichen und in diesem Zusammenhang auf das Tagebuch hinzuweisen.

- *Themenarbeit mit Materialien und Rollenspiel*

1. Das Thema „Beruf und Zukunft“ ist für jeden Jugendlichen von besonderer Bedeutung, und er sollte sich damit aktiv auseinandersetzen, unabhängig davon, welche weiterführende Schule er besucht und wann er diese verlässt. Zugleich ist mit diesem Thema im Vergleich zu sehr persönlichen Themen nur eine relativ geringe Bedrohung verbunden. Aus diesem Grund beschränkt sich diese Sitzung ausschließlich auf berufliche Sachverhalte und Probleme.

Damit dem Jugendlichen eigene berufliche Vorstellungen bewusst gemacht werden können, soll er acht Bilder beschreiben, die verschiedene Berufsgattungen überzeichnet und lustig symbolisieren. Als Berufsgruppen werden gewählt: Polizist, Soldat; Büro-, kaufmännischer Angestellter; Landwirt, Gärtner, Forstarbeiter; Handwerker; Textverarbeitung, Programmierer, EDV; Verkäuferin; Erzieherin; Friseuse. Zu ihnen soll der Jugendliche all die Gedanken nennen, die ihm spontan einfallen. Der Trainer unterlässt zu diesem Zeitpunkt jede Bewertung. Er notiert nur die Assoziationen des Jugendlichen und ermuntert ihn, weitere Einfälle und Vorstellungen zu den Cartoons zu nennen.

2. Damit der Jugendliche *Chancen und Grenzen* für einen beruflichen Weg erkennen kann, soll er die Vor- und Nachteile für jede Berufsgruppe sammeln. Der Trainer schreibt diese auf. Bei allem, was der Trainer notiert, muss er darauf achten, dass dies offen geschieht, der Jugendliche also sieht, was und wann etwas aufgeschrieben wird. Es wird das prinzipielle Angebot gemacht, dass der Jugendliche alles lesen kann, wenn er dies wünscht.

Es wird die Anforderung gestellt, zu jeder Berufsgruppe wenigstens einen Vor- und einen Nachteil zu finden. Diese werden anschließend kritisch diskutiert: Zum Beispiel werden sie auf ihren Realitätsgehalt hin überprüft; auf Vorurteile oder einseitige Sichtweisen wird hingewiesen und ebenso auf den Zusammenhang von individuellen Vorlieben oder Fähigkeiten und einer mehr oder minder bevorzugten Berufsgruppe. – Mögliche Ergebnisse einer Sammlung von Vor- und Nachteilen zeigt die folgende Aufstellung. Sie enthält Beispiele für vier Berufsgruppen (vgl. S. 63).

3. Um den Jugendlichen zu befähigen, *neue Problemlösungen* bei beruflichen Schwierigkeiten zu finden und auch im Alltag zu realisieren, werden vier Rollenspiele durchgeführt. Dazu gibt der Jugendliche an, welche Berufsgattung er für besonders wünschenswert hält und welche er am stärksten ablehnt. Zur beliebtesten und unbeliebtesten Berufsgruppe führt er zusammen mit dem Trainer zwei Rollenspiele durch, und zwar jeweils mit Rollentausch. Als Thema für jede Situation kann vorgeschlagen werden: „Wir spielen jetzt, was ein Auszubildender morgens in den ersten Minuten erlebt, wenn er zur Arbeit kommt. Im ersten Spiel übernehme ich die Rolle des Meisters beziehungsweise Chefs und im zweiten du.“ Die ersten beiden Rollenspiele beziehen sich auf die unbeliebteste Berufsgruppe, dann folgen zwei Spiele zur wünschenswertesten. Nach den insgesamt vier Rollenspielen wird mit Hilfe der Aufnahmen des Kassettenrecorders eine systematische Auswertung vorgenommen. Dabei ist der Jugendliche besonders nachhaltig auf irreale Wunschvorstellungen und Vorurteile aufmerksam zu machen.

Man kann beobachten, dass die Jugendlichen die Berufsgruppe am stärksten ablehnen, die am wenigsten mit ihrem Ausbildungswunsch oder Ausbildungsberuf gemeinsam hat. So lehnen Jugendliche, die zum Beispiel im handwerklichen

Berufsgruppen	Vorteil	Nachteil
Polizist/Soldat	– Für Menschen dasein können – Kaum Arbeit, nur bei einem Einsatz – Durch die Stadt gehen (Polizist)	– Bei einem Einsatz, z. B. gegen Terroristen, besteht die Gefahr, „abgeknallt“ zu werden.
Büroangestellter/kaufmännischer Angestellter	– Man braucht nicht so viel herumzulaufen. – Man braucht keine körperliche Arbeit zu leisten.	– Viel Schreiben – Viel am Schreibtisch sitzen – Viel Kopfarbeit
Landwirt/Gärtner/Forstarbeiter	– Etwas für die Umwelt tun können – Man kann sich in der freien Natur aufhalten und ist nicht in der stinkigen Stadt.	– Man macht die Bäume kaputt (Bäume fällen). – Man vertreibt die Tiere aus dem Wald. – Die Tiere im Baum gehen beim Fällen zugrunde.
Handwerker	– Man kann viel selbst machen. – Man kann alles selbst machen und hat dadurch weniger Geldausgaben.	– Körperliche Arbeit – Unangenehme Gerüche – Feingliedriges Material zu verarbeiten, z. B. Schrauben

Bereich tätig sind, Büro- und kaufmännische Berufe gänzlich ab. Schlagworte wie „Schreibtischtäter“ charakterisieren die Einstellung der Jugendlichen zu dieser Berufsgruppe. Oft fällt auf, dass die Jugendlichen weniger auf Grund von Sachinformationen über eine Berufsgruppe als vielmehr auf Grund von subjektiven Vorstellungen, die manchmal von Erzählungen anderer gespeist sind, zu Urteilen gelangen. Entsprechend vage, vorurteilsbehaftet und wenig sachorientiert sind ihre Vorstellungen zu den vier Berufsgruppen.

Kennt sich ein Jugendlicher in einer Berufsgruppe aus, weil er in einem solchen Bereich zum Beispiel ein Praktikum gemacht hat oder sich in einer Ausbildung befindet, kann man ihn das Thema für das Rollenspiel auch selbst auswählen lassen. Dies hat den Vorteil, dass Erfahrungen des Jugendlichen deutlich werden, die ein positives oder negatives Berufsbild prägen. Da diese Erfahrungen sich oft auf die Person des Ausbilders oder Chefs beziehen, ist ein positives oder negatives Berufsbild nicht nur durch die Tätigkeiten und Anforderungen in diesem Beruf, sondern auch entscheidend von zwischenmenschlichen Erfahrungen geprägt.

Folgende *Rollenspielbeispiele* verdeutlichen einerseits die Unkenntnis über einen abgelehnten Beruf und daraus resultierende Vorurteile, andererseits die personengebundene Erfahrung eines gewünschten Berufsbereiches.

Beispiel 1: Büroangestellter

Im ersten Rollenspiel spielt der Trainer einen Chef und der Jugendliche einen Büroangestellten. Es werden die ersten Minuten zu Arbeitsbeginn dargestellt. Der Chef verteilt morgens die Aufgaben an seinen Angestellten. Der Jugendliche verhält sich in der Rolle des Angestellten relativ sicher, was an einer lauten und deutlichen Begrüßung sowie an klaren Reaktionen bezüglich der aufgetragenen Aufgaben abzulesen ist. Im zweiten Rollenspiel stellt der Jugendliche einen Chef dar und der Trainer einen Angestellten. Der Jugendliche äußert Unsicherheit, wie es in einem Büro so zugehe und was er überhaupt äußern soll. Trotzdem wird das Spiel einfach riskiert, und der Jugendliche macht auch bereitwillig mit. Der Büroangestellte, der den Raum des Chefs betritt, bekommt als erstes die Aufgabe, Kaffee zu kochen und Tassen für den Chef, den Angestellten und einen weiteren Angestellten herbeizubringen. Als dies geschehen ist, bekommt der Büroangestellte Aufgaben verteilt (Briefe schreiben, fotokopieren u. ä.). Das Rollenspiel ist als richtiges Spiel durchgeführt worden, also nicht nur verbal, sondern auch nonverbal mit Aufstehen, Gestik und Mimik und Ausführen von Handlungen. In diesem Rollenspiel werden bestimmte Vorurteile des Jugendlichen gegenüber dem Büroberuf deutlich.

Beispiel 2: Handwerker

Der Jugendliche möchte eine Situation aus einer metallverarbeitenden Werkstatt spielen, und zwar wenn ein Lehrling Kritik erfährt, weil er etwas falsch machte, konkret: eine falsche Bohrung in einem Metallträger durchgeführt hat. Im ersten Spiel mimt der Jugendliche einen Meister und der Trainer einen Schlosserlehrling. Der Lehrling versucht in der Diskussion mit dem Meister, die Verantwortung für die Fehlbohrung abzuschieben und die Schuld einem Mitlehrling zu geben. Der Meister beharrt jedoch darauf, dass der Lehrling den Fehler gemacht habe; wenn er etwas nicht genau wisse, könne er schließlich den Meister fragen und nicht einen anderen Lehrling.

Im anschließenden Gespräch über dieses Rollenspiel gibt der Jugendliche zu, dass das Abschieben von Verantwortung und Schuld im Alltag bei den Lehrlingen in der Werkstatt häufig vorkomme und es für ihn und die anderen sehr schwierig sei, mit berechtigter Kritik umzugehen. Im zweiten Rollenspiel spielt der Jugendliche den Lehrling und der Trainer den Meister. Der Lehrling bemüht sich, die Kritik anzunehmen. Er fragt nach, wie er den Fehler beheben und so den Schaden wieder beseitigen kann.

- *Absprache über eine Regel für das Tagebuch*

4. Ausgehend vom Thema und den Ergebnissen der Sitzung erhält der Jugendliche eine Aufgabe für seinen Tagebuchzettel. Er soll sich selbst *beobachten* lernen und eventuell schon ein bestimmtes *Verhalten einüben.* Dazu werden Absprachen mit dem Jugendlichen getroffen, die individuell auf einen Problembereich abgestimmt sind. In einem Rollenspiel wurde zum Beispiel deutlich, dass der Jugendliche besonders in Ausbildungssituationen, und zwar wenn er Arbeitsanweisungen und Erklärungen erhält, keine verständliche Antwort gibt, sondern nur in „seinen Bart brummt“. Aus diesem Grund erhält er als erste Regel für sein Tagebuch die Aufgabe, festzustellen, wie oft er in seinen Bart brummt, wenn er mit seinem Meister zusammenarbeitet. Er soll dies pro Tag auszählen und aufschreiben.

Bei einem anderen Jugendlichen wurde auch im Rollenspiel erkennbar, dass er in seiner Ausbildung folgendes Problem hat: Arbeiten, die ihm entweder keinen Spaß machen oder bei denen er früher besonders stark kritisiert wurde, führt er zwar durch, aber nicht so genau und ordentlich. Aus diesem Grund erhält er für sein Tagebuch die Aufgabe, sich zu bemühen, auch Arbeiten ordentlich durchzuführen, die ihm keinen Spaß machen. Dazu führt er zwei Strichlisten pro Tag. Einmal zählt er, wieviele Arbeiten am Tag ihm keinen Spaß machten, und einmal, wieviele er davon trotzdem ordentlich durchführte.

Ein Jugendlicher, der vage oder eher vorurteilsbehaftete Vorstellungen über eine Berufsgruppe hat, kann die Aufgabe für eine Woche bekommen, eine Tageszeitung täglich danach abzusuchen, ob dort zur betreffenden Berufsgruppe Informationen, Anzeigen etc. zu lesen sind. Diese soll er ausschneiden und sammeln. Zudem kann verabredet werden, sich beim Berufsberater des Arbeitsamtes Informationsschriften zu speziellen Berufsbereichen geben zu lassen. Ein Rollenspiel, wie der Jugendliche den Berufsberater ansprechen kann, gibt ihm Unterstützung und Verhaltenssicherheit. Auch diese Informationen bringt der Jugendliche zur nächsten Sitzung mit.

Materialien

Als Materialien stehen acht Cartoons bereit, die alle dem Jugendlichen vorgelegt werden; diese Materialien sind witzig, überzeichnet und geben Vorurteile gegenüber bestimmten Berufsgruppen wieder; sie beziehen sich auf:
- sich für Recht, Sicherheit und Ordnung einsetzen (z. B. bei der Polizei oder Bundeswehr);
- Berufe „mit weißem Kragen“ (Büroarbeit, kaufmännische Dienste);
- mit der Natur auf „Du-und-Du“, verbunden mit harter körperlicher Arbeit (Gärtner, Forstarbeiter, Landwirt, Florist);
- harte körperliche Arbeit als Ausdruck, etwas aktiv gestalten zu wollen (Handwerk, z. B. Beispiel als Bäcker, Schlosser, Elektrofacharbeiter);
- Umgang mit Kindern, anderen helfen wollen, soziale Einstellungen im Beruf leben (Erzieherin, Kindergärtnerin, Kranken- oder Altenpfleger(in));
- mit dem Computer im Dialog (Text-, Datenverarbeitung, Programmierer);
- mit Menschen zu tun haben (Verkäufer(in));
- „Menschen gestalten“ (Friseuse, Kosmetikerin).

Die Cartoons sind in der genannten Abfolge abgedruckt. Weiterhin werden Schreibmaterialien, ein Kassettenrecorder und ein Tagebuchzettel benötigt.

Tagebuch

Blatt:
Zeitraum:

Regel 1: ______________________________

____

eingehalten:

	1.Tag	2.Tag	3.Tag	4.Tag	5.Tag	6.Tag	7.Tag
Ja							
Nein							

Regel 2: ______________________________

____

eingehalten:

	1.Tag	2.Tag	3.Tag	4.Tag	5.Tag	6.Tag	7.Tag
Ja							
Nein							

Regel 3: ______________________________

____

eingehalten:

	1.Tag	2.Tag	3.Tag	4.Tag	5.Tag	6.Tag	7.Tag
Ja							
Nein							

ORDNUN
SICHE
HEIT

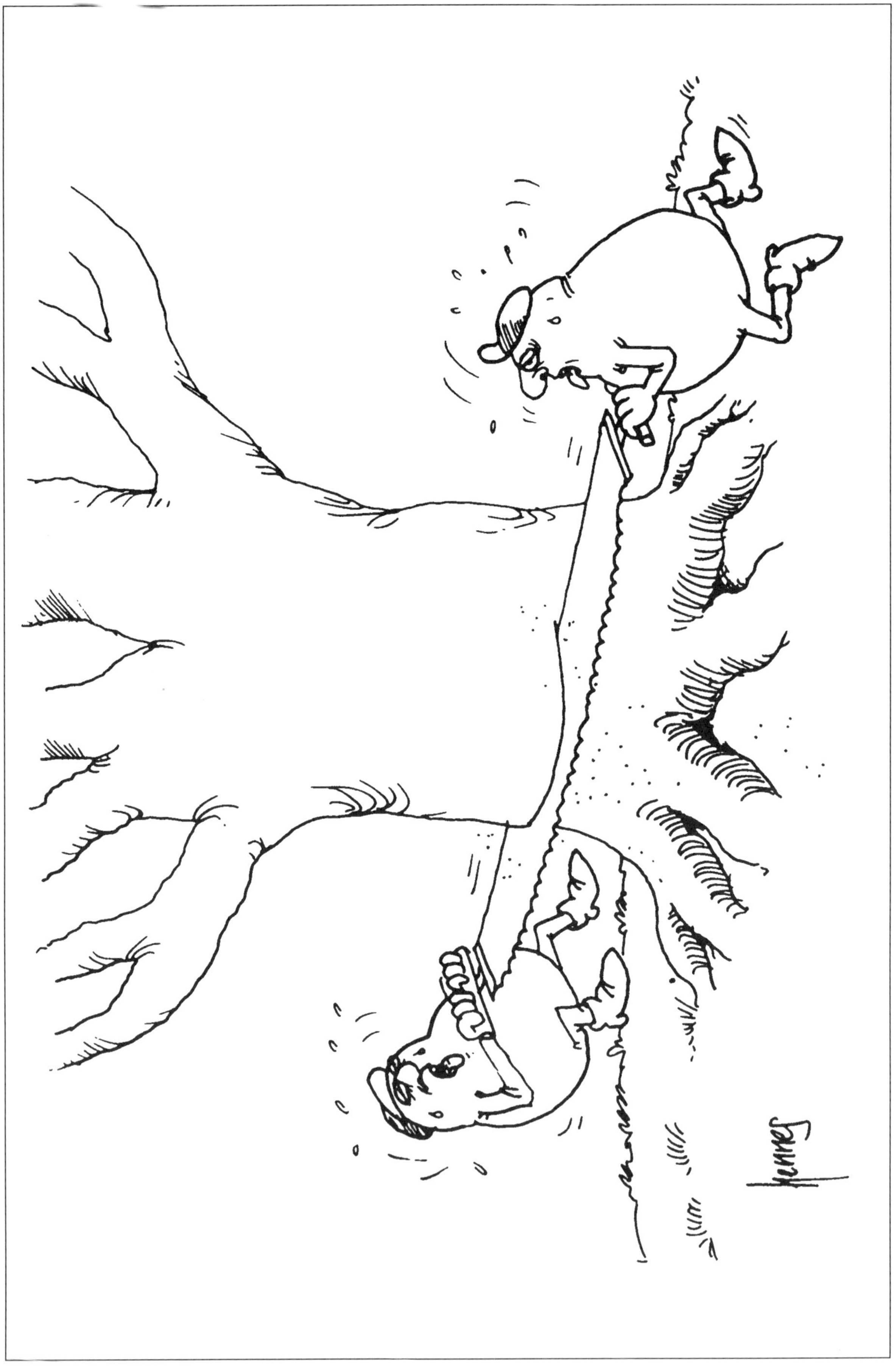

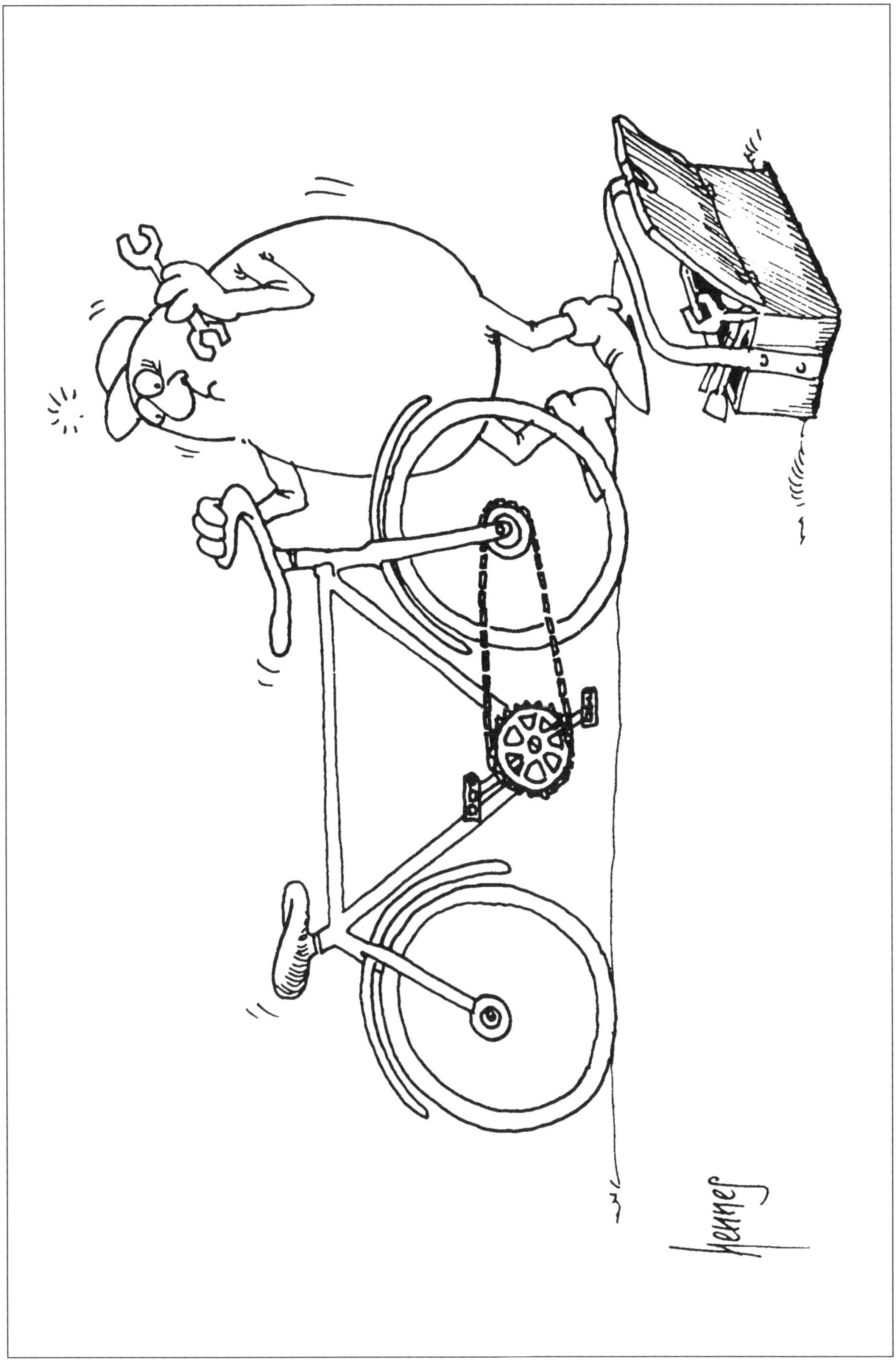

Tja...

MICROWELLEN BITTE!
Hennes

5.2.2.2 Freizeit und Familie

Ziele

1. Der Jugendliche soll für seine Bemühungen, Fortschritte oder die Lösung seiner Probleme im Alltag eine klare *Orientierung* gewinnen. Aus diesem Grund braucht er eine differenzierte *Rückmeldung* zu den jeweiligen Verhaltensbeobachtungs- und Verhaltensübungsaufgaben.
2. Er soll *unrealistische,* einseitige oder zu extreme *Vorstellungen über „privates Glück"* erkennen, und zwar bezogen auf die Lebensbereiche „Freizeitgestaltung" und „Familie, Partnerschaft, Lebensplanung".
3. Mit einem der beiden Lebensbereiche soll sich der Jugendliche nach eigener Wahl *intensiver auseinandersetzen*, unrealistische Lebenseinstellungen konkret herausarbeiten und Alternativen dazu finden und auch akzeptieren lernen.
4. Der Jugendliche soll *sich beobachten* und *einschätzen* lernen sowie bestimmte Verhaltensweisen und *Selbstkontrolltechniken* im Alltag einüben.

Bei dem ersten und letzten Ziel handelt es sich jeweils um die sitzungsübergreifenden Ziele, die für alle weiteren Sitzungen Gültigkeit besitzen. Sie umfassen, quasi in einer Klammer, jedes Treffen und verbinden so die Sitzungsinhalte mit der Alltagsrealität des Jugendlichen in besonderer Weise.

Praktisches Vorgehen

- *Auswertung des Tagebuches*

1. Die Auswertung des Tagebuches erfolgt von nun an zu Beginn einer jeden Sitzung, nachdem der Jugendliche Gelegenheit hatte, zu berichten, wie es ihm geht und was er die letzten Tage erlebt hat. Sie dient dem Jugendlichen zur *Rückmeldung und Orientierung,* weswegen ihr ein besonderer Wert beizumessen ist. Dies muss für ihn deutlich erkennbar sein, zum Beispiel durch die inhaltliche Auseinandersetzung mit seinen Tagebucheintragungen. Der Trainer muss dem Jugendlichen deutlich machen, dass es nicht darum geht, ihn zu kontrollieren, sondern um eine Hilfestellung, die ihn bei seinen Bemühungen unterstützen soll. Aus diesem Grund ist es einerseits wichtig, immer wieder abzuklären, ob ihm an einer speziellen Verhaltensbeobachtung oder Verhaltensübung etwas liegt, ob er an diesem Punkt bei seiner Person tatsächlich etwas verändern will. Andererseits darf der Trainer keine günstige Gelegenheit versäumen, zu begründen, warum ein bestimmtes Verhalten des Jugendlichen sich zu seinem Vor- oder Nachteil auswirkt und warum es günstig ist, ein neues Verhalten auszuprobieren und einzuüben.

Weiterhin ist dem Jugendlichen zu verdeutlichen, dass die Tagebuchregel keine zu benotende Hausaufgabe wie in der Schule darstellt. Wenn er also eine Regel nicht gut oder nicht oft einhalten kann,

Tabelle 8: Ziele, praktisches Vorgehen und Materialien der zweiten Sitzung des Einzeltrainings.

Ziele	Praktisches Vorgehen	Materialien
Rückmeldung geben zur Verhaltensbeobachtung und Verhaltensübung	Auswertung des Tagebuches	Tagebuch
Unrealistische Vorstellungen über „privates Glück" erkennen	Der Jugendliche soll zu zwei Bildern zum Thema „Familie, Partnerschaft, Lebensplanung" Assoziationen nennen.	Acht Cartoons und Schreibmaterial
Vertiefte Auseinandersetzung mit einem Thema	Der Jugendliche wählt ein Thema aus, das genauer besprochen und in einem Rollenspiel bearbeitet wird.	Kassettenrecorder
Selbstbeobachtung lernen sowie Verhalten einüben	Absprache über eine Beobachtungsaufgabe und/oder eine Verhaltensregel zum Themenblock „Freizeit und Familie"	Tagebuch

dann ist dies nicht mit einer negativen Bewertung verbunden; vielmehr fragt der Trainer genau nach den Situationen, Personen und Erfahrungen, die mit der Regel im Zusammenhang stehen. Dadurch kann die Regel präzisiert, vereinfacht oder verändert werden, falls sie zu schwer war.

Hängt es zum Beispiel mit der mangelnden Selbstkontrolle zusammen, warum ein Jugendlicher eine Tagebuchaufgabe nicht erfüllte, so muss ihm auch dies offen gelegt werden. Der Jugendliche soll dann für sich entscheiden und die Verantwortung übernehmen, etwas für seine Weiterentwicklung zu tun oder es zu unterlassen. Geschwindelt wird bei diesem Vorgehen fast nie. Es kommt jedoch immer wieder vor, dass die Regeln im Alltag vergessen werden oder dass versäumt wird, die Ergebnisse jeden Abend zu protokollieren. Dies kann Ausdruck eines tatsächlich schlechten Gedächtnisses sein oder einer mangelnden Motivation oder eines Zusammenwirkens von beidem. Um die Mitarbeit des Jugendlichen zu verbessern, können mit ihm Gedächtnisstützen verschiedenster Art besprochen werden: Offene oder verdeckte Instruktionskarten in der Hosentasche sowie an der Pinnwand im Zimmer, kleine Gegenstände, die für eine bestimmte Handlung einen Symbolcharakter bekommen (z. B. ein Armband, eine Cartoonfigur). Die mangelnde Motivation kann auch dadurch verbessert werden, indem überprüft wird, ob die Regel für den Jugendlichen wirklich ein wichtiges Problem betreffen. Eventuell ist dann die Regel gemeinsam zu verändern.

- *Themenarbeit mit Materialien und Rollenspiel*

2. Zur thematischen Einführung verdeutlicht der Trainer dem Jugendlichen, dass für eine Zukunfts- und Lebensplanung unterschiedliche Bereiche bedacht werden müssen. Dem Bereich „Beruf“ folgt der Bereich „Freizeit und Familie“. Es ist auf den Zusammenhang von beruflichem, freizeitlichem und familiärem Engagement hinzuweisen und in welcher Form sich diese Bereiche wechselseitig beeinflussen können.

Auch in dieser Sitzung soll sich der Jugendliche mit zukunftsorientierten Denk- und Handlungsweisen auseinandersetzen und vor allem *unrealistische Vorstellungen über privates Glück* erkennen. Dazu wird er mit vier Bildern zum Thema „Freizeit und Familie“ konfrontiert. Zwei Bilder beziehen sich auf unterschiedliche Freizeitaktivitäten, nämlich Sport und Reisen. Die anderen beiden Bilder befassen sich mit dem Thema „Familie“ unter den Aspekten Partnerschaft, Liebe, Geborgenheit sowie Planen, Sparen, Verzichten. Es werden dem Jugendlichen immer nur die beiden Bilder eines Bereichs gezeigt, und nicht alle vier zugleich. Der Jugendliche soll beschreiben, was die Darstellungen seiner Meinung nach ausdrükken; er soll alle Assoziationen, die ihm einfallen, nennen. Der Trainer gibt zu diesem Zeitpunkt noch keine Bewertung ab. Wichtig ist, die Assoziationen, Vorstellungen, Erfahrungen, Wünsche und Bewertungen des Jugendlichen zu den einzelnen Bereichen kennenzulernen.

Der Trainer notiert diese Informationen wieder in einer für den Jugendlichen durchschaubaren Weise. Anhand dieser Informationen kann der Trainer erstmals Aspekte der Anstrengungsvermeidung, der Motivations- und Ziellosigkeit thematisieren, die oftmals die Grundlage unrealistischer Vorstellungen über privates Glück bilden. Beispielsweise „träumt“ ein siebzehnjähriger Jugendlicher von einer Familiengründung und verlobt sich auch mit seiner Freundin. Er hat aber zur Zeit weder Aussichten auf eine Lehrstelle noch auf einen Arbeitsplatz; er hat kein Geld und kann mit dem wenigen, das ihm zur Verfügung steht, auch nicht wirtschaften. Er sucht familiäre Geborgenheit, die er zu Hause nicht findet. Er flüchtet in eine Beziehung, der nicht nur auf Grund der mangelnden wirtschaftlichen und wohnungsmäßigen Voraussetzungen eine Basis fehlt, sondern die auch im sozial-emotionalen Entwicklungsstand des Jugendlichen und vermutlich auch der Freundin ihre Begrenzung erfährt. Der Trainer muss dem Jugendlichen seine unrealistischen Wünsche und Träume aufzeigen und ebenso die damit verbundenen Risiken. Er kann zum Beispiel verdeutlichen, welche Bedingungen für eine Partnerschaft minimal gegeben sein müssen, damit sie eine Perspektive haben kann. In diesem Kontext ist auch unbedingt das Thema „Familienplanung“ anzusprechen. Diese Konfrontation darf jedoch nicht so stark geführt werden, dass die weitere Mitarbeit des Jugendlichen gefährdet ist. Der Trainer hat seinen Eindruck als persönliche Meinung zu kennzeichnen, und die Konfrontation dient lediglich als Strategie, um eine verbesserte und neue Problemlösung zu finden. Persönliche Betroffenheit sollte zu diesem Zeitpunkt nicht aufkommen.

3. Die weitere Arbeit zielt auf eine *vertiefte Auseinandersetzung* mit einem Themenbereich ab. Der Jugendliche wählt von den beiden Themen „Freizeitgestaltung“ und „Familie, Partnerschaft, Lebensplanung“ eines aus. Für diesen Bereich

wird gemeinsam eine Situation eingegrenzt, die in einem Rollenspiel ausgeführt wird. Das Rollenspiel soll so realistisch wie möglich konkrete Handlungsabläufe des Jugendlichen zum Vorschein bringen. Die Rückmeldung mit Hilfe des Kassettenrecorders bezieht sich vor allem wieder auf die Aufdeckung und Bewusstmachung unrealistischer Vorstellungen und auf Handlungen beziehungsweise Aussagen, durch die sich der Jugendliche selbst in Schwierigkeiten bringt. Erst nachdem solche Punkte herausgearbeitet wurden, können Alternativen gesucht werden. Nach Möglichkeit soll der Jugendliche solche selbst finden und der Trainer ihn höchstens durch Fragen oder Denkanstöße unterstützen. Ein zweites Rollenspiel, in dem die besprochenen Alternativen umgesetzt und entsprechende Verhaltensweisen geübt werden, sollte sich anschließen.

Ein Jugendlicher beispielsweise, der sich für das Thema „Freizeit" entscheidet, spricht sich für eine aktive Freizeitgestaltung aus. Er gibt an, selbst in der Freizeit im Sinne von sportlichen Unternehmungen aktiv zu sein, zum Beispiel zu schwimmen, zu wandern, zu reiten. Da diese Aussagen keinen Ansatzpunkt für eine Problematisierung und vertiefte Auseinandersetzung bieten, wird folgendes Vorgehen eingeschlagen: Zwei Personen unterhalten sich über Freizeitverhalten, wobei der Jugendliche eine aktive Freizeitgestaltung und Sport befürwortet, während der Trainer einen Standpunkt zugunsten einer passiven Freizeitgestaltung vertritt. Dieses Gespräch stellt eher eine reale Alltagssituation als ein Rollenspiel dar. Aus diesem Grund redet der Jugendliche auch flüssig, ohne die wortkarge Auseinandersetzung der ersten Einzeltrainingssitzung zu wiederholen. Er argumentiert, wer am Schreibtisch sitzt, der arbeite nicht oder nicht viel, und der bräuchte auch keine passive Freizeitgestaltung, das heißt sich in der Freizeit ausruhen und entspannen. An dieser Stelle werden wieder Vorurteile des Jugendlichen gegenüber der Berufsgruppe der „Bürositzer" und „Schreibtischtäter" deutlich. Weiter argumentiert er, dass Sport und aktive Freizeitgestaltung gesund seien. Der Trainer bringt seine Contra-Aktiv-Freizeit-Argumente zunehmend provokativer vor, wodurch der Jugendliche zu Gegenpositionen und eigenen Beispielen gereizt wird. Diese Äußerungen geben dem Trainer Einblick in die Gedanken- und Erlebniswelt des Jugendlichen; der Trainer kann tatsächliche Verhaltensweisen in dieser Alltagssituation gut beobachten, wie zunehmendes Spielen mit den Fingern und Hautzupfen sowie Fingernägelkauen.

In einem anderen Fall entscheidet sich ein Jugendlicher für den Bereich „Familie". Er und der Trainer spielen Freund und Freundin, die gemeinsam das Wochenende planen. Zu planen sind der Samstag und Sonntag. Unterschiedliche Themen werden dabei angesprochen: Zu einer Fete gehen (es handelt sich hierbei um einen Freund des Freundes), welche Mitbringsel zur Fete gekauft werden sollen (Whisky oder Bier oder überhaupt Alkohol), Hausaufgaben erledigen für die Berufsschule, Kinobesuch in der Stadt, teure Schuhe für die Freundin kaufen und ihr dafür das Geld leihen.

In diesem Rollenspiel wird sehr deutlich, dass sich der Jugendliche bei manchen Punkten nur schwer behaupten kann, und es ihm kaum gelingt, den verschiedenen Erwartungen und Ansprüchen gerecht zu werden. Dadurch bringt er sich in schwierige Situationen, denn nicht für jedes Problem ist ein Nachgeben oder kompromisshaftes Verhalten angezeigt. So erbittet die Freundin, dass der Freund ihr 20 Euro zu ihrem Schuhkauf leiht. Er schenkt ihr kurzerhand großzügigerweise die 20 Euro. Er hat dann aber fast kein Geld mehr, um für die Fete etwas einzukaufen.

Der nächste Diskussionspunkt dreht sich um das Feten-Mitbringsel in Form von starkem Alkohol. Die Freundin ist dagegen, Hochprozentiges einzukaufen und mitzubringen, der Freund dafür. Bei dieser Diskussion wird deutlich, dass sich der Jugendliche schnell unter Gruppendruck fühlt und diesen Ansprüchen nachgibt. Er scheint Angst davor zu haben, sich lächerlich zu machen, wenn er zum Beispiel nur Saft und Sekt mitbringt.

Die Freundin hat noch Hausaufgaben für die Berufsschule zu machen. Hierzu schlägt der Freund vor, diese doch am Sonntag zu erledigen, er übersieht jedoch dabei, dass am Sonntag Freund und Freundin unter Umständen recht müde von der Fete sind und dann erst recht keine Lust mehr haben, die Hausaufgaben zu machen. – Auch der Kinobesuch, der mit Geldausgaben verbunden ist, ist nur noch sehr schwierig mit all den anderen Wochenendplanungen zu vereinbaren.

Insgesamt wird deutlich, dass sich der Jugendliche schwer behaupten kann, zu bestimmten Dingen keine eindeutige Meinung hat, er jemandem anderen unbedingt gefallen möchte, deshalb den Erwartungen der anderen, die er vorwegzunehmen versucht, entsprechen will und sich dadurch selbst immer wieder in Drucksituationen bringt oder dem Gruppendruck aussetzt. Er wird dadurch zum Spielball seiner Umwelt.

Die Reflexion dieses Rollenspieles anhand des Kassettenrecorders führt bei dem Jugendlichen zu einigen Einsichten und zu einer deutlichen Betroffenheit. Es wird daher ein zweites Rollenspiel angeschlossen, in dem er sich besser behaupten soll, und es werden zu den einzelnen Punkten, wie dem Schuhkauf der Freundin, dem Kinobesuch und der Hausaufgabenerledigung, Meinungen abgeklärt und Argumente gesucht. In diesem zweiten Rollenspiel kann er sich in der Rolle des Freundes gegenüber der Freundin etwas besser behaupten, und es werden tragfähige Kompromisse ausgehandelt. Die Freundin hat es ihrerseits allerdings schwer, ihren Freund vom harten Alkohol für die Fete abzubringen. Der diesbezügliche Kompromiss sieht so aus, dass mit einem anderen Paar gemeinsam ein Kasten Bier für die Fete besorgt, aber auf harte Sachen wie Whisky verzichtet wird.

- *Absprache über eine Regel für das Tagebuch*

4. Abschließend wird in dieser Sitzung eine Beobachtungs- oder Verhaltensübungsaufgabe abgesprochen. Idealerweise sollen sich solche Aufgaben aus den Sitzungsinhalten ergeben, zum Beispiel auf Grund von deutlich werdenden Problemen oder ungünstigen Verhaltensweisen im Rollenspiel. So wird etwa mit dem Jugendlichen, der im Pro-Contra-Spiel nonverbal nervös reagiert, die Regel festgelegt, dass er das Nägelkauen und Hautzupfen in Gesprächen kontrolliert. Alternative Verhaltensweisen, die dazu gefunden werden, sind: die Hände auf die Oberschenkel legen, die Arme vor der Brust verschränken oder die Hände in die Hosentaschen stecken.

In dem zweiten Rollenspiel wurde deutlich, dass der Jugendliche sich schlecht selbstbehaupten kann, wodurch er zum Beispiel in finanzielle Schwierigkeiten kommt. Das Fernziel „Selbstsicherheit im Umgang mit anderen“ wird schrittweise, mit anfangs leichten Aufgaben angesteuert. Der Jugendliche soll in einem ersten Schritt genauestens Buch darüber führen, für was er seinen Lohn während eines ganzen Monats ausgibt und warum er bestimmte Geldausgaben tätigt. Es wird dem Tagebuch eine Liste angeheftet, die folgende Kategorien aufweist:
- Datum,
- gekaufter Gegenstand,
- Preis und
- Grund des Kaufs bzw. der Geldausgabe.

Die spätere Auswertung dieser Auflistung bringt zutage, dass der Jugendliche mit seinem Geld im Monat nicht auskommt. Dies ist dadurch begründet, dass er Schulden zu begleichen hat. Schulden hat er, weil er sich immer wieder von Gleichaltrigen zu teuren und unsinnigen Geldausgaben verleiten lässt. Dem gibt er deshalb nach, weil er dabeisein und anerkannt werden will, was ein verständliches und berechtigtes Bedürfnis ist. So leiht er sich teilweise von seinen Eltern, teilweise von seinen Freunden Geld. Damit beginnt ein Kreislauf, der schwer zu durchbrechen ist.

Ein anderer Jugendlicher übernimmt die Aufgabe, darüber nachzudenken, was ihm an seinen Freunden wichtig ist, und hierzu mindestens vier Argumente zu Papier zu bringen, das heißt im Tagebuch zu notieren. Ein weiteres Beispiel bezieht sich auf die Freizeitgestaltung „Alkoholkonsum“. Der Jugendliche protokolliert in einem ersten Schritt für jeden Tag, ob er Alkohol getrunken hat; wenn ja, wieviel, welche Art Alkohol und in welchen Situationen. Dadurch lassen sich kritische Situationen aufzeigen, die den Alkoholkonsum bei diesem Jugendlichen fördern oder bedingen (vgl. Beispiel: Vorlage, Seite 78).

Materialien

Neben dem Kassettenrecorder, den Schreibutensilien und dem Tagebuchblatt finden auch in dieser Sitzung vier Cartoons Anwendung, die Alltagsthemen aus den Bereichen „Freizeit und Familie“ dem Jugendlichen überzeichnet darbieten.

Es werden zwei Gruppen ausgewählt:
- Freizeitaktivitäten, wobei jeweils Sport und Reisen hervorgehoben und in je einem Bild symbolisiert werden;
- Familie, Partnerschaft und Lebensplanung, wobei die Themen „Verzicht, Planen und Sparen“ und „Liebe, Geborgenheit, Zweisamkeit“ in jeweils einem Bild ausgedrückt werden.

Die Cartoons sind in der genannten Abfolge abgedruckt.

Tagebuch

Blatt: 2
Zeitraum: 3.–10.3.00

Regel 1: Heute habe ich Alkohol getrunken!

eingehalten:

	1.Tag	2.Tag	3.Tag	4.Tag	5.Tag	6.Tag	7.Tag
Ja	X	X	X	X			
Nein					X	X	X

Fastnacht Rosenmontag

Regel 2: Wenn ja, was und wieviel?

eingehalten:

Bier	1.Tag	2.Tag	3.Tag	4.Tag	5.Tag	6.Tag	7.Tag
~~Ja~~	4	1	2	3			
~~Nein~~	–	3	1	2			

Cola-Whisky

Regel 3: Ich war mit meinen Freunden unterwegs!

eingehalten:

	1.Tag	2.Tag	3.Tag	4.Tag	5.Tag	6.Tag	7.Tag
Ja	X	X	X	X			
Nein					X	X	X

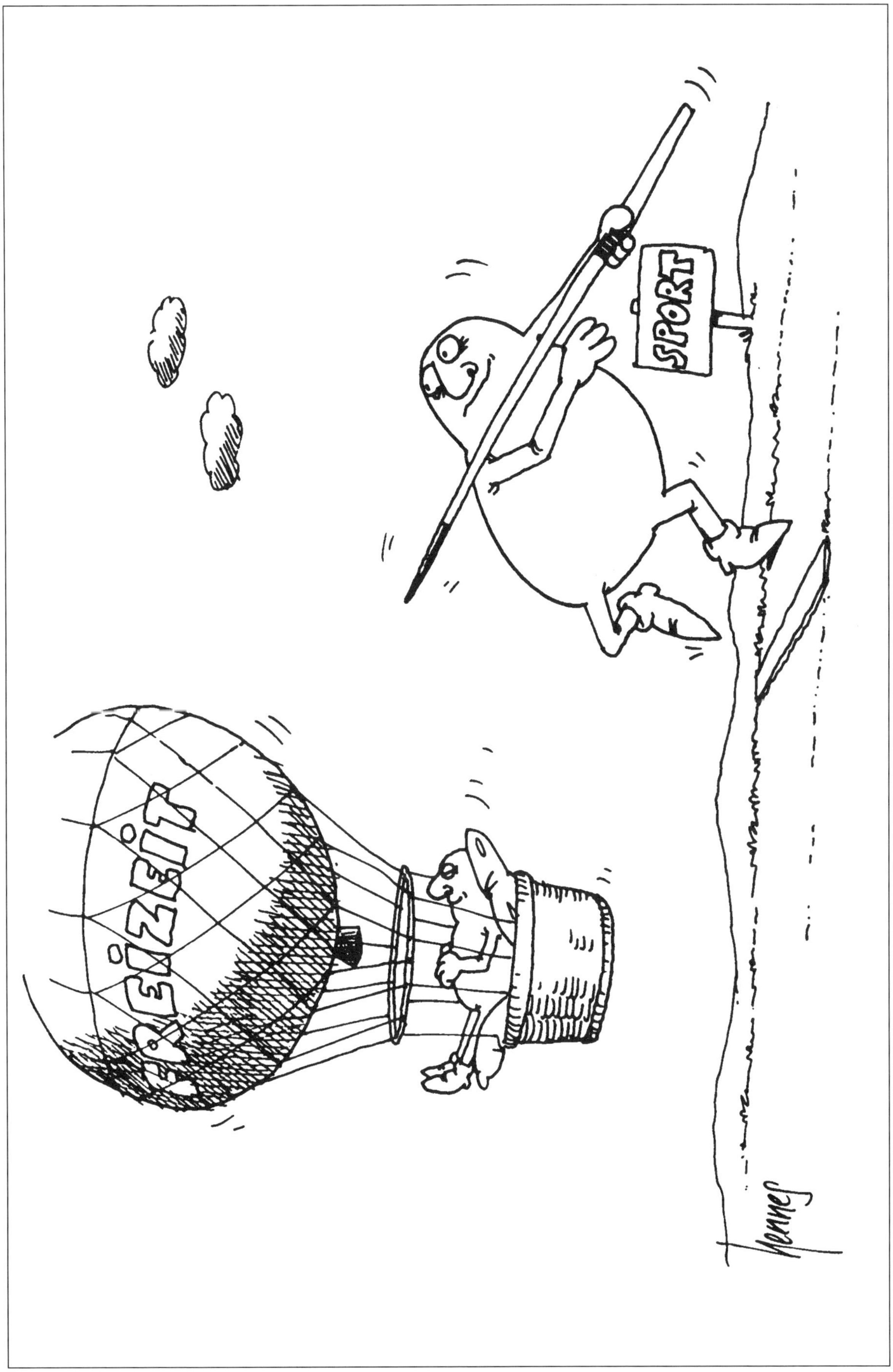
SPORT

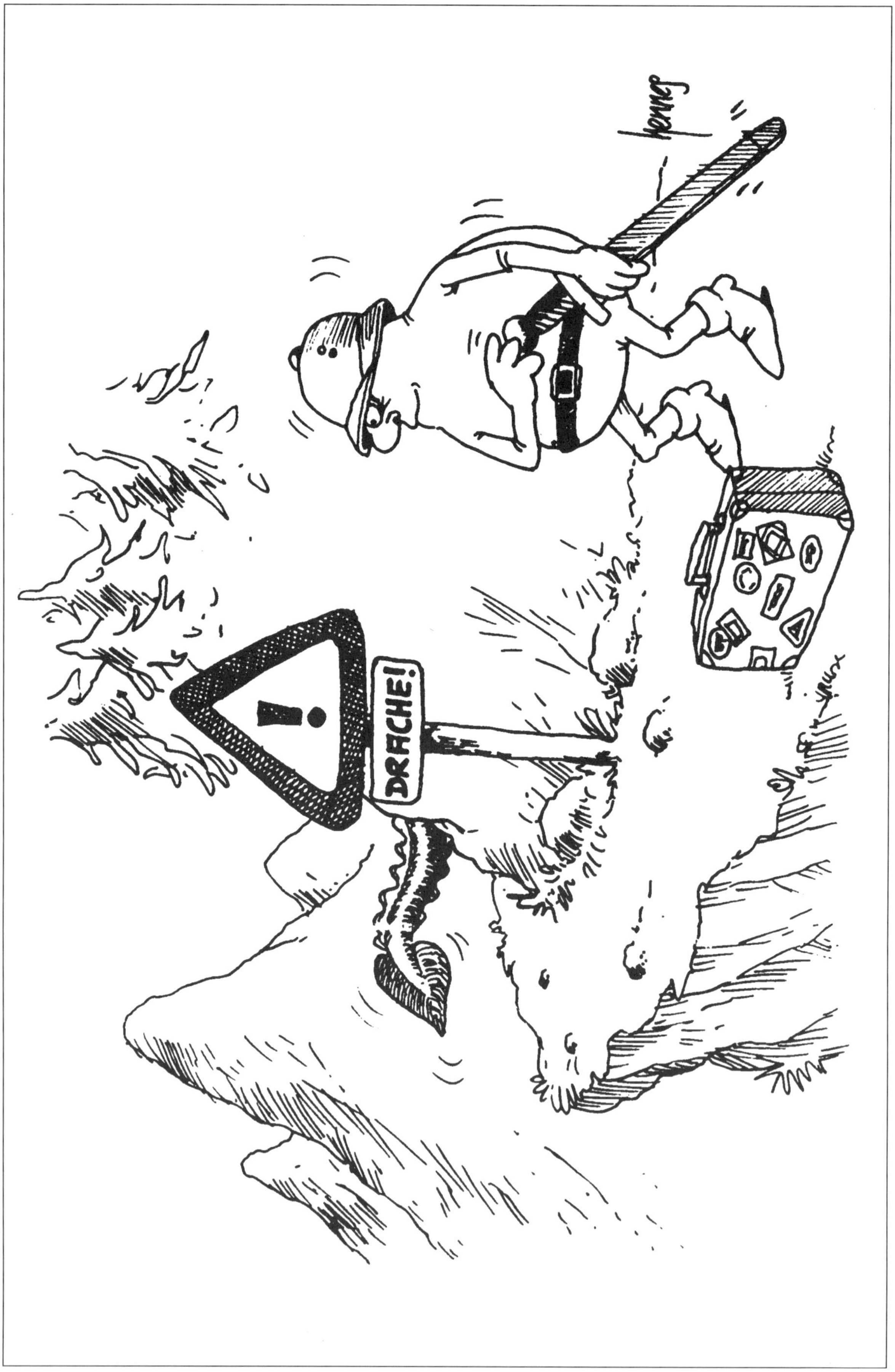
DRACHE!

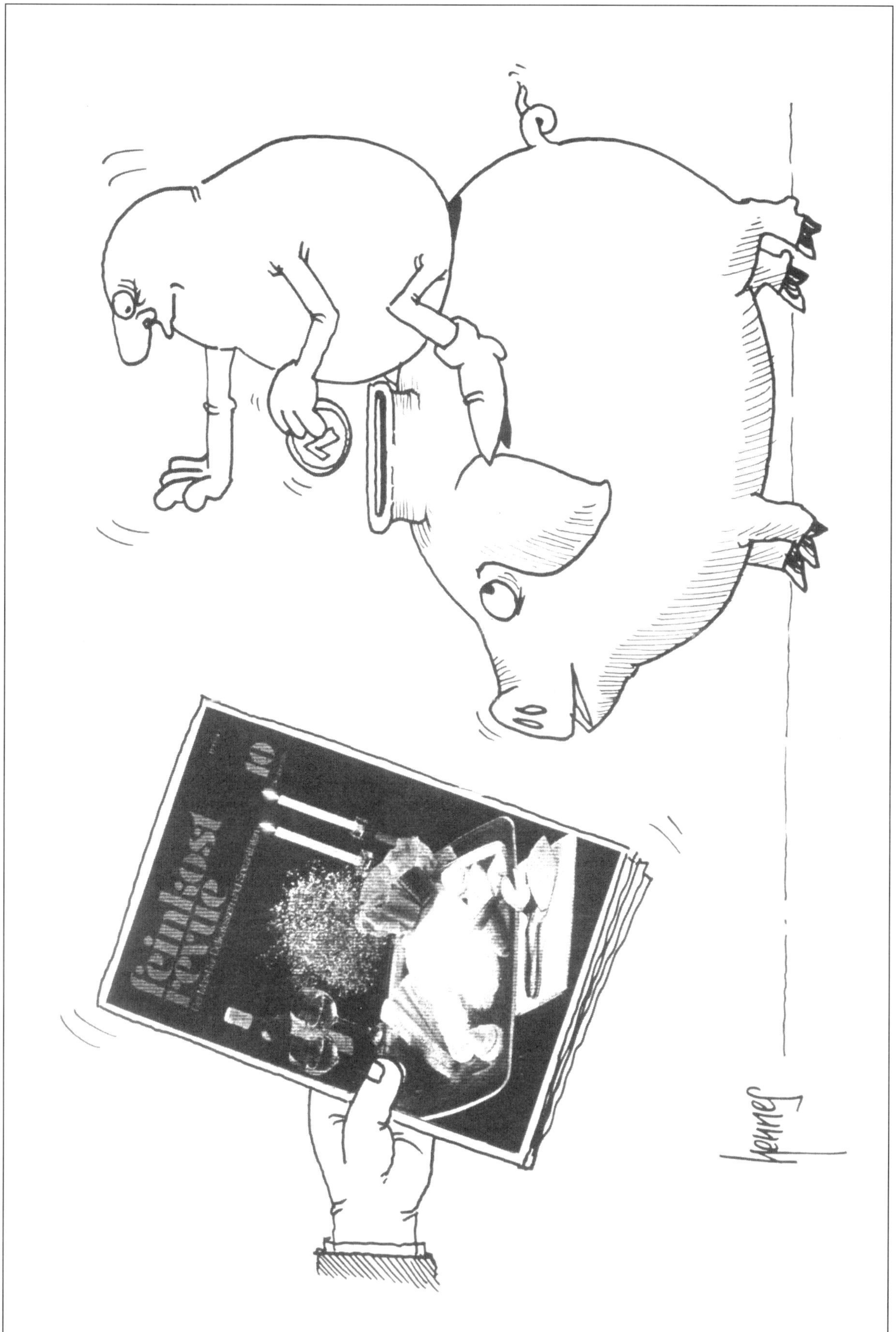
feinkost revue

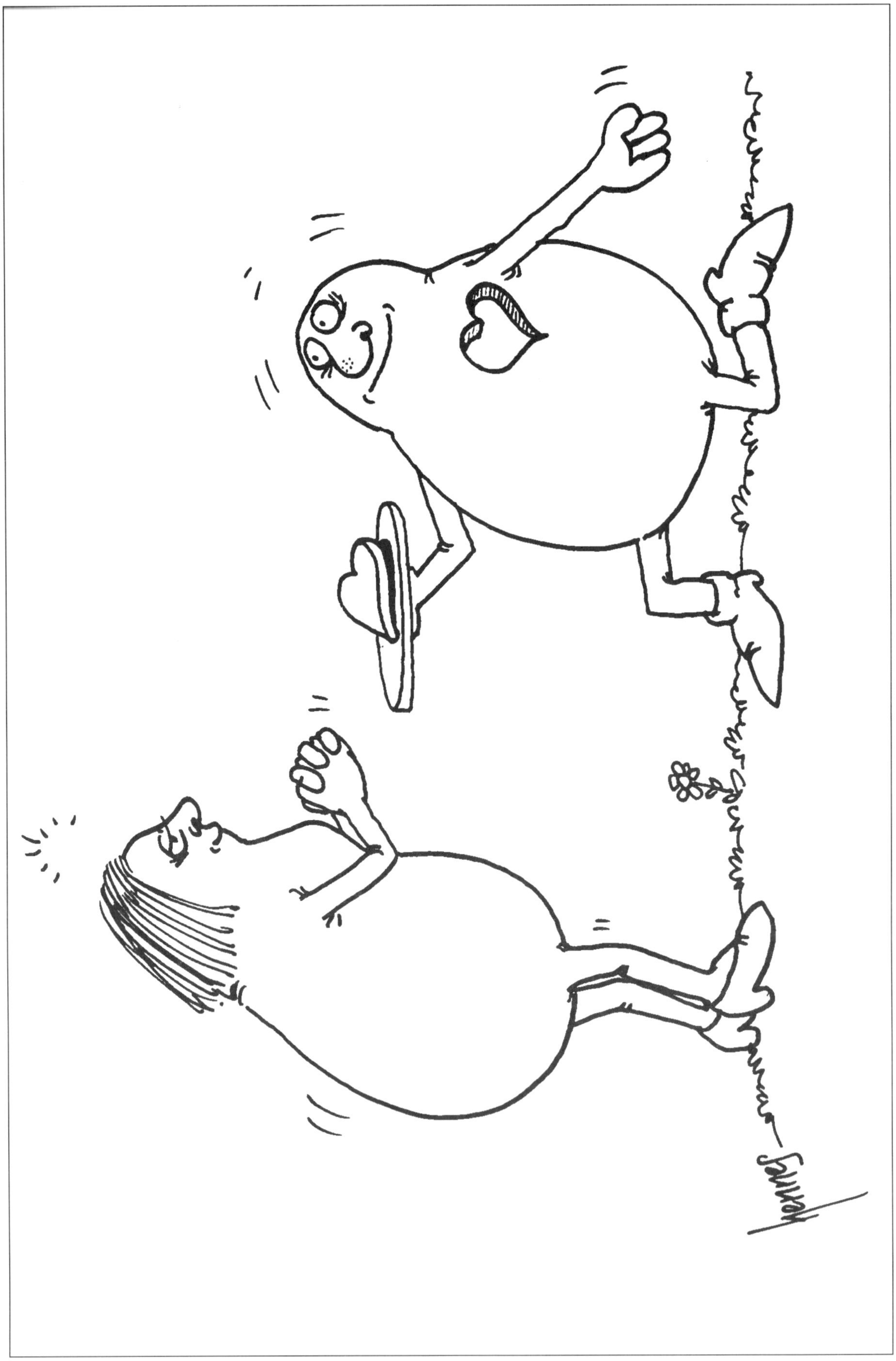

5.2.2.3 Lebensschicksale und Eigenverantwortung

Ziele

1. Der Jugendliche soll für seine Bemühungen, Fortschritte oder die Lösung seiner Probleme im Alltag eine klare *Orientierung* gewinnen. Aus diesem Grund braucht er eine differenzierte Rückmeldung hinsichtlich der jeweiligen Verhaltensbeobachtungs- und Verhaltensübungsaufgaben.
2. Der Jugendliche soll anhand eines bestimmten Themas *mangelnde Eigenverantwortung und Anstrengungsbereitschaft* bei sich *erkennen,* benennen und eingestehen lernen.
3. Er soll lernen, *Eigen- und Fremdanteile* in solchen kritischen Situationen *realistisch einzuschätzen,* und er soll erkennen, welche Situationen durch eigenes Zutun beeinflussbar sind.
4. Die *Anstrengungsbereitschaft* und *Eigenverantwortung* des Jugendlichen sollen durch gezielte Verhaltensübung und Aktivierung erhöht werden.
5. Der Jugendliche soll sich *beobachten* und einschätzen lernen sowie bestimmte *Verhaltensweisen* und *Selbstkontrolltechniken* im Alltag einüben.

Praktisches Vorgehen

• *Auswertung des Tagebuches*

1. Die Auswertung des Tagebuches erfolgt wie in 5.2.2.2 beschrieben. Wurden Aufgaben zur Selbstbeobachtung abgesprochen, so ist auf die Fortführung dieser Aufgaben zu achten, um dem Jugendlichen die Kontinuität, die Wichtigkeit und den Zusammenhang der Bemühungen zu verdeutlichen. Das heißt, aus den Tagebucheintragungen müssen Absprachen zur Verhaltenseinübung erfolgen. Der Trainer protokolliert oder fotokopiert sich die Ergebnisse des Tagebuchblattes.

• *Themenarbeit mit Materialien und Rollenspiel*

2. Zur Bearbeitung des Themas „Lebensschicksale und Eigenverantwortung" stehen vier Cartoons zur Verfügung, die vier unterschiedliche Sichtweisen des Themas beleuchten. Erstens geht es um den Aspekt „Glück und Pech", zweitens um den des „Genießens" und „Lebens nach dem augenblicklichen Lustprinzip", drittens um den Aspekt des „Aussteigens", des „Sich-aus-der-Verantwortung-Ziehens" und viertens um den des „Träumens", der „Illusionen", des „Flüchtens in Träume".

Tabelle 9: Ziele, praktisches Vorgehen und Materialien der dritten Sitzung des Einzeltrainings.

Ziele	Praktisches Vorgehen	Materialien
Rückmeldung geben zur Verhaltensbeobachtung und Verhaltensübung	Auswertung des Tagebuches	Tagebuch
Mangelnde Eigenverantwortung bei sich selbst erkennen und eingestehen	Zu einem vorgegebenen Thema sammelt der Jugendliche Beispiele aus seinem Alltag.	Ein Cartoon und Schreibmaterial
Eigen- und Fremdanteile realistisch einschätzen können	Der Jugendliche ordnet die Beispiele in einem „Lotterie-Spiel" den Kategorien „Glück" und „Pech" zu; er schätzt dann die Eigenanteile ein.	Schreibmaterial
Anstrengungsbereitschaft und Eigenverantwortung erhöhen	Eines der Beispiele wird mit dem Jugendlichen im Rollenspiel mit Rollentausch durchgeführt.	Kassettenrecorder
Selbstbeobachtung lernen sowie Verhalten einüben	Absprache über eine Beobachtungsaufgabe und/oder eine Verhaltensregel	Tagebuch

Zur Vorbereitung dieser Sitzung gehört es, dass der Trainer sich einen dieser Aspekte für den Jugendlichen auswählt, und zwar den, der am ehesten dessen Problematik betrifft. Den entsprechenden Cartoon – und nur diesen – zeigt er dem Jugendlichen, der dann überlegen soll, was mit dem Bild ausgedrückt wird. Er soll danach ein Stichwort finden, das den Cartoon am treffendsten beschreibt. Für das Bild „Träumer" zum Beispiel findet ein Jugendlicher das Stichwort „no future". Dazu sammelt er Beispiele aus seinem Alltag, die im Zusammenhang mit dem stehen, was das Bild für ihn ausdrückt, und die *kein eigenverantwortliches Handeln* und *keine Anstrengungsbereitschaft* aufweisen. Der Jugendliche kann gefragt werden: „In welchen Situationen deines Lebens bist du ein Träumer (Aussteiger oder Glücksritter)? Wie äußert sich das, was tust du dann?" Der Trainer notiert die Beispiele; er kann sie durch Eindrücke oder Erfahrungen mit dem Jugendlichen ergänzen. Insgesamt sollten ungefähr sechs bis zehn Beispiele gefunden werden.

Bei dem Aspekt „Aussteiger" ist an Verhaltensweisen von Jugendlichen zu denken wie: Drogen- und Alkoholkonsum; Schuleschwänzen; Vermeiden von schwierigen Situationen, zum Beispiel Prüfungen in Schule und Ausbildung oder Gespräche in Konflikt- und Streitsituationen; Abbrechen einer Ausbildung, eines Praktikums, einer überbetrieblichen Ausbildungsmaßnahme, eines Schulbesuches; Abbruch einer gleich- oder gegengeschlechtlichen Freundschaft bei ersten, oft „kleinen" Schwierigkeiten.

Beim Bereich „Träumer" kann es sich um folgendes Verhalten von Jugendlichen handeln: Große berufliche oder schulische Pläne haben und nichts dafür tun, zum Beispiel keine Hausaufgaben erledigen, kein gezieltes Lernen und Üben, kein regelmäßiger Schul- oder Ausbildungsbesuch; große Wünsche und Ansprüche an Kleidung, Mofa, Moped, Freizeitgestaltung usw. haben, aber das Geld nicht einteilen oder ansparen und nicht zwischen wichtigen oder notwendigen sowie unnötigen Geldausgaben unterscheiden können; an Spielautomaten „sein Glück versuchen" und dabei alles Taschengeld oder die Ausbildungsvergütung eines Monats an einem Abend verspielen; Forderungen und Wünschen von so genannten Freunden kritiklos nachkommen, in der Hoffnung auf soziale Anerkennung; das „Glück zu zweit" wollen, aber zum Beispiel keine Anstrengung, kein Einfühlungsvermögen, keine Geduld und Gesprächsbereitschaft in die Partnerschaft investieren.

Die „Genießer" unter den Jugendlichen zeichnen sich dadurch aus, dass sie zum Beispiel jede größere Anstrengung oder jeden längerfristigen Verzicht ablehnen und mit der Begründung „Null-Bock" vielen Aufgaben und Anforderungen in Schule, Ausbildung, Familie und Partnerschaft nicht nachkommen; ein geregeltes Ess-, Trink- und Schlafverhalten kann fehlen; Drogen-, Alkohol- und Nikotingenuss sind unter Umständen stark ausgeprägt; häufig wechselnde Freundschaften einschließlich sexueller Beziehungen.

Die „Glücksritter" beziehungsweise „Pechvögel" sehen in allem, was ihnen widerfährt, das unabänderliche und unabwendbare Schicksal, für das sie weder Verantwortung verspüren noch sich als (zumindest Mit-) Verursacher begreifen. Sie setzen sich beispielsweise keine beruflichen oder privaten Ziele, bemühen sich nicht oder zu wenig um eine Sache, bringen keine Initiative auf oder nur, wenn sie im Glauben an eine Glückssträhne sind, gehen unsinnige Risiken ein wie bei delinquentem Verhalten nach dem Motto, wenn ich beim Diebstahl oder Einbruch erwischt werde, habe ich Pech gehabt.

3. Nachdem der Jugendliche möglichst alle wesentlichen Beispiele aus seinem Alltag zu dem Thema auf dem Cartoon genannt hat, soll er *einschätzen* lernen, *welche Eigen- und Fremdanteile* er an solchen kritischen Situationen hat. Dazu wird ein „Lotterie-Spiel" durchgeführt. Der Trainer teilt ein Blatt Papier in zwei Spalten auf. Über der linken Spalte steht Glück, über der rechten Pech. Der Jugendliche ordnet nun die gesammelten Beispiele einer der beiden Kategorien zu. Der Trainer oder Jugendliche schreibt die Beispiele in die entsprechende Spalte.

In einem zweiten Schritt wird der Jugendliche gefragt, ob er glaubt, dass alle eingeordneten Beispiele ausschließlich von Glück und Pech bestimmt sind oder dass auch eigene Fähigkeiten beziehungsweise Unfähigkeiten, Anstrengung und eigenes Zutun einen Einfluss haben. Je nach Aussagen des Jugendlichen weist der Trainer mehr oder weniger nachdrücklich darauf hin, wo selbst bei angeblich fremdverschuldeten Schicksalsschlägen ein eigenverantwortliches Handeln eine Rolle spielt. Er zeigt auf, wie durch falsche oder überhöhte Ansprüche sowie irrationale Vorstellungen und unrealistische Einschätzungen Schritte der Problemlösung und damit Eigenverantwortung übersehen werden.

Der Jugendliche soll deshalb für jedes Beispiel in den Spalten Glück und Pech überprüfen, welche Eigen- und Fremdanteile an den Verhaltensweisen und Handlungsergebnissen vorliegen, und diese in einer kritischen Diskussion mit dem Trainer festlegen. Der Trainer erklärt dem Jugendlichen noch einmal die beiden Kategorien, denen man Verhalten, Handlungsergebnisse oder Situationen zuschreiben kann:

- *Eigenverantwortung und Selbstverursachung* bedeuten, dass der Jugendliche für sein Handeln Verantwortung zeigt und an den Folgen seines Handelns beteiligt oder selbst daran schuld ist.
- *Fremdverursachung* bedeutet, dass äußere Umstände, ungünstige Bedingungen und „die anderen" für das Verhalten des Jugendlichen oder einen negativen Ausgang seines Handelns verantwortlich sind.

Es geht bei der Einschätzung der Eigen- und Fremdanteile nicht darum, die Beispiele aus dem Lotterie-Spiel entweder nur dem Schicksal oder nur der eigenen Person zuzuschreiben. Vielmehr sollten die vermuteten oder tatsächlichen Anteile realistisch bestimmt werden, indem die einzelnen Situationen und Verhaltensweisen genau analysiert und mögliche Verhaltensalternativen gesucht werden. Als Ergebnis liegen dann zwei Informationen vor, der Eigen- und Fremdanteil, in Viertel oder Prozenten ausgedrückt sowie konkrete Handlungsalternativen, die den Eigenanteil in positiver Richtung hätten verändern können. Einige Beispiele illustrieren das Vorgehen:

Glück		Pech	
Eine eigene Wohnung finden:		**Aus der Arbeitsstelle entlassen werden:**	
75^{E}	**25^{F}**	**50^{E}**	**50^{F}**
z. B. ein regelmäßiges Einkommen nachweisen können, einen guten Eindruck durch Verhalten und äußere Erscheinung beim Vermieter hinterlassen = **E**igenanteil	z. B. regionale Wohnungsnot = **F**remdanteil	z. B. häufiges „Krankfeiern", unordentliches Arbeiten = **E**igenanteil	z. B. Arbeitsabbau, Konkurs einer Firma = **F**remdanteil
Eine Freundin haben, mit der man sich gut versteht:		**Die Schule abgebrochen:**	
50^{E}	**50^{F}**	**80^{E}**	**20^{F}**
z. B. Freundin nicht nur nach Aussehen ausgesucht, sondern danach, ob man mit ihr reden kann und sich gut mit ihr versteht; Geduld und Verständnis haben, trotzdem seine Meinung angemessen behaupten können = **E**igenanteil	z. B. eine Freundin haben, die einen versteht, unterstützt, Mut macht; die von sich erzählt, die ein Ziel und Ideen hat = **F**remdanteil	z. B. mangelnde Mitarbeit, Schuleschwänzen, Stören und Beeinträchtigen von Unterricht und Mitschülern = **E**igenanteil	z. B. zu hohe Anforderungen in der Schule, keine Unterstützung von Eltern und Lehrern = **F**remdanteil

4. Eine besonders kritische Situation, die auch zukünftig noch von Bedeutung sein kann, wird in einem Rollenspiel konkretisiert. Verschiedene Verhaltensweisen sollen im Rollentausch erfahren oder gezielt eingeübt werden. Die durch die Übung und Aktivierung gewonnene Sicherheit im Umgang mit kritischen Situationen, zum Beispiel bei der Wohnungssuche, beim Führen eines Streitgespräches mit den Eltern oder der Freundin, beim Ablehnen von Alkohol oder Haschisch, soll zu Kompetenzerfahrungen führen, die *eigenverantwortliches Handeln* und mehr *Anstrengungsbereitschaft ermöglichen.*

Es ist häufig zu beobachten, dass die Beispiele aus dem Alltag der Jugendlichen, die schon längere Zeit zurückliegen, von dem Betreffenden leichter eingestanden, auch eher dafür Eigenverantwortung übernommen und im Rollenspiel dargestellt werden können. Je aktueller ein Ereignis ist, um so größer ist die Betroffenheit und Abwehr und desto schwerer fällt es dem Jugendlichen, die Eigenanteile zu erkennen und zuzugeben. Trotzdem ist es wichtig, diese Dinge offen anzusprechen, den Jugendlichen aufzufordern, darüber nachzudenken, zu reden und Verhaltensalternativen im Rollenspiel zu erproben, ihn also mit Tatsachen zu konfrontieren. Nur dann besteht die Chance, an der Ursachenzuschreibung oder der Anstrengungsvermeidung etwas zu verändern. Selbstverständlich darf sich die Konfrontation für den Jugendlichen nicht so bedrohlich darstellen, dass dadurch ein Trainingsabbruch riskiert wird. Erlebte der Jugendliche den Trainer bisher jedoch als verständnisvoll, helfend, zuverlässig und ehrlich in positiven wie negativen Meinungsäußerungen, also bemüht um gerechte Einschätzungen und Beurteilungen, so hält diese Beziehung schon einiges an Konfrontation aus.

• *Absprache über eine Regel für das Tagebuch*

5. Den Schluss der Sitzung bildet wieder eine Regelabsprache für eine *Beobachtungs- oder Verhaltensübungsaufgabe.* Dabei sind die Ergebnisse der früheren Tagebuchaufgaben, besonders Ergebnisse der Verhaltensbeobachtung, zu berücksichtigen. Beobachtungsaufgaben müssen nach ihrer Auswertung in Aufgaben zur Verhaltensübung überführt werden. Der Jugendliche, der beispielsweise seine Geldausgaben protokollierte, erhält nun die Regel, sein monatliches Geld in Wochen- oder Tagesbeträge aufzuteilen, je nachdem, welche Zeitspanne individuell sinnvoll ist. Er darf dann zwar zu einer bestimmten Zeit sein Geld immer noch für das ausgeben, was er will, dabei aber kein Geld aus der nächsten Zeiteinheit antasten. Will er sich etwas leisten, was über den Betrag einer Zeiteinheit hinausgeht, so muss er sich dies aus mehreren Beträgen von ganzen oder Teilzeiteinheiten ersparen. Bei Schulden wird ebenso verfahren: von jeder Zeiteinheit wird ein Teilbetrag so oft einbehalten, bis die Schulden getilgt sind. In späteren Schritten werden Aufgaben abgesprochen, die darüber entscheiden helfen, welche Geldausgaben unnötig sind und nicht mehr getätigt werden.

Es ist wünschenswert, eine neue Regel in das Tagebuch aufzunehmen, die sich auf den Themenblock dieser Sitzung bezieht. Beispielsweise kann eine Aufgabe für einen Jugendlichen darin bestehen, für jeden Tag zu überlegen, ob er eine Situation erlebte, in der er sich ärgerte und wenn ja, wieviel Eigenanteile er an dem Ärger hatte und welche das waren. Handelt es sich hierbei um bedeutsame Situationen, in denen er sich schnell und übermäßig ärgert und dies unangemessen ausdrückt, dann wird diese Beobachtungsaufgabe später in eine Verhaltensübungsaufgabe umgewandelt. Er soll dann in Ärgersituationen Selbstinstruktionen zur Selbstkontrolle anwenden, zum Beispiel „Ruhig bleiben, nicht ärgern lassen: Nicht laut werden, den anderen nicht anbrüllen!“.

Ob eine solche neue Aufgabe oder Regel hinzukommt oder nicht, hängt davon ab, ob

- ein Jugendlicher mit zwei oder gar drei Aufgaben überfordert ist oder diese bewältigen kann;
- eine alte Tagebuchregel von ihm schon so gut beherrscht wird, dass sie ausgeblendet werden kann; wenn nicht, muss auf eine neue Regel verzichtet und die alte beibehalten, das heißt weiter geübt werden;
- eine Aufgabe des Tagebuches gegen die neue und aktuelle ausgetauscht werden kann, da die neue Regel für die individuelle Problematik des Jugendlichen bedeutender ist oder von ihm selbst als wichtiger wahrgenommen wird; dieser Austausch wäre dann unabhängig davon, ob die alte Aufgabe von ihm schon gut bewältigt werden kann oder nicht.

Materialien

Es kommen wie üblich Schreibmaterial, Kassettenrecorder und Tagebuch zum Einsatz. Zudem stehen vier Situationsbilder als Cartoons zur Verfügung, von denen eines ausgewählt wird; es geht dabei um folgende Themen:

- Glücksritter vs. Pechvogel (= stark vereinfachte Interpretation des Alltagsgeschehens),
- Genießer (= ausschließliches Leben im Hier und Jetzt und Abschottung aller Gedanken an Zukünftiges),
- Aussteiger (= „wenn Schwierigkeiten auftauchen, dann setz' ich mich ab“ oder „anderswo ist ein besseres Leben möglich“),
- Träumer (= „ich bin mir ziemlich sicher, dass alles gut wird“ oder „wenn ich nur 'mal so richtig will, dann wird es schon klappen“).

Die Cartoons sind in der genannten Abfolge abgedruckt.

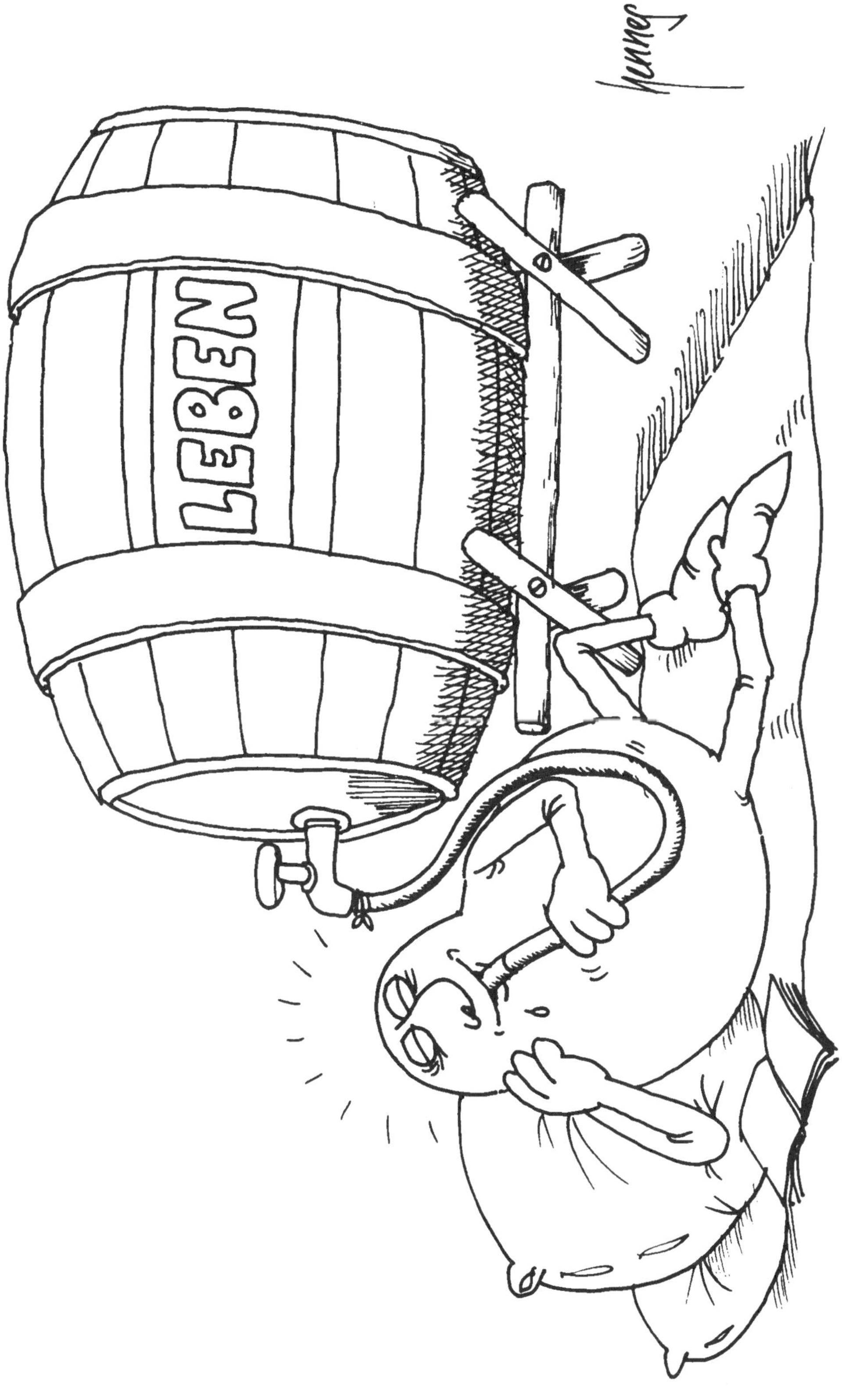
LEBEN

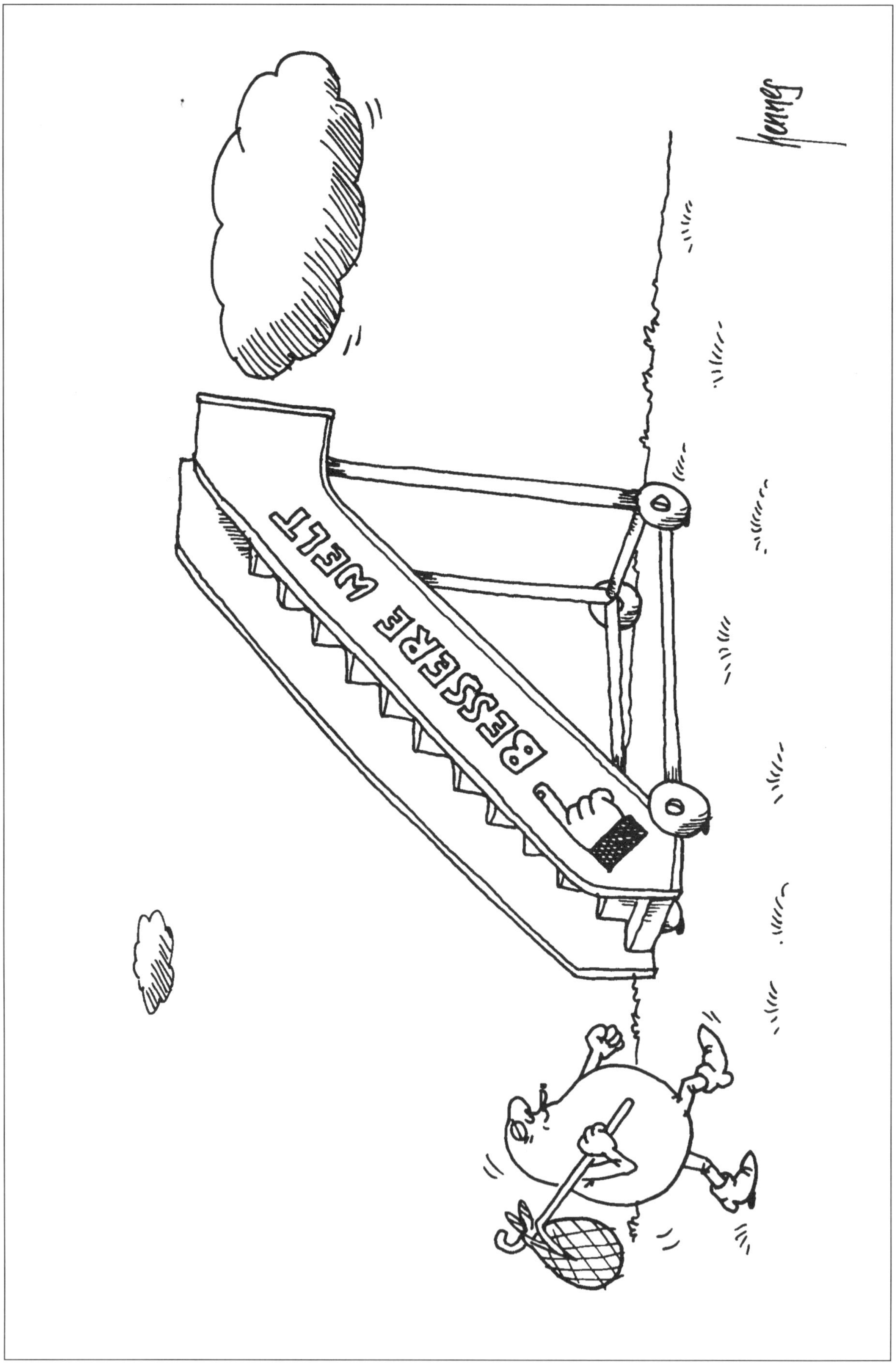
BESSERE WELT

ZUKUNFT

5.2.2.4 Schwierige Situationen und widerstehen lernen

Ziele

1. Der Jugendliche soll für seine Bemühungen, Fortschritte oder die Lösung seiner Probleme im Alltag eine klare *Orientierung* gewinnen. Aus diesem Grund braucht er eine differenzierte *Rückmeldung* zu den jeweiligen Verhaltensbeobachtungs- und Verhaltensübungsaufgaben.
2. Der Jugendliche soll sich aktiv mit Versuchungssituationen, mit Frustrations- und Misserfolgssituationen auseinandersetzen und sich deshalb der *Konfrontation mit schwierigen Situationen* stellen.
3. Er soll zur *eigenen Betroffenheit,* die durch die Konfrontation und in den schwierigen Situationen selbst auftreten kann, *Distanz gewinnen,* um begründet Entscheidungen für oder gegen ein bestimmtes Verhalten treffen zu können.
4. Der Jugendliche soll im Umgang mit schwierigen Situationen widerstehen lernen, also verstärkt *Selbstkontrolle anwenden* können, und zwar durch die Anwendung von Selbstinstruktionen und durch die Kenntnis von und Übung in *sozial kompetenten Verhaltensalternativen.*
5. Der Jugendliche soll *sich beobachten* und *einschätzen* lernen sowie bestimmte *Verhaltensweisen* und *Selbstkontrolltechniken* im Alltag einüben.

Praktisches Vorgehen

- *Auswertung des Tagebuches*

1. Die Auswertung des Tagebuches erfolgt wie in 5.2.2.2 und 5.2.2.3 beschrieben. Es gelten die dort genannten Kriterien.

- *Themenarbeit mit Materialien und Rollenspiel*

2. Der Jugendliche wird aufgefordert, *schwierige Situationen* aus dem Alltagsleben eines Jugendlichen zu sammeln. Schwierige Situationen können sich auf Frustrationen, Misserfolge oder Belastungen beziehen. Es erweist sich als hilfreich, Beispiele zu nennen wie etwa: „Meine Freundin hat mit mir Schluss gemacht – ich lass' mich volllaufen!" oder: „Der hat mich verarscht, deshalb hat er ein paar in die Fresse bekommen!" oder: „Null Bock zur Arbeit – blaumachen?"

Sind einige Situationen gesammelt worden, wird in einem zweiten Schritt das Gedächtnis und Tagebuch bemüht. Das bedeutet, dass auch solche

Tabelle 10: Ziele, praktisches Vorgehen und Materialien der vierten Sitzung des Einzeltrainings.

Ziele	Praktisches Vorgehen	Materialien
Rückmeldung geben zur Verhaltensbeobachtung und Verhaltensübung	Auswertung des Tagebuches	Tagebuch
Konfrontation mit schwierigen Situationen	Der Jugendliche sammelt schwierige Situationen; drei Situationen werden ausgewählt, die den Jugendlichen in besonderer Weise betreffen.	Tagebuch und Schreibmaterial
Distanz gewinnen zur eigenen Betroffenheit	Sammeln von Vor- und Nachteilen bestimmter Verhaltensweisen in schwierigen Situationen	Schreibmaterial
Einüben von Selbstkontrolle und widerstehen lernen durch sozial kompetente Verhaltensalternativen	Zur schwierigsten Situation wird mindestens ein Rollenspiel durchgeführt.	Kassettenrecorder
Selbstbeobachtung lernen sowie Verhalten einüben	Absprache über eine Beobachtungsaufgabe und/oder eine Verhaltensregel	Tagebuch

schwierigen Situationen berücksichtigt werden, die entweder im Tagebuch schon festgehalten, beobachtet und geübt oder bisher im Training angesprochen wurden. Der Trainer hält die Sammlung aller schwierigen Ereignisse und Situationen schriftlich fest. Aus dieser Sammlung werden gemeinsam alle Situationen benannt, die in besonderer Weise die Probleme des Jugendlichen betreffen, für ihn also schwierige Situationen im Alltag darstellen. Aus diesen werden die drei schwierigsten ausgewählt, die zugleich für den Jugendlichen am bedeutsamsten und belastendsten sein sollen. Sie sind für den Jugendlichen nach ihrer Schwierigkeit in eine Rangreihe zu bringen. Zu jeder der drei schwierigen Situationen werden Konkretisierungen vorgenommen und Bedingungen präzisiert. Diese Angaben sollen Informationen darüber enthalten, warum einem in einer bestimmten Situation der Kragen platzt, man resigniert und in Passivität verfällt oder man nicht widerstehen kann.

Eine mögliche Sammlung von schwierigen Situationen kann wie folgt aussehen:
- dem Alkoholtrinken widerstehen, besonders in Gruppen oder in der Diskothek;
- im Schulunterricht aufpassen und mitarbeiten; besonders wenn andere Blödsinn machen, sich nicht anstecken lassen;
- schnell in Wut geraten und sich nicht mehr beherrschen können;
- sich angegriffen und bedroht fühlen;
- Angst vor Prüfungssituationen und die Versuchung, nicht zu erscheinen;
- keine Lust zur Arbeit haben und blaumachen wollen;
- negative Kritik bei der Arbeit vom Meister erfahren und einen Fehler wiedergutmachen; der Versuchung widerstehen, einen Einbruchdiebstahl in der Jugendlichengruppe mitzumachen.

Beispielhaft werden einige Punkte konkretisiert, wie sie sich in der Zusammenarbeit mit Jugendlichen ergeben können:
a) Ein Jugendlicher fühlt sich deshalb angegriffen und bedroht, weil er manche Situationen falsch auffasst, also nicht richtig wahrnimmt. Er kann zum Beispiel nicht unterscheiden, ob ihn ein anderer mit einer bestimmten Aussage lächerlich machen oder verletzen will oder ob er ernst genommen wird. Daraus ergibt sich eine Folge weiterer schwieriger Situationen. Zuerst frisst der Jugendliche alles in sich hinein, das heißt er fragt nicht nach, er wehrt sich nicht, bis sein Ärger und seine Wut ein solches Ausmaß erreichen, dass es zu plötzlichen Wutausbrüchen kommt. Dann ist es ihm nicht mehr möglich, zu überlegen, was er tut; dazu fehlen ihm Zeit und Verhaltensalternativen. Die Konkretisierung und Präzisierung dieser schwierigen Situation zeigt, dass der Jugendliche nicht nur falsch wahrnimmt, sondern sich auch nicht frühzeitig und angemessen selbst behaupten kann.
b) Einem Jugendlichen fällt es schwer, geplanten Einbruchdiebstählen in der Jugendlichengruppe zu widerstehen. Die Konkretisierung ergibt, dass die Versuchungssituation durch ganz unterschiedliche Aspekte motiviert sein kann:
- *Neugierde,* was haben die anderen vor? Daraus ergibt sich der Wunsch, mitzumachen und dazuzugehören sowie anerkannt zu werden. Die Neugierde kann sich auch darauf beziehen, zu erleben, was für ein Gefühl es ist, etwas Verbotenes zu tun, und das Risiko zu spüren, ob es gelingen wird oder nicht, ob man Erfolg hat und nicht dabei erwischt wird.
- *Gruppendruck* kann ein entscheidender Auslöser sein. Der Jugendliche will dazugehören, er will nicht als Feigling dastehen, er will Anerkennung oder sogar mit besonders mutigem und risikoreichem Verhalten im Mittelpunkt stehen sowie Einfluss und Macht auf die anderen ausüben können.
- *Langeweile* gepaart mit *Abenteuerlust* führen zu dem Bedürfnis, etwas Besonderes erleben zu wollen, etwas auszuprobieren und zu sehen, was dann passiert. Manchmal geht es auch einfach nur darum, einen vergnüglichen Zeitvertreib zu finden.
- *Mangelnde Verzichtsfähigkeit* bedeutet, dass ein Jugendlicher momentane Bedürfnisse (z. B. aus Geldmangel) nicht befriedigen kann und dann wegen einem Päckchen Tabak oder einer Flasche Schnaps in einem Geschäft nicht widerstehen kann und stiehlt.
- *Rachegefühle* können einen Jugendlichen verleiten, eine günstige Gelegenheit wahrzunehmen und einen anderen durch Diebstahl oder Sachzerstörung zu schädigen.

3. Um zur *Betroffenheit* eine *Distanz* zu schaffen, werden systematisch die Vor- und Nachteile bestimmter Verhaltensweisen in schwierigen Situationen überlegt und aufgeschrieben, und zwar nur zu den drei schwierigsten Situationen. Ein Beispiel zeigt eine solche Vor- und Nachteil-Liste (s. Seite 94).

Schwierige Situation/Verhalten	Vorteil	Nachteil
Im Schulunterricht Blödsinn machen und nicht mitarbeiten	– Man hat etwas zu lachen. – Abwechslung – Blödsinn ist gut gegen Langeweile.	– Man lernt nichts. – Man bekommt schlechte Noten. – Der Lehrer ist sauer auf einen.
Einen Einbruchdiebstahl begehen oder mitmachen	– Man steht nicht im Hintergrund (in der Jugendlichengruppe). – Man fühlt sich nicht ausgeschlossen. – Man wird von den anderen als vertrauenswürdig anerkannt und darf deshalb mitmachen.	– Erwischt werden – Eine Anzeige bekommen – Daraufhin kommt es zu einer Gerichtsverhandlung. – Die Folge davon kann sein, in den „Bau" oder Sozialdienst ableisten zu müssen. – Wiederholungsgefahr, besonders bei „erfolgreicher" Aktion – Langfristige Folgen, zum Beispiel bei der späteren Arbeitssuche
Schnell in Wut geraten und sich nicht mehr beherrschen können	– Man fühlt sich wohler, nachdem man die Wut rausgelassen hat.	– Man vergreift sich an anderen, die nichts damit zu tun haben. – Der andere gerät, besonders bei Verletzungen, auch in Wut und rächt sich oder schlägt zurück. – Man tut etwas, was man danach bereut und vielleicht nicht wieder gutmachen kann.

4. Um schwierige Situationen zu bewältigen und widerstehen zu lernen, muss der Jugendliche einerseits *selbstkontrolliertes Verhalten* aufbauen, andererseits *sozial kompetente Verhaltensalternativen* einüben. Dazu ist mindestens ein Rollenspiel durchzuführen. In ihm wird die aus der Sicht des Jugendlichen schwierigste und/oder bedeutsamste Situation nachgestellt. Zur Vorbereitung des Rollenspiels werden zum einen Selbstinstruktionen vermittelt, zum anderen wird darauf hingewiesen, wie man – durch mit der Problematik unvereinbaren Verhaltensweisen (wie Humor, Einfühlungsvermögen oder die Antizipation ungünstiger Folgen) – Ärger, Aggressionen usw. kontrollieren kann. In dieser Sitzung muss darauf hingewirkt werden, dass sich der Jugendliche im Vorfeld einer zu erwartenden schwierigen Situation über seine Gefühle und die des Gegenübers Klarheit verschafft. Nach diesem Schritt müssen Verhaltensregeln zu sozial kompetenten Bewältigung der Situation ausgehandelt werden.

Solche Verhaltensregeln können darin bestehen, selbst einen Vorsatz zu fassen und unbedingt daran festzuhalten. Sie können sich auch aus der Vor- und Nachteil-Liste ergeben, indem man besonders die nachteiligen Folgen einer Handlung vorwegnimmt und sie sich zum Beispiel als Argumentationshilfen für ein Streit- oder Konfliktgespräch einprägt. Die Umsetzung des Vorsatzes und der Argumentationshilfen können durch Selbstinstruktionen unterstützt werden. Dabei wird mit einem Jugendlichen nur eine Selbstinstruktion erarbeitet, die für ihn besonders wichtig ist. Er soll sie vor dem Rollenspiel mindestens dreimal leise zu sich sprechen, um sie sich gut einzuprägen. Ist beispielsweise der Alkoholkonsum ein Problem, könnte eine Instruktion lauten: „Nachgeben kann jeder! Ich bin nicht jeder!". Bei anderen Versuchungssituationen kann die Selbstinstruktion hilfreich sein: „Stark sein heißt widerstehen können!" Für Wut- und Ärgersituationen kann eine Formel heißen: „Ruhig Blut, nur Mut!".

Ein Beispiel für ein Rollenspiel verdeutlicht, wie ein Jugendlicher standfest zu bleiben versucht und Argumente aufbringt, die aus der Vor- und Nachteil-Liste abgeleitet sind. Der Trainer spielt einen circa 17-jährigen Jungen, gegen den sich der Jugendliche behaupten muss (T = Trainer, J = Jugendlicher).

Beispiel für ein Rollenspiel

T: Mensch, Alter! Samstagabend, neun Uhr – was machen wir denn? Es ist ja nichts los in dem Laden und stinklangweilig ist es hier auch wieder.
J: Ja, genau wie letzte Woche!
T: Ja, jedes Wochenende dasselbe. Ein langweiliger Jugendtreff, keine Stimmung, kein Geld.
J: Ja.
T: Gib mir mal ein bisschen Tabak!
J: Tabak? Ja, da kannst'e mal reingucken, ich hab nur höchstens noch für eine Zigarette, und die will ich heute abend rauchen.
T: Oh Mann. Ich hab auch keinen mehr. – So 'ne Scheiße, nicht mal Tabak.
J: Hier hat auch keiner mehr Tabak. Kannst du vergessen, brauchst du gar nicht mit anfangen.
T: Hat keiner mehr Tabak?
J: Keiner hat Tabak!
T: Und es gibt erst in ein paar Tagen wieder Geld. Ätzend ist das. Was können wir denn jetzt machen, Alter. Ich brauch' noch unbedingt 'ne Zigarette. Kannst du mir doch was abgeben?
J: Nee, die will ich heut' abend vor'm Schlafengehen rauchen. Geht echt nicht, tut mir leid.
T: Aber irgendwo muss ich noch 'ne Zigarette herkriegen. Hast du wenigstens was zu trinken? Mensch, hast du nicht irgendwo noch 'ne Flasche Bier oder 'nen Whisky?
J: Nee, echt nichts mehr, ist nichts mehr da.
T: Von der Fete vom letzten Samstag – ist da alles draufgegangen?
J: Ist alles draufgegangen, ist nichts mehr da.
T: So'n Käse. Und sonst ist es auch stinklangweilig. Im Fernsehen kommt nichts, nur blöde Filme, kein gescheiter Film.
J: Tja.
T: Echt ätzend!
J: Ich würd' vorschlagen, wir gehen früh ratzen, was?
T: Ach, das ist doch langweilig. Außerdem kann ich sowieso nicht schlafen. Und morgen ist außerdem Sonntag, da kann man sowieso ausschlafen.
J: Tja.
T: Wann willst du denn ins Bett gehen, sag mal?
J: Ja – weiß noch nicht so genau. Ist doch sowieso nichts los, dann kann ich auch ruhig mal ratzen, ist immer noch das beste.
T: Kannst du jetzt einschlafen?
J: Ja, wenn ich mich hinlege und die Gardinen zumache, würd' ich schlafen.
T: Kann ich nicht. Hör mal, ich kenn' dich gar nicht wieder. Was machst du denn für blödsinnige Vorschläge? Früher war noch was los mit dir, und jetzt?
J: Ach ja (der Jugendliche verlegen), tja.
T: Mensch, ist ja langweilig! Komm, wir gehen noch ein bisschen raus und gucken mal, ob wir was auftreiben können!
J: Wo willst du denn was auftreiben?
T: Ah ja! Komm, wir nehmen mal gleich 'ne Brechstange mit und 'nen Schraubenzieher.
J: No, vergiss es. Da hab' ich echt keinen Bock drauf, he! Ich hab' noch 'ne Gerichtsverhandlung offen. Das musst du verstehen. Da hab' ich echt keinen Bock drauf.
T: Ich hab' auch noch eine offen. Komm, stell' dich nicht so an!
J: Doch, das ist zu ätzend. Wenn sie mich dann wieder erwischen, dann geht es noch härter für mich ab da. Ich kann nicht, da hab' ich echt keinen Bock drauf.
T: Du denkst also richtig an die Zukunft, hör mal. Dass ich auch noch 'ne Gerichtsverhandlung offen hab', war mir im Moment gar nicht so im Kopf. Wieso denkst du denn daran?
J: Ja, warum nicht?
T: Ist doch sowieso alles Scheiße, kannst du doch alles vergessen hier. Ob du da noch was mehr hast auf dem Konto oder nicht, darauf kommt's doch wirklich nicht mehr an.
J: Na klar kommt's drauf an. Du kannst ja gehen, ich halt' dich nicht 'von ab. Ich bleib' trotzdem hier (lacht wieder kurz).
T: Dann geh' ich halt.
J: Dann hau mal ab!
T: Bist ein richtiger Blödmann.

• *Absprache über eine Regel für das Tagebuch*

5. Zum Themenblock dieser Sitzung sollte eine entsprechende Aufgabe zur *Verhaltensübung* oder eine *Selbstinstruktion* zur Selbstkontrolle, die täglich Verwendung finden kann, vereinbart werden. Als Orientierung sei auf die Ausführungen in 5.2.2.2 und 5.2.2.3 verwiesen, wobei in 5.2.2.3 auch die Kriterien angegeben sind, wann eine neue Aufgabe beziehungsweise Regel sinnvoll aufzunehmen ist.

Materialien

Als Material wird besonders auf das Tagebuch eingegangen; es wird in dieser Sitzung umfassender, das heißt vergleichend über die letzten Wochen des Trainings, ausgewertet (vgl. Punkt 2); weitere Materialien können Selbstinstruktionen (verdeckt oder offen) sein; zum Beispiel „Denk' an was lustiges und geh' weiter, das ist cool!", „Wer sich nicht reizen lässt, hat bessere Nerven – und darauf kommt es an!" Kassettenrecorder und Schreibmaterial müssen ebenfalls wieder vorhanden sein.

5.2.2.5 Offenes Angebot: Eigenständiges Problemlösen

Ziele

1. Der Jugendliche soll für seine Bemühungen, Fortschritte oder die Lösung seiner Probleme im Alltag eine klare *Orientierung* gewinnen. Aus diesem Grund braucht er eine differenzierte *Rückmeldung* zu den jeweiligen Verhaltensbeobachtungs- und Verhaltensübungsaufgaben.
2. Das *Kompetenzgefühl* des Jugendlichen, auch gegenüber dem Berater, soll *gestärkt* werden, so dass dadurch sein Selbstwertgefühl und sein Selbstvertrauen im Zusammenhang mit angemessenem Verhalten aufgebaut oder verbessert werden.
3. Die *eigenständige Problemlösefähigkeit* des Jugendlichen sowie die dazu notwendige Gesprächs- und Reflexionsfähigkeit sollen *unterstützt* und verbessert werden.
4. Der Jugendliche soll *sich beobachten* und *einschätzen* lernen sowie bestimmte *Verhaltensweisen* und *Selbstkontrolltechniken* im Alltag einüben.

Praktisches Vorgehen

• *Auswertung des Tagebuches*

1. Sie erfolgt in bekannter Weise wie in 5.2.2.2 und 5.2.2.3 beschrieben.

• *Themenarbeit mit Materialien und Rollenspiel*

2. Ein Jugendlicher benötigt die Möglichkeit und den Freiraum, eigene Anliegen und Probleme zur Diskussion zu stellen und zu bearbeiten, um gegenüber dem Berater verstärkt *Kompetenzgefühle*

Tabelle 11: Ziele, praktisches Vorgehen und Materialien der fünften Sitzung des Einzeltrainings.

Ziele	Praktisches Vorgehen	Materialien
Rückmeldung geben zur Verhaltensbeobachtung und Verhaltensübung	Auswertung des Tagebuches	Tagebuch
Kompetenzgefühl des Jugendlichen stärken	Der Jugendliche bestimmt die Themen sowie das Material der Sitzung.	
Eigenständige Problemlösefähigkeit unterstützen und fördern	Der Jugendliche bereitet die Sitzung gemäß seiner Themenwahl vor; er bearbeitet sein Thema möglichst selbstständig mit keinen oder nur wenigen Hilfestellungen.	Schreibmaterial, Kassettenrecorder und anderes, vom Jugendlichen bestimmtes Material
Selbstbeobachtung lernen sowie Verhalten einüben	Absprache über eine Beobachtungsaufgabe und/oder eine Verhaltensregel	Tagebuch

zu entwickeln. Auf dieses besondere Angebot wird der Jugendliche zu Trainingsbeginn und noch einmal am Ende der vierten Sitzung hingewiesen. Bereits im Erstkontakt erfährt er von dieser Möglichkeit, einmal während der Information über die Trainingsinhalte und einmal, während er eigene Ziele zur wechselseitigen Abklärung von Erwartungen überlegt. Gerade zur Bearbeitung von eigenen Zielen eignet sich dieses offene Angebot. Auch in der zweiten Einzeltrainingssitzung wird der Jugendliche darauf aufmerksam gemacht. In dieser Sitzung muss er sich für eines der Themen „Freizeit und Familie" (vgl. Kap. 5.2.2.2) zur schwerpunktmäßigen Arbeit entscheiden. Das ausgeklammerte Thema kann dann in dieser fünften Sitzung noch einmal vertiefend aufgegriffen werden. Ebenso ist es für den Jugendlichen möglich, eine Aufgabe aus dem Berufsbereich zu wählen.

In der vierten Einzeltrainingssitzung erinnert der Trainer den Jugendlichen noch einmal an das offene Angebot. Er fordert ihn auch auf, dazu Vorbereitungen zu treffen, wie sich zu bestimmten Fragen Gedanken zu machen, Notizen anzufertigen, Materialien vorzuschlagen oder mitzubringen.

Beispielsweise wünscht sich ein Jugendlicher, an den schwierigen Situationen, und zwar bestimmten Versuchungssituationen, weiterzuarbeiten. Dazu will er ein Rollenspiel wiederholen. Zur Vorbereitung erhält er die Aufgabe, zu überlegen, welcher innere Satz (Selbstinstruktionen) welches Verhalten in schwierigen Situationen unterstützen kann.

Ein anderer Jugendlicher möchte etwas zur Freizeitgestaltung bearbeiten, um das Problem der Langeweile, Leere und des dadurch begünstigten delinquenten Verhaltens besser bewältigen zu können. Dafür soll er als Material Zeitungen, Zeitschriften und Kataloge möglichst vielfältiger Art sammeln und mitbringen.

3. Während der Zusammenarbeit in dieser Sitzung nimmt der Trainer insofern eine aktive Rolle ein, als er den Jugendlichen ermutigt und bekräftigt, die Initiative zu ergreifen. Wenn es notwendig ist, kann er durch Fragen Denkanstöße geben. Falls ein Rollenspiel zustande kommt, weist ihm der Jugendliche die Rolle zu. Der Trainer darf es dem Jugendlichen im Rollenspiel auf keinen Fall zu leicht machen. Er soll in jeder Weise ein vom Jugendlichen angeleiteter Akteur sein. Der Jugendliche leitet das Gespräch. So kann er seine Gesprächs- und Reflexionsfähigkeit unter Beweis stellen und die Fähigkeit zum *eigenständigen Problemlösen* verbessern.

Der Jugendliche, der zum Thema „Freizeit" Zeitschriften und ähnliches sammelt, wird angeregt, eine Bild-Text-Collage zu erstellen. Er muss sich das Motto suchen und Kriterien definieren, nach denen er Bilder oder Texte für seine Collage auswählt, ausschneidet und kombiniert. Als Motto legt er fest: Bezahlbare Freizeit. Daraus ergeben sich automatisch die Kriterien: Teure Hobbys, preiswerte Unternehmungen, Freizeit zum Nulltarif. Ein weiteres Ziel, was bei der Collage zum Ausdruck kommen soll, besteht darin: Spaß macht, was gefällt, besonders ohne Geld.

Um mit einem anderen Jugendlichen das Thema „Versuchungssituationen" zu vertiefen, werden gemeinsam noch einmal die Aufzeichnungen des Rollenspiels aus der vierten Sitzung des Einzeltrainings angehört, analysiert und ausgewertet. Auf diese Weise lässt sich klären, wie die Situation, in der das Einbrechen geplant wird, entsteht und sich entwickelt. So kristallisieren sich Faktoren heraus, warum es problematisch ist, einen Bruch zu planen und durchzuführen. Aus der Sicht des Opfers und des Jugendlichen werden die möglichen Auswirkungen einer solchen Entwicklung aufgezeigt. Im Anschluss daran sind Punkte zu sammeln, wie man einer solchen Versuchungssituation widerstehen kann. Hierbei sollte man die Selbstinstruktionsvorschläge des Jugendlichen, die er als Hausaufgabe aufgeschrieben hat, einbeziehen. Der wichtigste innere Satz, den der Jugendliche zu sich selbst sagt, lautet: „Alle Dinge, die ich tue, tue ich für mich und nicht für andere." Weiterhin werden Argumente gegen einen Bruch aus der vorherigen Analyse abgeleitet, um sie im Rollenspiel verwenden zu können, wie: das Risiko, erwischt zu werden; das Risiko, die Bewährung aufs Spiel zu setzen; den Kreislauf, immer wieder neu in Versuchung zu kommen, nicht mehr unterbrechen zu können. Er kann beispielsweise den oder die anderen auffordern, Vorschläge zur Freizeitgestaltung zu machen. Schließlich könnte er argumentieren, dass er es nicht nötig hat, sich auf diese Weise seinen Mut zu beweisen.

Auf dieser Grundlage wird ein neues Rollenspiel durchgeführt, in welchem – bei gleicher Versuchungssituation – der Jugendliche widersteht. Der Trainer übt großen Gruppendruck auf ihn aus, indem er den Jugendlichen zuerst penetrant zu überreden versucht, dann beschimpft und ihn schließlich vor die Wahl stellt: mitmachen oder Ausschluss aus der Gruppe.

- *Absprache über eine neue Regel für das Tagebuch*

4. In dieser Sitzung soll eine neue Aufgabe zur Beobachtung oder Regel zur Verhaltensübung abgesprochen werden. Dies ist deshalb bedeutsam, weil der Jugendliche durch die eigene Themenwahl und selbstständige Problemlösung in der Regel ein besonderes Interesse daran hat, ein Ziel und eine Verhaltensänderung zu erreichen. Trotzdem sind die Kriterien zur Tagebuchabsprache aus dem Abschnitt 5.2.2.3 zu beachten. Der Jugendliche soll die Regel oder Aufgabe bis zum Beginn des Gruppentrainings beibehalten.

Materialien

Es kommen neben dem Tagebuch, Schreibmaterial und Kassettenrecorder Materialien zum Einsatz, die der Jugendliche wünscht, wie zum Beispiel die Cartoons, oder die er zur Sitzung mitbringt, zum Beispiel Zeitschriften, Kataloge. Werden Familien- oder Partnerschaftsprobleme angegangen, können sich Fotos von dem Jugendlichen, seinen Eltern, Geschwistern und seiner Freundin/seinem Freund als ergiebiger Ansatzpunkt erweisen.

Kapitel 6

Gruppentraining mit Jugendlichen

Dieses Kapitel stellt das praktische Vorgehen, die Materialien, die Erfahrungen und Schwierigkeiten des Gruppentrainings dar. Beim Gruppentraining handelt es sich um ein Vorgehen, bei dem ein oder zwei Trainer mit vier oder fünf Jugendlichen ein vorgegebenes Thema bearbeiten (Dauer der Sitzung: ca. 100 Minuten). Das Gruppentraining besteht aus minimal zehn Sitzungen, die ein-, besser zweimal wöchentlich stattfinden. Ein Erstkontakt geht dem Gruppentraining voraus.

6.1 Rahmenbedingungen

Ergänzend zu den Ausführungen unter Kapitel 5.1 sollen als Rahmenbedingungen vor allem Probleme der Gruppenzusammenstellung und Motivierung der Jugendlichen diskutiert werden. Der Erfolg eines Gruppentrainings hängt entscheidend von diesen Faktoren ab; sie bestimmen auch darüber, ob sich eine Atmosphäre entwickelt, in der Jugendliche in Rollenspielen neue Erfahrungen sammeln können. Ungeschickt initiierte Gruppenprozesse können das im Einzeltraining aufgebaute Vertrauen zum Trainer schnell zerstören, wodurch die weitere Mitarbeit des Jugendlichen verringert oder sogar in Frage gestellt wird.

6.1.1 Gruppenzusammenstellung

Der Nutzen eines Gruppentrainings bei Jugendlichen wird einhellig betont (vgl. Dishion & Andrews, 1995), wobei der Erfolg von der Zusammensetzung der Gruppe abhängt. So sollte eine Gruppe aus vier oder fünf Jugendlichen bestehen, um allen Jugendlichen die Chance zu geben, an Rollenspielen häufig teilzunehmen. Gruppen mit weniger Mitgliedern verlaufen zwar harmonisch, doch ist ein wesentlicher Vorteil eines Gruppentrainings aufgehoben: Man schränkt die Auswahl an Modellen ein, wodurch für Diskriminationslernen kein genügend vielfältiges Angebot mehr vorhanden ist.

Ein wesentliches Problem, das mit der Gruppenzusammenstellung in Zusammenhang steht, ergibt sich aus der Länge der Sitzungen. Eine Gruppe von fünf unruhigen und/oder sehr aggressiven Jugendlichen kann sehr belastend sein. Bei einer solchen Gruppengröße wird man eine Sitzungsdauer von knapp zwei Stunden veranschlagen, wenn jeder Jugendliche einen Beitrag leisten soll; dabei wird vorausgesetzt, dass er bereit ist, aktiv mitzuarbeiten und sich zu beteiligen. In jedem Fall bedarf es starker Lenkung durch den oder beide Trainer sowie klare Vorgaben, um mit dem Zeitbudget auszukommen. Die damit umschriebene Drucksituation darf jedoch nicht dazu führen, dass die für die Jugendlichen frei verfügbaren Phasen während einer Sitzung, die belohnend und motivierend auf die Jugendlichen wirken, gekürzt werden (z. B. Kaffeetrinken und Videoaufnahmen von den Jugendlichen anschauen; vgl. Struktur einer Gruppentrainingssitzung S. 104). Diese Phasen sind für die Motivierung der Jugendlichen zentral. Bei vier Jugendlichen kann ein Trainer die Anforderungen allein bewältigen.

Bei jeder Gruppe sollte man darauf achten, dass sich Mitglieder zusammenfinden, die vergleichbare Lernvoraussetzungen aufweisen. Hält man diese Bedingung ein, dann kann eine Gruppe die gesamte Altersspanne der 13- bis 20-Jährigen umfassen. Besuchen Jugendliche unterschiedliche weiterführende Schulen und Ausbildungsgänge, dann sind die kognitiven Voraussetzungen besonders zu berücksichtigen. Jüngere Jugendliche oder solche mit Lernschwierigkeiten müssten in diesen Fällen Fähigkeiten aufweisen, die ihnen Anerkennung von seiten der älteren oder der Trainer sichern (z. B. gutes Einfühlungsvermögen bei Rollenspielen, differenzierte sprachliche Ausdrucksfähigkeit, hohe Wahrnehmungsgenauigkeit, Geduld und Toleranz). In der Regel kann man Jugendliche aufgrund des Einzeltrainings gut im Hinblick auf solche kognitiven Lernvoraussetzungen einschätzen.

Sehr viel schwieriger ist es, den Stand der sozial-emotionalen Entwicklung zu erkennen und diesen bei der Zusammenstellung der Gruppe zu beachten. Dies liegt vor allem darin begründet, dass das Einzeltraining für den Sozialkontakt eines Jugendlichen untypisch ist: Er muss sich lediglich mit einem Erwachsenen auseinandersetzen, der ihm einfühlsam, wenn auch konsequent begegnet. In einer Gruppe von Jugendlichen treten jedoch viele unvorhersehbare Reaktionen auf, die den sozial-emotionalen Entwicklungsstand jedes einzelnen verdeutlichen.

Unterscheiden sich Jugendliche gravierend in ihrem sozial-emotionalen Entwicklungsstand, hat dies zur Folge, dass sie in verschiedener Weise
- Gefühle ausdrücken,
- unsicheres Verhalten aufweisen und
- unangemessene Gefühlsreaktionen (z. B. Lachen bei ernsthaften Problemen) zeigen können.

Das Gruppentraining kann zwar für jeden sozial-emotionalen Entwicklungsstand des Jugendlichen spezifiziert werden, jedoch erschweren massive Diskrepanzen innerhalb einer Gruppe die Trainingsdurchführung erheblich. Ein ungünstiger sozial-emotionaler Entwicklungsstand ist gegeben, wenn Jugendliche durch überzogene Reaktionen (z. B. dominantes Verhalten) ihre Unsicherheit ausgleichen oder durch Hänseln anderer von der eigenen Schwäche oder Angst ablenken wollen. In diesen Fällen – wie auch in anderen schwierigen Situationen in der Gruppe – kann man durch kurze, „gruppenunterstützende" Einzelkontakte den weiteren Verlauf des Gruppentrainings positiv beeinflussen. In solchen circa 20- bis 30-minütigen Kontakten werden die Gruppensitzungen vor- und nachbereitet, wobei auf besondere Schwierigkeiten des Jugendlichen einzugehen ist. Kann man schon im Einzeltraining solche Probleme voraussehen, dann ist es ratsam, das Einzeltraining zu verlängern. Es darf dann eine zeitliche Überschneidung von Einzel- und Gruppentraining geben; beispielsweise besucht ein Jugendlicher für eine Übergangszeit von drei Wochen an einem Wochentag das Gruppentraining; an einem anderen Wochentag kommt er zum Einzeltraining.

Für den Verlauf eines Gruppentrainings können geschlechtlich gemischt zusammengesetzte Gruppen dann besonders vorteilhaft sein, wenn sich die Teilnehmer gegenseitig achten und sympathisch sind. Besonders schwierig ist es hingegen, wenn man schon zu Beginn des Gruppentrainings feste Untergruppen vorfindet, zum Beispiel zwei Jugendliche eng befreundet sind oder eine andersgeartete Abhängigkeit besteht. Dann kann die Gruppe von wenigen Mitgliedern dominiert und die Trainingsziele unterlaufen werden. Oder es stehen so negative oder pessimistische Zukunftsziele im Raum, dass die Hoffnungen, die andere Mitglieder mit dem Training verbanden, zerstört werden. Solche Motivationslagen sind kaum vom Trainer beeinflussbar, weshalb bei Jugendlichen, die nach dem Einzeltraining keine Änderungsbereitschaft zeigen, auf ein Gruppentraining verzichtet werden sollte.

Schwierigkeiten für die Gruppe ergeben sich auch, wenn Jugendliche keine oder stark wechselnde Ziele haben. Solche Jugendlichen müssten durch gruppenunterstützende Einzelkontakte gestärkt werden, was in der Regel gut gelingt. Weitaus problematischer für eine Gruppe ist es, wenn ein Jugendlicher von einer Idee vollkommen „besetzt" ist und nur über diese motiviert werden kann. Solche Ideen bestehen zum Beispiel darin, die Schule sofort abzubrechen und Geld zu verdienen (ohne Ausbildung), da der Jugendliche ein Mädchen gefunden hat, mit dem er eine Familie gründen will.

Andere Ideen können in der Überzeichnung alltäglicher Aufgaben liegen (z. B. in der alles bestimmenden Aufgabe der Versorgung eines neu erworbenen Haustieres). Wiederum andere Ideen kristallisieren sich als verhängnisvolle Illusionen über die eigene Familie oder die berufliche Zukunft heraus. Solche Illusionen, beispielsweise eines Jugendlichen aus einem Heim, drehen sich oft um den Wunsch, wieder von der Familie aufgenommen zu werden, obwohl alle bisherigen Bemühungen gescheitert sind. Diese Ideen und Illusionen binden sämtliche Energien des Jugendlichen und machen ihn zeitweise für die Ziele des Trainings beziehungsweise der Gruppe unempfindlich. Derartige Probleme lassen sich jedoch im Einzeltraining erkennen und in der Regel auch durch unterstützende Maßnahmen eingrenzen. In manchen Fällen kann die Gruppe als soziale Bezugsgröße sogar als Regulator hilfreich sein.

6.1.2 Motivierung

Für die Motivierung einer Gruppe spielen vielfältige Aspekte eine Rolle; sie erstrecken sich auf die bereits behandelten Regeln der Gruppenzusammenstellung, die Aufgaben und Materialien des Gruppentrainings, das Verhalten des Trainers und das Ausmaß, in dem der Jugendliche Kompetenzerlebnisse erfahren kann. Letztlich wird damit die Motivation des Jugendlichen durch Fremd- und Selbstbekräftigung ausreichend gefördert.

Beginnen wir mit der Motivierung durch die Aufgaben und Materialien des Gruppentrainings. Die Aufgaben sind so ausgewählt, dass der Jugendliche durch Verhaltensübungen und Rollenspiele aktiviert wird. Ein solches Vorgehen wirkt Monologen des Trainers und der Jugendlichen entgegen und schränkt langes Zuhören-müssen ein. Attraktiv sind alle Materialien, die kein

„Schreiben" voraussetzen; besonders positiv sind Fotos, Video-Rückmeldungen über das Verhalten der Jugendlichen u. ä. Ebenso positive Aufnahme finden Rollenspiele, deren Zweck für die Jugendlichen sofort erkennbar ist (z. B. Vorstellungsgespräche üben).

Die Mitarbeit der Jugendlichen kommt schnell zum Erliegen, wenn

- sich die Aufgaben verselbständigen und dadurch die eigentlichen Ziele aus den Augen verloren werden,
- durch wiederholt gleichartig strukturierte Aufgaben (z. B. nur Rollenspiele) die Erwartungshaltung der Jugendlichen eingeschränkt wird, ein Sättigungsgefühl aufkommt und
- damit der Belohnungscharakter des Vorgehens verloren geht.

Ein ganz besonderer Anreiz für Jugendliche besteht darin, herauszufinden, wie man auf andere wirkt, wie andere einen bewerten und was man bei ihnen bewirkt. Aus diesem Grund werden sie zur Selbst- und Fremdeinschätzung aufgefordert. Die Jugendlichen erfahren, in welcher Form sie von anderen hinsichtlich bestimmter, vorher abgesprochener Regeln bewertet werden (z. B. pünktlich zum Training kommen, konzentriert mitarbeiten). Sie merken Unterschiede in der Fremd- und Selbsteinschätzung und wie gut oder schlecht sich andere Mitglieder der Gruppe im Gegensatz zu ihnen einschätzen können. Da solche Einschätzungen regelmäßig erfolgen, erleben die Jugendlichen, dass sie sich dann selbst beeinflussen können, wenn sie sich anstrengen und ein Ziel konsequent verfolgen. Die hierdurch erreichten Kompetenzerlebnisse werden durch Selbst- und Fremdverstärkung vertieft.

Für die Motivation des Jugendlichen ist auch bedeutsam, wie er Gleichaltrigen in einer Einrichtung oder im Freundeskreis den Sinn des Trainings vermitteln kann. Gelingt es ihm, die Bemühungen in der Gruppe als Forderungen zu beschreiben, die ihm am Arbeitsplatz oder im Privaten helfen, tut er dies selbstsicher, und kann er schnell Erfolge des Trainings auch im Alltag vorweisen, so wird er aus dem Gruppentraining einen Statusgewinn ableiten, der zu seiner positiven Selbstdarstellung beiträgt.

Die Mitarbeit des einzelnen hängt selbstverständlich davon ab, wie die Beziehung zwischen den Jugendlichen untereinander und zu den Trainern ausgeprägt ist. Dieser Aspekt ist im Zusammenhang mit dem Verlauf des Einzeltrainings und den Bemühungen um die Gruppenzusammensetzung zu sehen. Wesentlich ist die Motivation der Trainer! Jugendliche merken schnell, ob die Trainer gut vorbereitet sind und in welcher Form eine Abstimmung zwischen ihnen erfolgt. Eine gute Vorbereitung erstreckt sich auch darauf, ob der Arbeitsraum, in dem das Training durchgeführt wird, pünktlich zur Verfügung steht und alle Materialien vorhanden und die technischen Voraussetzungen gegeben sind. Dies bedeutet nicht, dass die Trainer sich als Service-Station der Jugendlichen betrachten sollen und immer alles vorbereiten. Gemeint ist lediglich, dass auch die Trainer ausgesprochene oder unausgesprochene Vereinbarungen einhalten. Nach Absprache kann und soll man Jugendlichen Aufgaben übertragen; dies erhöht die Motivation zur Mitarbeit, da sich der Jugendliche dann stärker mit der Trainingssituation identifizieren kann.

Von großer Bedeutung für die Mitarbeit der Jugendlichen ist die soziale Zuwendung im Anschluss an die Sitzung, die sich in Form von zwanglosen Gesprächen, Kaffeetrinken oder dem freiwilligen Anschauen von Videoaufzeichnungen aus dem Gruppentraining vollziehen kann. Eine externe Belohnung, die man dem Jugendlichen in Aussicht stellt (z. B. ein in Aussicht gestelltes „Pizza-essen-gehen" bei erfolgreichem Trainingsende) wirkt häufig nur zu Beginn des Trainings motivierend, zumal der Anreiz für die Jugendlichen bei solchen gemeinsamen Aktivitäten unterschiedlich hoch sein kann. Normalerweise dürfte es mehr darum gehen, die Trainer in einer Freizeitsituation kennenzulernen als um die Belohnung „Essen-gehen". Ähnlich verhält es sich mit der Tatsache, dass für die Auszubildenden der Zeitraum, in dem das Training durchgeführt wurde, in die Arbeitszeit am Nachmittag fiel. Eine solche Vergünstigung ist häufig für die Ausgangsmotivation bedeutsam, wird jedoch noch keine stabile Mitarbeit des Jugendlichen zur Folge haben. So scheinen externe Belohnungen zur Motivierung von Jugendlichen (in einer Gruppe) noch problematischer als für Kinder.

6.2 Ziele, praktisches Vorgehen und Materialien

Die Darstellungsform und Gliederung einer jeden Gruppentrainingssitzung erfolgt – wie bereits beim Einzeltraining – nach den drei Punkten Ziele, praktisches Vorgehen und Materialien. Auch dem Gruppentraining ist ein Erstkontakt vorgeschaltet.

6.2.1 Erstkontakt

Ziele

1. Die *Gruppenmitglieder* sollen sich untereinander *kennenlernen* und minimal für den Anfang den Namen, das Alter, ihren Status als Schüler oder Lehrling sowie ein Interesse oder Hobby mitteilen.
2. Die Jugendlichen werden noch einmal mit den *Themen* sowie der Struktur und dem Ablauf des *Gruppentrainings vertraut* gemacht.
3. Durch *individuelle Regeln* für die Gruppensitzungen sollen die Jugendlichen ein bestimmtes Verhalten sowie Selbstkontrolle einüben.
4. Zudem sollen sie auch *Regeln,* die für eine funktionierende *Gruppe* von Bedeutung sind, akzeptieren und einhalten lernen.

Bevor die Arbeit mit den Jugendlichen beginnt, erhalten sie über die Ziele und das Vorgehen der Sitzung einen kurzen Überblick, damit sie einschätzen können, was sie erwartet.

Praktisches Vorgehen

1. Je nachdem, ob sich die *Jugendlichen* schon *kennen* (weil sie z. B. gemeinsam in einer Einrichtung leben) oder nicht, gestaltet sich die Einführungsphase in das Gruppentraining mehr oder weniger ausführlich. Kennen sich die Jugendlichen nicht, so kann für das Kennenlernen untereinander auf eines der üblichen Spiele für diese Phase zurückgegriffen werden. Wir verwenden zum Beispiel ein Reporterspiel: Die Jugendlichen sollen sich vorstellen, sie interviewen eine Person, um sie der Öffentlichkeit vorzustellen. Dazu bestimmt der Trainer Paare, die sich wechselseitig kurz interviewen. Sie können sich dazu Notizen machen. Jeder Reporter stellt dann seinen Interviewpartner der Gemeinschaft vor, wobei er minimal den Vor- und Nachnamen, das Alter, den Ausbildungsort und -stand sowie eine beliebte Freizeitbeschäftigung des Betreffenden ausführt. Diese Anforderung nennt der Trainer zu Beginn. Die Vorstellungen werden mit Video aufgezeichnet.

2. Der Trainer berichtet für jede *Gruppensitzung* noch einmal ausführlich über die einzelnen Ziele und *Themenblöcke* mit Hilfe einer vorbereiteten Wandzeitung. Auf ihr sind die Themen nacheinander mit Datumsangabe der einzelnen Sitzungen aufgelistet. Es ist darauf zu achten, dass sich jeder Jugendliche alle Gruppentrainingstermine in seiner Trainingsmappe notiert. Die im Trainingsverlauf behandelten Themenblöcke werden jeweils am Sitzungsende abgehakt und die Jugendlichen darauf aufmerksam gemacht, was sie bereits geschafft haben und was noch vor ihnen liegt. Auch auf die Arbeitsweise im Gruppentraining ist noch einmal hinzuweisen, dass nämlich viele Rollenspiele durchgeführt, diese mit Video aufgenommen und die Aufnahmen gemeinsam ausgewertet werden.

Den Jugendlichen muss auch deutlich gemacht werden, in welche Abschnitte sich die Sitzungen gliedern. Jede Sitzung hat feste Bestandteile wie die Tagebuchauswertung und die Rückmeldung

Tabelle 12: Ziele, praktisches Vorgehen und Materialien des Erstkontaktes.

Ziele	Praktisches Vorgehen	Materialien
Kennenlernen der Gruppenmitglieder	Je nach dem, ob sich die Jugendlichen kennen, erfolgt eine Vorstellungsphase.	Papier und Stifte, Videogerät und Kamera oder Kassettenrecorder
Vertrautmachen mit Themen und Struktur des Gruppentrainings	Die Jugendlichen erhalten vom Trainer Informationen über die Themenblöcke und die Arbeitsweise im Gruppentraining.	Wandzeitung
Verhalten und Selbstkontrolle durch individuelle Regeln einüben	Jeder Jugendliche und der Trainer suchen sich eine oder zwei Regeln für die Gruppensitzungen aus.	Wandzeitung, Filzstifte, Papier und Stifte
Akzeptieren und Einhalten von Gruppenregeln	Die Jugendlichen und der Trainer handeln Regeln für die Gruppe aus.	Wandzeitung und Filzstifte

über die individuellen Sitzungsregeln. Und es gibt eine Teilung in Arbeitszeit und frei verfügbare Zeit am Ende von ungefähr 20 Minuten. Dafür wird in der Arbeitszeit keine Pause gemacht, was den Jugendlichen auf Grund der unterschiedlichen und nicht nur kognitiven Anforderungen während der Arbeitsphase auch zugemutet werden kann. Die frei verfügbare Zeit können die Jugendlichen je nach Interesse und Bedürfnis gestalten: Kaffee trinken, rauchen, untereinander oder mit dem Trainer reden, Videoausschnitte ansehen, lesen, Tischfußball spielen und ähnliches. Als einzige Verpflichtung wird die Anwesenheit verlangt, das heißt die Jugendlichen dürfen nicht früher gehen, da diese Zeit zur Trainingszeit gehört. Während der Arbeitszeit darf nicht geraucht werden, nur in der frei verfügbaren Zeit besteht dazu die Möglichkeit. Diese beiden Punkte und der Sitzungsablauf müssen äußerst konsequent eingehalten werden, da man später diese oder andere Regeln nicht mehr oder nur unter sehr erschwerten Bedingungen einführen und durchhalten kann.

3. Um den Sinn von *individuellen Regeln* für die Gruppensitzungen zu erläutern, werden die Fortschritte, die die Jugendlichen bereits im Einzeltraining erzielt haben, vor der Gruppe lobend hervorgehoben; zudem sind die noch anzustrebenden Verhaltensziele zu benennen. Es muss den Jugendlichen verdeutlicht werden, dass noch bestehende Probleme am besten in einer Gruppe angegangen und verringert werden können. In einer Gruppe lassen sich bestimmte Verhaltensweisen besonders gut einüben (vgl. mögliche Regeln im nachfolgenden Kasten).

Mögliche Regeln können sein:

- nicht durch unpassende Wortbeiträge vom Thema ablenken;
- sich konzentrieren: aufmerksam sein und zuhören; nicht dazwischen reden;
- beim Zuhören den Redenden ansehen;
- lauter sprechen;
- geduldig bleiben: nicht wütend motzen oder unaufmerksam werden;
- die Mappe immer mitbringen;
- ruhig bleiben: Finger aus dem Gesicht und nicht Fingernägel kauen;
- in der Gruppe mehr sagen, nicht zurückhaltend sein;
- alle Aufgaben und Übungen mitmachen;
- etwas nicht lächerlich machen.

In einem nächsten Schritt nennt jeder Teilnehmer einschließlich des Trainers, welche Regeln er gerne während des Gruppentrainings einhalten will. Dazu formuliert und notiert jeder auf einem Zettel zwei Regeln, die er einüben will. Nachdem dies geschehen ist, werden die Regeln gemeinsam an einer Wandzeitung ausgewertet (vgl. die Gestaltung der Rückmeldungstafel auf S. 107).

Ob ein oder zwei Regeln gewählt werden, hängt einmal von den Jugendlichen und einmal von der Art der Regeln ab. Manche Jugendlichen wünschen zwei Regeln, andere sind damit überfordert. Lautet eine Regel „pünktlich kommen", so kann sie zu leicht sein. Sie ermöglicht es zudem nicht, ein bestimmtes Verhalten während der Sitzung unter Anleitung, Rückmeldung und Hilfestellung zu üben. So wird eine entsprechende zweite Regel hinzugenommen.

Manche Spezifizierungen der individuellen Regeln werden von den Jugendlichen in der ersten oder zweiten Gruppensitzung vorgenommen, nachdem sie die Erfahrung gemacht haben, dass eine Regel für eine eindeutige Beobachtung untauglich formuliert war.

Eine zweite Regel ist immer dann zu empfehlen, wenn ein Jugendlicher eine Motivationshilfe durch eine für ihn leicht einzuhaltende Regel benötigt, wie zum Beispiel die Mappe immer mitbringen oder pünktlich kommen. Solche Regeln sichern ihm schon zu Sitzungsbeginn einen Pluspunkt bei der späteren Rückmeldung, und er kann während der Sitzung beruhigter an eine Aufgabe herangehen.

Eine weitere Motivationshilfe für alle Jugendlichen besteht darin, dass sich der Trainer aus dem Prozess der Selbstkontrolle, Verhaltensübung und Rückmeldung nicht ausschließt. Die Jugendlichen erleben, dass sich auch ein Erwachsener um etwas bemühen, etwas lernen muss. Er kommt so den Jugendlichen etwas näher, und er kann zugleich als Modell dafür dienen, wie man sich um Verhaltensänderung bemüht und sich für das Einhalten von Regeln belohnt.

Die im Erstkontakt bestimmten individuellen Regeln gelten ab sofort und werden von der ersten Gruppentrainingssitzung an ausgewertet; das Ergebnis wird zurückgemeldet. Diese Regeln werden während des Gruppentrainings nicht geändert, es sei denn, eine Regel stellt sich für einen Jugendlichen als irrelevant heraus. Beispielsweise wählt sich ein Jugendlicher eine zu leichte Regel, was vom Trainer nicht sofort erkannt wird.

Dies spricht der Trainer frühestmöglich offen an und überlegt mit dem Jugendlichen eine andere Regel. Die Gruppe kann dabei unter günstigen Umständen behilflich sein.

4. Die letzte Aufgabe im Erstkontakt dient der Vorbereitung der ersten Gruppentrainingssitzung und bezieht sich auf die Erarbeitung der Regeln für die Gruppe insgesamt. Jeder Teilnehmer soll dazu mindestens eine Regel nennen, die er für das Zusammensein in einer Gruppe so schwer findet, dass er sie nur mit Mühe einhalten kann. Die Vorschläge schreibt der Trainer auf eine Wandzeitung. In einer Gruppendiskussion wird dann darüber gesprochen, warum eine Regel leicht und eine andere unglaublich schwer erscheint. Die Gruppendiskussion soll zur Entscheidung darüber führen, welche maximal vier Regeln ausgewählt werden sollen, um das Zusammenleben und gemeinsame Arbeiten in der Trainingsgruppe zu erleichtern.

Mögliche Vorschläge von Jugendlichen sind:

- sich ruhig verhalten,
- einer nach dem anderen reden,
- konzentriert teilnehmen,
- gut zuhören,
- pünktlich anfangen und aufhören,
- pünktlich die frei verfügbare Zeit beginnen,
- nicht über andere lästern,
- nicht um Sitzplätze streiten und
- alle sollen mitarbeiten.

Bei der Auswahl und Festlegung der vier Gruppenregeln aus einer Sammlung muss der Trainer darauf achten, dass auch solche Regeln Gültigkeit erlangen, die für eine Gruppe speziell von Bedeutung sein können. Ist beispielsweise in der Gruppe ein Jugendlicher, der sich als Außenseiter anbietet und zum Lästern verführt, so ist eine Regel wie „Nicht über andere lästern“ unbedingt mit aufzunehmen.

Materialien

Für diesen Erstkontakt werden als Materialien Wandzeitungen, Filzstifte, kleine Zettel und Stifte benötigt. Mit einer Videoanlage soll die Vorstellungsphase aufgezeichnet werden. Notfalls kann für das Reporterspiel auch ein Kassettenrecorder benutzt werden.

6.2.2 Gruppentraining

Mit den Jugendlichen werden im Gruppentraining zehn Themenblöcke angegangen. Es handelt sich um

1. Themenblock:	Gruppenregeln
2. Themenblock:	Gefühle und Verhalten
3. Themenblock:	Vorstellungsgespräche üben
4. Themenblock:	Einfühlungsvermögen üben
5. Themenblock:	Selbstsicherheit im Umgang mit Gleichaltrigen
6. Themenblock:	Anerkennung aussprechen und loben
7. Themenblock:	Akzeptieren von Außenseitern
8. Themenblock:	Umgehen mit Kritik im Beruf
9. Themenblock:	Umgehen mit Misserfolg
10. Themenblock:	Rückmeldungen zum Training

Im Sinne des Baukastenprinzips können einzelne Themenblöcke wiederholt durchgeführt oder ein Themenblock auf zwei Sitzungen verteilt werden. Die Entscheidung für Wiederholungen oder Aufteilung hängt sowohl vom Sitzungsverlauf als auch vom Übungsbedarf der Jugendlichen ab. Die *Struktur einer Gruppentrainingssitzung,* die die Arbeitszeit betrifft, ist analog dem Einzeltraining aufgebaut:

- *erstens* Auswertung des Tagebuches;
- *zweitens* Themenarbeit und Rollenspiele;
- *drittens* Rückmeldung zu den individuellen Sitzungsregeln sowie
- *viertens* Erinnerung an Absprachen über eine Regel für das Tagebuch.

Zur Themenarbeit wird teilweise spezielles Material verwendet und die Rollenspiele erfolgen nie ohne Rückmeldung. Neu hinzugekommen ist in dieser Struktur der dritte Punkt. Den vier Arbeitsschritten schließt sich die frei verfügbare Zeit an.

6.2.2.1 Gruppenregeln

Ziele

Auch im Gruppentraining gibt es sitzungsübergreifende und sitzungsspezifische Ziele und entsprechende Vorgehensweisen. Die sitzungsübergreifenden Ziele beziehen sich zum einen (wie im Einzeltraining) auf das Tagebuch, zum anderen auf die individuellen Sitzungsregeln. Die sitzungsspezifischen Ziele variieren wieder je nach Themenblock.

1. Der Jugendliche soll für seine Bemühungen, Fortschritte und die Lösung seiner Probleme im Alltag eine klare *Orientierung* gewinnen. Aus diesem Grund benötigt er eine differenzierte *Rückmeldung* zu seinen Verhaltensbeobachtungs- und Verhaltensübungsaufgaben.
2. Die Jugendlichen sollen sich darin üben, *Argumente* sowohl *für* als auch *gegen* etwas zu *finden*. Zugleich fördert dieser Prozess das *kooperative Verhalten* der Jugendlichen untereinander.
3. Auch das *Austauschen der Argumente* soll geübt werden. Das Argumentieren sowohl in der Pro- als auch in der Contra-Position *immunisiert* gegenüber bestimmten Argumenten des „Gegners".
4. *Individuelle Regeln* für die Gruppensitzungen sollen einer gezielten Verhaltensänderung und Selbstkontrollübung dienen, wobei dieser Prozess direkt von dem Trainer und den Jugendlichen zu *kontrollieren* und mit einer *Rückmeldung* zu versehen ist.
5. Der Jugendliche soll weiter üben, im *Alltag* sich selbst zu *beobachten* und/oder ein bestimmtes Verhalten zu zeigen.

Praktisches Vorgehen

- *Auswertung des Tagebuches*

1. Auch in der Gruppe wird mit der Auswertung des Tagebuches begonnen. Der Jugendliche muss weiter sein Verhalten im Alltag beobachten oder üben und darüber benötigt er *Rückmeldung* und *Orientierung*. Jeder Jugendliche erhielt in der fünften Sitzung des Einzeltrainings eine Regel und Aufgabe, die er im Alltag bis zum Beginn des Gruppentrainings einhalten sollte; deren Auswertung steht nun an. Der Trainer bespricht kurz mit jedem Jugendlichen alleine dessen Tagebuchaufzeichnungen. Wichtig ist es, zu erfahren, ob der Jugendliche mit der Aufgabe zurechtkam, ob er besondere Schwierigkeiten hatte und in welcher Situation es wie geklappt hat. Diese persönliche Auswertung unter Ausschluss der Gruppe soll er-

Tabelle 13: Ziele, praktisches Vorgehen und Materialien der ersten Sitzung des Gruppentrainings.

Ziele	Praktisches Vorgehen	Materialien
Rückmeldung geben zur Verhaltensbeobachtung und Verhaltensübung	Auswertung des Tagebuches, mit jedem Jugendlichen einzeln	Tagebuch
Argumente finden und kooperatives Verhalten üben	Zwei Gruppen von Jugendlichen suchen zur Vorbereitung für das Gegnerspiel jeweils Pro- und Contra-Argumente bezüglich der Gruppenregeln.	Papier und Stifte
Argumentieren üben und Immunisierung gegen Argumente des „Gegners"	Zu jeder Gruppenregel wird ein Gegnerspiel durchgeführt, wobei die Pro- und Contra-Position von Spiel zu Spiel getauscht wird.	Videogerät und Kamera oder Kassettenrecorder, Wandzeitung, Filzstifte
Verhalten und Selbstkontrolle durch individuelle Regeln einüben	Rückmeldung mit Hilfe von Selbst- und Fremdeinschätzung zu den individuellen Regeln	Wandzeitung und Filzstifte
Selbstbeobachtung und/oder ein spezifisches Verhalten einüben	Erinnern an getroffene Absprachen zur Verhaltensbeobachtung oder -einübung sowie neue Aufgaben	Tagebuch

halten bleiben. Für manchen Jugendlichen ist sie von Bedeutung. Die jeweils wartenden Jugendlichen haben die Aufgabe, sich in Geduld und Toleranz zu üben. Dies wird als Erwartung von seiten des Trainers klar formuliert. Bevor mit der Themenarbeit begonnen wird, erinnert der Trainer die Jugendlichen noch einmal an die individuellen Regeln sowie die Einschätzung und Rückmeldung am Ende der Arbeitszeit.

• *Themenarbeit mit Materialien und Rollenspiel*

Die Ziele und das Vorgehen dieser Sitzung werden vom Trainer kurz genannt. Dies geschieht auch in allen anderen Gruppentrainingssitzungen, bevor mit der Themenarbeit begonnen wird.

2. Die Jugendlichen werden in zwei Gruppen eingeteilt. Die Gruppenzusammensetzung bestimmt der Trainer. Die Jugendlichen haben die Aufgabe, zu den vier im Erstkontakt gesammelten und festgelegten Gruppenregeln *Pro- und Contra-Argumente* für das nachfolgende Gegnerspiel zu finden. Dabei gibt der Trainer an, dass die erste Gruppe zur ersten Gruppenregel Pro-Argumente suchen und aufschreiben soll. Die zweite Gruppe sucht nach Contra-Argumenten zur ersten Gruppenregel. Führt der Trainer das Gruppentraining allein durch, muss er beide Gruppen abwechselnd bei der Vorbereitung zur Immunisierungsübung beraten. Die Gruppen erhalten zudem die Instruktion, dass *jedem die Gelegenheit gegeben werden muss,* mindestens ein Argument beizusteuern, wobei darauf zu achten ist, besonders die ruhigen und nicht so wortgewandten Jugendlichen zum Zug kommen zu lassen.

Falls zwei Trainer eine Gruppe leiten, ordnen sie sich jeweils einer Gruppe zu und nehmen an der Vorbereitung durchgehend teil.

3. Es folgt nach Abschluss der Vorbereitung das erste Gegnerspiel. Beide Gruppen sitzen sich gegenüber und die Gruppe mit der Pro-Position beginnt mit einem Argument, warum die erste Gruppenregel gut, sinnvoll usw. ist. Die Contra-Gruppe setzt ein Argument dagegen, weshalb es sich um eine unsinnige und abzulehnende Gruppenregel handelt. Dann ist wieder die Pro-Gruppe an der Reihe und so fort, bis *alle Argumente ausgetauscht* sind.

Bei zwei Trainern nehmen beide in ihrer jeweiligen Vorbereitungsgruppe am Gegnerspiel teil. Ist nur ein Trainer vorhanden, so verhält sich dieser neutral oder erinnert höchstens daran, dass jeder die Möglichkeit haben soll, ein Argument vorzubringen. Ist die Teilnehmerzahl der Jugendlichen ungerade, so dass ungleich viele in einer Gruppe sind, so kann der Trainer an der kleineren Gruppe teilnehmen. Dies hängt aber von den Jugendlichen und der Gruppensituation ab.

Insgesamt werden vier Gegnerspiele durchgeführt. Nachdem das erste zu Ende ist, zieht sich jede Gruppe wieder zur Vorbereitung des nächsten Gegnerspiels zurück. Pro- und Contra-Argumente werden nun für die zweite Gruppenregel gesammelt. Es findet jedoch ein Rollentausch statt. Die Gruppe, die zuerst eine Pro-Position eingenommen hat, sucht nun Contra-Argumente und die Contra-Gruppe muss für das zweite Spiel die Pro-Position einnehmen. Das dritte Gegnerspiel bezieht sich auf die dritte Gruppenregel, wofür die Gruppen wieder die Pro- und Contra-Position tauschen; im letzten Spiel wird ebenso verfahren. Durch diesen Austausch von Argumenten in wechselnden Positionen sollen die Jugendlichen gegen Contra-Argumente *immunisiert* werden.

Am Ende aller Gegnerspiele werden die vier ausgewählten Gruppenregeln groß auf eine Wandzeitung geschrieben, am besten von den Jugendlichen selbst. Diese Wandzeitung muss dann in jeder Sitzung für alle Teilnehmer gut sichtbar aufgehängt werden. Die Jugendlichen werden zudem vor jedem Sitzungsbeginn daran erinnert und gebeten, sich die Regeln durchzulesen. Der Verlauf des Gegnerspiels ist aufzuzeichnen; hierzu bietet sich ein Kassettenrecorder oder noch günstiger ein Videogerät an.

• *Rückmeldung zu den individuellen Regeln*

4. In diesem letzten Abschnitt der Trainingsstunde werden die *individuellen Sitzungsregeln* überprüft und anhand dieser Regeln erfolgt eine Rückmeldung. Für diese Auswertung hat der Trainer eine große Wandzeitung vorbereitet. Sie enthält Spalten mit den minimal zehn Sitzungen des Gruppentrainings, und die Zeilen sind den Namen der Jugendlichen und des Trainers vorbehalten. Diese Rückmeldungstafel gibt jedem Teilnehmer immer einen guten Überblick über seine Bemühungen bei Verhaltens- und Selbstkontrollübungen.

Zur Rückmeldung können Striche, Punkte oder Zahlen eingetragen werden. Kann ein Teilnehmer eine Regel einhalten, bekommt er zum Beispiel einen ganzen Strich, schafft er es nicht, so erhält er keinen Strich. Bemüht er sich, so steht ihm ein halber Strich zu. Je nachdem, welche Ansprüche an das Differenzierungsvermögen der Jugendlichen in einer Gruppe gestellt werden können, sollen die Striche weiter in ein Viertel- und Dreiviertelstriche untergliedert werden. Dazu werden eindeutige Symbole vereinbart. Manche Jugendliche wünschen sich anhand der Dreierabstufung „kein, ein halber, ein ganzer Strich“ eine genauere Verhaltensrückmeldung.

Tabelle 14 illustriert eine *Rückmeldungstafel* mit vier Jugendlichen und einem Trainer. In dieser Gruppe hatten die Jugendlichen zwei individuelle Regeln zu befolgen. Fehlt ein Symbol in einer Zeile, so bedeutet dies, dass der Jugendliche nicht anwesend war. Mit den Jugendlichen gemeinsam wurde die in der Legende der Tabelle 14 ausgeführte Kodierung vereinbart.

Bei der *Selbst-* und *Fremdeinschätzung* wird in folgender Weise vorgegangen: Der jeweils rechts von einem Jugendlichen sitzende Jugendliche schätzt dessen Regelverhalten ein. Anschließend gibt der Betreffende selbst ein Urteil über sein Verhalten ab. Danach bewertet der Trainer das Regelverhalten. Differieren die Rückmeldungen, müssen sich die drei Beurteiler einigen. Bei der Rückmeldung soll jeder, der Einschätzungen abgibt, diese begründen, am besten mit beobachteten Verhaltensbeispielen. Solche Beispiele sind besonders bei differierenden Rückmeldungen von Bedeutung. Der Trainer kann dadurch, dass er zu jedem Jugendlichen eine Einschätzung abgibt, den Prozess der Selbst- und Fremdwahrnehmung bei allen Jugendlichen etwas steuern und mit beeinflussen. Auf die beschriebene Weise erfährt jeder Jugendliche und der Trainer eine Rückmeldung.

Durch die regelmäßige Rückmeldung zu den individuellen Regeln kann Selbstkontrolle und neues Verhalten besonders nachhaltig eingeübt

Tabelle 14: Ein Beispiel für eine Rückmeldungstafel.

Rückmeldungstafel										
Gruppentrainingssitzung / **Name und Regel**	**1.**	**2.**	**3.**	**4.**	**5.**	**6.**	**7.**	**8.**	**9.**	**10.**
Dieter										
1. Regel = Pünktlich und regelmäßig kommen	II	II	I	I	I	I	–	II	I	II
2. Regel = Nicht dazwischenreden	I	II	I	I	II	•	–	II	I	•
Klaus										
1. Regel = Pünktlich kommen	II	II	–	II	II	II	II	II	II	II
2. Regel = Einem anderen zuhören und ihn dabei ansehen	I	I	–	•	•	•	II	II	II	I
Toni										
1. Regel = Finger ruhig und nicht im Gesicht	I	I	•	•	II	•	•	–	–	•
2. Regel = In der Gruppe mehr sagen	II	II	II	II	II	•	II	–	–	II
Horst										
1. Regel = Mappe immer mitbringen	II	II	II	II	II	–	II		II	–
2. Regel = Lauter sprechen	o	I	•	•	•	–	o		•	–
Trainer										
1. Regel = Geduldig bleiben	I	II	•	•	II	II	II	II	I	•
2. Regel = Andere beim Reden nicht unterbrechen	I	I	•	•	•	II	II	II	•	I

Erklärung zu den Symbolen der Tabelle:
II = ein ganzer Strich für eine bewältigte Regel
• = ein dreiviertel Strich für Bemühungen und eine gelungene Aufgabe
I = ein halber Strich für Bemühungen mit mäßigen Erfolgen
o = ein viertel Strich für Bemühungen ohne Erfolg
– = kein Strich für keinerlei Bemühungen

werden. Die Fortschritte sind deutlich im Zusammenhang mit den individuellen Regeln zu erkennen, und zwar an den Strichen der Rückmeldungstafel sowie am Verhalten der Jugendlichen in den Sitzungen. So werden die Jugendlichen zunehmend selbstkontrollierter, zum Beispiel hinsichtlich Geduld, Lästern, Themabezogenheit, und arbeiten aktiv und produktiv bei der Gestaltung der Sitzungen zusammen. Solche Veränderungen erkennen auch die Jugendlichen selbst sehr schnell, was selbstverstärkend wirkt. Zudem werden die Fortschritte vom Trainer besonders hervorgehoben, wodurch ein Jugendlicher auch vor den Augen der anderen Gruppenmitglieder eine Aufwertung und damit eine Anerkennung erfährt. Diese Selbst- und Fremdverstärkungsprozesse motivieren die Jugendlichen zu weiteren Verhaltensänderungen.

- *Erinnern an eine Tagebuchaufgabe*

5. Das Tagebuch wird im Gruppentraining fortgeführt; seine Ausgestaltung hängt von den persönlichen Gegebenheiten des Jugendlichen ab. Je nach Problematik eines Jugendlichen, seiner Belastbarkeit, seinem kognitiven und sozial-emotionalen Entwicklungsstand ist zu entscheiden, ob man mit ihm für die halbe oder gesamte Zeit des Gruppentrainings eine oder zwei feste Regeln vereinbart. Der Trainer muss sich vorab überlegen, welche Aufgaben für die Verhaltensmodifikation eines Jugendlichen zentral sind. Sie können sich an bearbeiteten Themen aus dem Einzeltraining orientieren oder an solchen des Gruppentrainings. In der Regel sollte sich die Aufgabe auf ein Problemverhalten des Jugendlichen beziehen, sollte jedoch entweder an schon aufgebauten Ressourcen anknüpfen oder positiv formuliert sein. Dies stärkt die Motivation des Jugendlichen.

Um Langeweile und einer Übersättigung vorzubeugen, ist es empfehlenswert, bei den meisten Jugendlichen die Tagebuchaufgabe einmal während des Gruppentrainings zu wechseln. Ein häufigerer Wechsel der Regel hat sich jedoch nur in den seltensten Fällen bewährt. Er ergibt sich dann, wenn die Jugendlichen in Anlehnung an den Themenblock von einer Gruppentrainingssitzung bis zur nächsten eine neue Beobachtungs- oder Verhaltensübungsaufgabe erhalten.

Eine nicht zu häufig wechselnde Aufgabe, eine sehr konkret beschriebene und besprochene Regel, abgestimmt auf die Person und Situation des Jugendlichen sowie eine Aufgabe zur Verhaltensmodifikation, an der auch der Jugendliche ein großes Interesse hat, gewährleisten mit großer Wahrscheinlichkeit, dass das Tagebuch zuverlässig geführt wird. Die Jugendlichen denken dann eher tagsüber an eine Regel und abends daran, sie zu protokollieren. Sie ist für jeden Jugendlichen zudem auf einer Karte mit einer Comic-Figur notiert. Diese *Instruktionskarte* soll der Jugendliche immer bei sich tragen. Täglich notiert er, ob er die Regel eingehalten hat. Einige Beispiele lauten:

- Ich überlege mir jeden Abend, welche Termine ich am nächsten Tag wahrnehmen muss und was ich selbst machen will. Dies schreibe ich jeden Abend auf.
- Wenn mir etwas nicht passt, dann sage ich in ruhigem Ton, ohne zu schimpfen, meine Meinung. Dies gilt gegenüber den Eltern und dem Chef.
- Wenn ich mit jemandem spreche, rede ich lauter und betonter als bisher. Dies gilt gegenüber jedem Gesprächspartner.
- Ich spreche langsam und deutlich, so dass mich jeder versteht. Dies gilt besonders gegenüber den Ausbildern und den Berufsschullehrern.
- Ich bemühe mich, im Gespräch sicher zu wirken. Das heißt, ich schaue den anderen beim Reden an und halte meine Hände ruhig. Dies gilt gegenüber Erwachsenen, besonders Lehrern.
- Habe ich heute mit jemandem Ärger oder Streit gehabt? In welchem Ausmaß liegt die Ursache bei mir selbst?

So besteht für den Trainer oftmals die Aufgabe nur darin, die Jugendlichen am Ende der Arbeitszeit an ihre Tagebuchregel zu erinnern und zeitweise neue Tagebuchblätter auszuteilen. Erhält ein Jugendlicher eine neue Aufgabe, so gibt sie ihm der Trainer schriftlich. Verständnisfragen werden geklärt und der Jugendliche überträgt die Regel sofort in sein Tagebuchblatt.

Materialien

In dieser Sitzung werden Wandzeitungen und Filzstifte, Papier und normale Stifte sowie ein Kassettenrecorder oder ein Videogerät mit Kamera benötigt. Tagebuchblätter und vorgefertigte Regeln für jeden Jugendlichen sind bereitzuhalten. Der Raum, in dem das Gruppentraining durchgeführt wird, soll – je nach Größe der Gruppe – ausreichend Platz bieten. Er soll einfach eingerichtet sein, damit wenig Ablenkungsmöglichkeiten für die Jugendlichen vorliegen.

6.2.2.2 Gefühle und Verhalten

Ziele

1. Der Jugendliche soll für seine Bemühungen, Fortschritte und die Lösung seiner Probleme im Alltag eine klare *Orientierung* gewinnen. Aus diesem Grund benötigt er eine differenzierte *Rückmeldung* zu seinen Verhaltensbeobachtungs- und Verhaltensübungsaufgaben.
2. Der Jugendliche soll lernen, verschiedene, vorgegebene Gefühle in Mimik und Gestik sowie Sprache und Handlung darzustellen.
3. Er soll verschiedene *Gefühle sensibler wahrnehmen* und die Kriterien für einen Gefühlsausdruck bestimmen können.
4. Er soll erkennen, welche *Bedeutung die richtige Interpretation* von Gefühlen im Alltag hat.
5. Er soll einen angemessenen und unangemessenen *Gefühlsausdruck* unterscheiden können.
6. *Individuelle Regeln* für die Gruppensitzungen sollen einer gezielten Verhaltensänderung und der Einübung von Selbstkontrolle dienen, wobei dieser Prozess direkt von dem Trainer und den Jugendlichen zu *steuern* und mit einer *Rückmeldung* zu versehen ist.
7. Der Jugendliche soll weiter üben, im *Alltag* sich selbst zu *beobachten* und/oder ein bestimmtes *Verhalten* zu zeigen.

Praktisches Vorgehen

- *Auswertung des Tagebuches*

1. Mit den Jugendlichen wird nacheinander ihr Tagebuchprotokoll ausgewertet und ihnen *Rückmeldung* gegeben. Der Trainer hat für jeden Jugendlichen ein Blatt vorbereitet, auf das er die Ergebnisse einträgt. Besonders für Jugendliche, die eine Aufgabe über eine längere Zeit bearbeiten, ist es eindrucksvoll, die Ergebnisse der Regeleinhaltung in ein Koordinatensystem einzutragen. Auf der Zeitachse wird das Datum der Gruppensitzung vermerkt und auf der Ordinate die Häufigkeit, mit der ein bestimmtes Verhalten beobachtet oder eingehalten werden konnte. Dadurch, dass die Aufgaben für viele Jugendliche über einen längeren Zeitraum konstant bleiben und Unklarheiten in der ersten Gruppentrainingssitzung geklärt werden, ist die individuelle Auswertung im Gruppentraining nicht zu zeitraubend. Die Auswertungsblätter verbleiben beim Trainer, der diese zu jeder Sitzung mitbringt. Im übrigen erfolgt die Auswertung wie in 6.2.2.1 beschrieben.

- *Themenarbeit mit Materialien und Rollenspiel*

Bevor mit der Arbeit begonnen wird, müssen die Jugendlichen an die individuellen wie auch an die Gruppenregeln erinnert werden. Dazu sollen sie sich die Wandzeitungen in Ruhe durchlesen. Der Trainer kann auch die Gruppenregeln vorlesen. Viele Jugendliche benötigen zu Beginn einer jeden Sitzung diese Erinnerungshilfe.

2. Da es in dieser Sitzung darum geht, den Jugendlichen zu verdeutlichen, dass *Gefühle* und *Verhalten* in einem engen Zusammenhang stehen sowie Mimik und Gestik einen hohen Aussagewert für einen Interaktionspartner besitzen, sollen sie zuerst *Gefühle darstellen* und erkennen lernen. Der Trainer bestimmt jeweils zwei Jugendliche, die ein Paar in einem Rollenspiel bilden sollen. Dem Paar wird jeweils eine Instruktionskarte vorgegeben, auf der das im Rollenspiel darzustellende Gefühl benannt ist.

Jedes Jugendlichenpaar stellt also durch Mimik, Körperhaltung, Sprache und Handlung in einem Rollenspiel ein bestimmtes Gefühl dar. Allerdings sind Worte, die das Gefühl zum Inhalt haben und es somit verraten, auszuschließen. Es werden die Gefühle FREUDE, TRAUER, WUT sowie ANGST und UNSICHERHEIT auf die Jugendlichenpaare verteilt. Wichtig ist es hierbei, dass die Trainer den Jugendlichenpaaren ein Gefühl zuweisen, das sie gut realisieren können. Kein Jugendlichenpaar weiß vom anderen, welches Gefühl ausgedrückt werden soll. Die Zuschauer sollen das dargestellte Gefühl erraten. Erst nach der Gefühlsdarstellung dürfen die Zuschauer eine Einschätzung abgegeben. Dies ist von Bedeutung, um das Spiel nicht zu unterbrechen und die spielenden Jugendlichen dazu zu zwingen, ein Gefühl in differenzierter Form auszudrücken.

3. Alle Rollenspiele werden nacheinander durchgeführt und mit Video aufgenommen. Am Ende werden alle Gefühlsdarstellungen auf Grund der Videoaufzeichnungen besprochen, jedoch nicht alle auf einmal, sondern ein Rollenspiel nach dem anderen. Es kommt dabei darauf an, die Jugendlichen herausarbeiten zu lassen, woran man welches Gefühl erkennen konnte. Von Bedeutung ist vor allem, den Zusammenhang zwischen Gefühl, Körperhaltung, Mimik, Handlung und Sprache zu beschreiben. Es soll nämlich die *Wahrnehmungsfähigkeit* geschult werden, um Gefühle bei anderen zu erkennen und richtig zu interpretieren. Die Jugendlichen finden für spezi-

Tabelle 15: Ziele, praktisches Vorgehen und Materialien der zweiten Sitzung des Gruppentrainings.

Ziele	Praktisches Vorgehen	Materialien
Rückmeldung geben zur Verhaltensbeobachtung und Verhaltensübung	Auswertung des Tagebuches, mit jedem Jugendlichen einzeln	Tagebuch
Sensiblere Wahrnehmung von Gefühlen	Die Jugendlichen erarbeiten, an welchen Ausdrucksformen sie welches Gefühl erkennen können.	Videogerät und Kamera
Erkennen der Bedeutung einer richtigen Gefühlswahrnehmung	Die Jugendlichen sammeln Gründe, warum eine sensible Gefühlswahrnehmung wichtig ist.	Videogerät und Monitor, Wandzeitung und Filzstifte
Angemessene und unangemessene Ausdrucksformen von Gefühlen unterscheiden	Die Jugendlichen berichten Beispiele aus ihrem Alltag, die positive und negative Ausdrucksformen eines Gefühls beinhalten.	Wandzeitung und Filzstifte
Verhalten und Selbstkontrolle durch individuelle Regeln einüben	Rückmeldung mit Hilfe von Selbst- und Fremdeinschätzung zu den individuellen Regeln	Wandzeitung und Filzstifte
Selbstbeobachtung und/oder ein spezifisches Verhalten einüben	Erinnern an getroffene Absprachen zur Verhaltensbeobachtung oder -einübung sowie neue Aufgaben	Tagebuch

elle Gefühlsäußerungen zum Beispiel folgende Anzeichen, die auf einer Wandzeitung notiert werden:

Freude
– entspannte, offene Körperhaltung; – fröhliche Stimme; – Inhalt der Worte; – lachen, hochgezogene Mundwinkel; – strahlende Augen.
Wut/Ärger
– laute, zornige Stimme; – angespannte Körperhaltung (aufgeladen); – Inhalt der Worte; – zusammengepresste Lippen, verbissener Mund, Stirnrunzeln, zusammengekniffene Augen; – geringere körperliche Distanz.
Trauer
– heruntergezogene Mundwinkel, gesenkte Augenlider, glasige Augen; – leise Stimme, ruhig; – langsamer im Verhalten; – hängende Schultern.

Angst/Unsicherheit
– Situationen vermeiden wollen, das heißt mit dem Körper zurückweichen, große Augen, offener Mund; – erschrecken und zusammenfahren; – schnelle, hektische Stimme (panisch) oder stottern, Worte bleiben im Halse stecken.

In der Reflexionsphase muss den Jugendlichen verdeutlicht werden, dass das Zeigen von Gefühlen einerseits und das Erkennen der Gefühle andererseits ein und dieselben Informationen beinhaltet, jedoch jeweils aus einer unterschiedlichen Perspektive. Dies kann die folgende einfache Strichmännchen-Zeichnung verdeutlichen.

4. In einem nächsten Schritt wird erörtert, warum es wichtig ist, sowohl bei sich selbst als auch bei einem anderen Gefühle wahrzunehmen und *richtig zu interpretieren.* Die Ergebnisse hierzu werden auf einer Wandzeitung festgehalten. Bei der Ideensammlung finden die Jugendlichen beispielsweise folgende Gründe:

- Wie sieht der andere mich? Wenn ich das weiß, gibt es mir Selbstsicherheit, und ich kann auch dem anderen Sicherheit vermitteln.

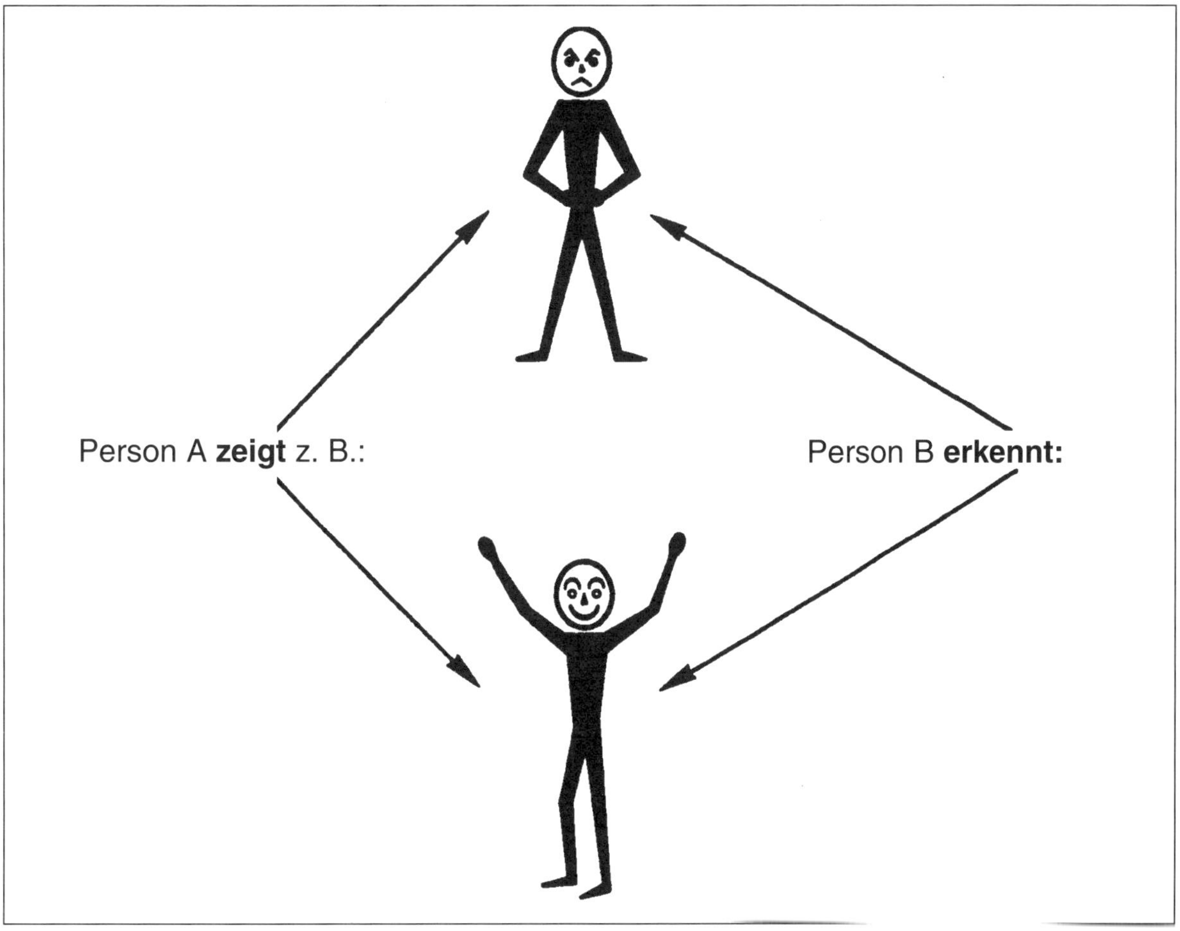

- Gefühle erkennen bedeutet auch, dem anderen helfen und einfühlsam reagieren können.
- Die Kenntnis meiner eigenen Gefühle erleichtert es mir, das Verhalten des anderen zu verstehen.

5. Schließlich gilt es herauszufinden, wie man *Gefühle angemessen* zeigt, wie man also *positive und negative Ausdrucksformen* des Gefühlezeigens *unterscheidet.* Der Schwerpunkt liegt dabei auf den beiden wichtigen Gefühlen FREUDE und WUT. Negative Ausdrucksformen der beiden Gefühle wären beispielsweise, Freude nicht zu zeigen und Wut durch lautes Schimpfen und auf den Boden spucken zum Ausdruck zu bringen. Positiv wäre, bei Freude zu lachen, zu sagen, dass man sich freut; bei Wut ohne Schimpfworte deutlich die eigene Meinung zu äußern. Haben die Jugendlichen an einem anderen Gefühl besonderes Interesse, so soll der Trainer dieses flexibel aufgreifen. Die Jugendlichen sollen Beispiele aus ihrem Alltag erzählen, in denen sie positive und negative Ausdrucksformen der ausgewählten Gefühle gezeigt oder bei jemand anderem erlebt haben. Die Jugendlichen können auch ihre Alltagsbeispiele im Rollenspiel verdeutlichen. Für jeden einzelnen Jugendlichen wird gemeinsam überlegt, welche angemessenen Verhaltensformen er zu den beiden wichtigen Gefühlskomplexen WUT und FREUDE akzeptieren und im Alltag zeigen kann. Der Trainer notiert wiederum alle Arbeitsergebnisse auf einer Wandzeitung.

- *Rückmeldung zu den individuellen Regeln*

6. Die Rückmeldung zu den individuellen Regeln, durch die Verhalten und Selbstkontrolle eingeübt werden, erfolgt, indem die Jugendlichen und der Trainer Selbst- und Fremdeinschätzungen abgeben. Das Vorgehen orientiert sich an den Ausführungen, die in 6.2.2.1 dargestellt wurden. Die Rückmeldungen müssen konsequent durchgeführt werden, wofür ausreichend Zeit vorzusehen ist.

- *Erinnern an eine Tagebuchaufgabe*

7. An die Tagebuchaufgabe zur *Verhaltensbeobachtung* und/oder *-einübung im Alltag* wird der Jugendliche erinnert, indem man nach den Kriterien – wie in 6.2.2.1 dargestellt – vorgeht. Erhält

ein Jugendlicher eine Regel, die aus dem bearbeiteten Themenblock der Sitzung abgeleitet ist, so soll er als erstes ein Gefühl auswählen, mit dem er besondere Probleme hat, es angemessen zu zeigen. Die zuvor erarbeiteten angemessenen Ausdrucksformen schreibt er, für seine Alltagssituationen konkretisiert, in sein Tagebuch. Der Jugendliche soll dann beobachten, wie häufig er diese realisieren kann.

Materialien

Neben der üblichen Wandzeitung und den Filzstiften benötigt man ein Videogerät, eine Videokamera und einen Monitor sowie vorgefertigte Instruktionskarten, auf denen die vier Gefühle FREUDE, TRAUER, WUT sowie ANGST und UNSICHERHEIT aufgeschrieben sind. Auf jeder Instruktionskarte steht ein Gefühl; Tagebuchblätter sind bereitzuhalten.

6.2.2.3 Vorstellungsgespräche üben

Ziele

1. Der Jugendliche soll für seine Bemühungen, Fortschritte und die Lösung seiner Probleme im Alltag eine klare *Orientierung* gewinnen. Aus diesem Grund benötigt er eine differenzierte *Rückmeldung* zu seinen Verhaltensbeobachtungs- und Verhaltensübungsaufgaben.
2. Der Jugendliche soll *sensibel* werden *für Botschaften,* die durch Körperhaltung, Mimik, Gestik, Sprache und Aussehen vermittelt werden und die in einem Vorstellungsgespräch für den Erfolg oder Misserfolg mit ausschlaggebend sein können.
3. Der Jugendliche soll lernen, *seine Person* mit ihren Eigenschaften, Fähigkeiten und Interessen durch eigenes Verhalten und Auftreten positiv zu präsentieren.

Tabelle 16: Ziele, praktisches Vorgehen und Materialien der dritten Sitzung des Gruppentrainings.

Ziele	Praktisches Vorgehen	Materialien
Rückmeldung geben zur Verhaltensbeobachtung und Verhaltensübung	Auswertung des Tagebuches, mit jedem Jugendlichen einzeln	Tagebuch
Sensibel werden für Botschaften, die durch Körperhaltung, Mimik, Gestik, Sprache und Aussehen vermittelt werden	Die Jugendlichen sammeln Punkte, die für ein Vorstellungs- bzw. Bewerbungsgespräch von Bedeutung sein können.	Wandzeitung und Filzstifte
Eigenes Verhalten und Eigenschaften positiv präsentieren	Die Jugendlichen werden vom Trainer in Paare eingeteilt. Sie spielen Bewerbungssituationen in den Rollen „Chef und Bewerber" mit Rollentausch.	Videogerät und Kamera
Kritik am eigenen Verhalten aushalten und damit umgehen lernen	Alle Rollenspiele zu den Vorstellungsgesprächen werden ausgewertet, die wichtigsten Ergebnisse festgehalten und dem Ergebnis vom Anfang gegenübergestellt.	Videogerät und Kamera, Wandzeitung und Filzstifte
Verhalten und Selbstkontrolle durch individuelle Regeln einüben	Rückmeldung mit Hilfe von Selbst- und Fremdeinschätzung zu den individuellen Regeln	Wandzeitung und Filzstifte
Selbstbeobachtung und/oder ein spezifisches Verhalten einüben	Erinnern an getroffene Absprachen zur Verhaltensbeobachtung oder -einübung sowie neue Aufgaben	Tagebuch

4. Der Jugendliche soll lernen, mit Verhaltensrückmeldung angemessen und produktiv umzugehen und *Kritik* am eigenen Verhalten – besonders negative – *auszuhalten.*
5. *Individuelle Regeln* für die Gruppensitzungen sollen einer gezielten Verhaltensänderung und Selbstkontrollübung dienen, wobei dieser Prozess direkt von dem Trainer und den Jugendlichen zu *kontrollieren* und mit einer *Rückmeldung* zu versehen ist.
6. Der Jugendliche soll weiter üben, im Alltag sich selbst zu beobachten und/oder ein bestimmtes Verhalten zu zeigen.

Praktisches Vorgehen

• *Auswertung des Tagebuches*

1. Durch die Auswertung des Tagebuches erhalten die Jugendlichen *Orientierung und Rückmeldung* (vgl. 6.2.2.1 und 6.2.2.2).

• *Themenarbeit mit Materialien und Rollenspiel*

2. Zur Einstimmung auf diese Sitzung werden mit den Jugendlichen Punkte gesammelt, auf die es *bei Vorstellungsgesprächen ankommt.* Die einzelnen Punkte werden auf einer Wandzeitung notiert und gemeinsam bewertet. Hierbei ist es vonnöten, dass der Trainer entsprechende Akzente setzt. So muss den Jugendlichen verdeutlicht werden, dass ein Vorstellungsgespräch keine Prüfung im herkömmlichen Sinne ist. Vielmehr ist der Personalchef oder Meister eines Betriebes daran interessiert, den Bewerber näher kennenzulernen. Aus diesem Grund sollte der Jugendliche über den gewünschten Lehrberuf informiert sein.

Jugendliche finden beispielsweise folgende Punkte:
- gut anziehen,
- gepflegt aussehen (z. B. Haare und Fingernägel),
- gute Umgangssprache,
- Körperhaltung ruhig,
- gut benehmen,
- an Sachen denken, die man mitbringen soll,
- Pünktlichkeit,
- Sauberkeit (z. B. Schweißgeruch),
- keinen coolen Macker spielen (also normales Verhalten zeigen).

Die angesprochenen Punkte kann der Trainer ergänzen oder konkretisieren. Zum Beispiel ist der Punkt „gute Umgangssprache“ zu präzisieren, und zwar bezüglich des Antwortverhaltens oder, wenn der Bewerber etwas ausführt, bezüglich der Begründungen und Erklärungen. Antworten sollen einerseits kurz und klar sein, sie sollen aber andererseits dem Bewerber nicht einzeln „aus der Nase“ gezogen werden müssen. Interessant ist für einen Chef auch zu erfahren, warum sich der Jugendliche gerade zu diesem Beruf oder für diese Lehrstelle entschlossen hat, welche Hobbys er hat, die vielleicht sogar im weitesten Sinne mit dem gewünschten Beruf im Zusammenhang stehen oder für diesen nützlich sind, wie die Beschäftigung mit einem Computer, spezielle Lese- oder Bastelinteressen. Von Bedeutung ist auch, welche Praktika er in ähnlichen Betrieben bereits abgeleistet hat. Weitere wichtige Punkte sind, deutlich zu sprechen – möglichst ohne Kaugummi im Mund –, die Hände aus den Hosentaschen zu nehmen, keine Modenschau bezüglich Kleidung und Schminke zu veranstalten, aber auch nicht in den ältesten und unsaubersten Jeans zu erscheinen. Günstig wirkt sich aus, wenn der Bewerber seinerseits Fragen vorbereitet hat, zum Beispiel zur Ausbildung oder zum Betrieb. Informationen kann er sich notieren, bei Fragen, die er nicht beantworten kann, sollte er dies zugeben, anstatt lange herum zu reden.

3. Es folgen nun Rollenspiele, wobei sich der Trainer bei diesen Spielen nicht beteiligt, sondern sich auf die Organisation der Rollenspiele und die Videoaufnahmen beschränkt. Die Jugendlichen werden zu Paaren zusammengestellt, die vom Trainer bestimmt werden. Die Bewerbung kann sich auf ein Lehrstellen- oder auf ein Arbeitsplatzgesuch beziehen. Nachdem ein Jugendlicher den Chef, der andere den Bewerber dargestellt hat, werden die Rollen getauscht: Derjenige, der sich vorstellte, wird nun Chef, und der Chef wird zum Bewerber. Auf diese Weise lernen die Jugendlichen auch die „andere Seite“, also die Chefperspektive kennen. Stört sie etwas am Verhalten des Bewerbers, dann ist dies manchmal eindrucksvoller für sie, als wenn sie in der Rolle des Bewerbers eine bestimmte Erfahrung gemacht hätten. Die Vielzahl der Rollenspiele kann nur dann auf die angegebene Weise durchgeführt und ausgewertet werden, wenn diszipliniert und mit strengen Zeitbegrenzungen gearbeitet wird. Letzteres hängt auch von der Gruppengröße ab; sind mehr als vier Jugendliche in einer Gruppe, so kann die Spiellänge nicht länger als vier Minuten pro Spiel dauern. Nur so kann garantiert werden, dass jeder Jugendliche mit Rollentausch spielen kann. Bei den Rollenspielen geht es vor allem darum, den Jugendlichen zu zeigen, wie sie bereits mit den *ersten Bemühungen,* zum Beispiel dem Türöffnen, den Begrüßungssätzen, der Art

sich hinzusetzen sowie in Gestik und Mimik, Signale aussenden, die zu einer ungünstigen Einschätzung beim Personalchef oder Meister führen und so zu einer ablehnenden *Haltung beitragen* können. Aus diesem Grund ist bei der Auswertung darauf zu achten, dass neben den Gesprächsinhalten auch die Sprache, die Gestik, die Mimik und die Körperhaltung als Kommunikationsebenen bedacht und reflektiert werden.

4. Nachdem alle Jugendlichen mit Rollentausch gespielt haben, werden die Erfahrungen ausgewertet, und zwar in drei Schritten:
- Jeder Jugendliche soll zunächst *selbstkritisch* sein Verhalten als Bewerber *einschätzen.*
- Anschließend werden die *Videoaufzeichnungen* angesehen, jedoch immer nur ein Rollenspiel, wozu der betreffende Jugendliche erneut sein Verhalten *einschätzt.*
- Schließlich *beurteilt* die *gesamte Gruppe* die einzelnen Verhaltensweisen des Bewerbers.

Diese drei Schritte erfolgen für jeden Jugendlichen, bis alle Vorstellungsgespräche ausgewertet sind. Zum Abschluss wird eine Wandzeitung erstellt, die die wichtigsten Tipps auflistet, die helfen sollen, ein Vorstellungsgespräch besser zu gestalten. Dieses Ergebnis wird der anfänglichen Ideensammlung gegenübergestellt.

- *Rückmeldung zu den individuellen Regeln*

5. Die für jeden Jugendlichen nachvollziehbare und *kontrollierbare Rückmeldung* wird, wie in 6.2.2.1 dargestellt, durchgeführt.

- *Erinnern an eine Tagebuchaufgabe*

6. Dazu wird, wie in 6.2.2.1 beschrieben, vorgegangen. Eine zusätzliche oder auszutauschende Regel kann sich darauf beziehen, wie Kritik in positives Verhalten umsetzbar ist. Als Regel kann formuliert werden: „Wenn ich kritisiert werde, ärgere ich mich nicht, sondern denke darüber nach.“ Im Tagebuch wird festgehalten: „Wie oft habe ich heute Kritik erfahren?“ Später kann man die Regel modifizieren, und zwar in der Weise, dass für Nichtärgern und Nachdenken bei erfahrener Kritik Striche gesammelt werden.

Materialien

Neben Wandzeitungen und Stiften ist es vor allem in dieser Sitzung von großem Vorteil, wenn man Videoaufzeichnungen zur Verhaltensrückmeldung einsetzen kann. Ohne diese Voraussetzung ist eine Rückmeldung gerade zur Gestik, Mimik und Körperhaltung, die für Vorstellungsgespräche große Bedeutung haben, unmöglich. Tagebuchblätter und eventuell Notizblätter mit einer Regel für das Tagebuch sind vorzubereiten.

6.2.2.4 Einfühlungsvermögen üben

Ziele

1. Der Jugendliche soll für seine Bemühungen, Fortschritte und die Lösung seiner Probleme im Alltag eine klare *Orientierung* gewinnen. Aus diesem Grund benötigt er eine differenzierte *Rückmeldung* zu seinen Verhaltensbeobachtungs- und Verhaltensübungsaufgaben.
2. Der Jugendliche übt das Einfühlungsvermögen durch Schulung der Wahrnehmung hinsichtlich der *Mimik, Gestik* und des *nonverbalen Interaktionsverhaltens.*
3. Einerseits soll er sich in *einen anderen Teilnehmer* des Gruppentrainings eindenken bzw. *einfühlen* und dies dadurch zeigen, dass er *verantwortlich* für ihn und mit ihm handelt; andererseits soll er Einfühlung erfahren, indem er sich auf einen Partner einstellen, sich ihm anpassen und ihm *anvertrauen* muss.
4. *Individuelle Regeln* für die Gruppensitzungen sollen einer gezielten Verhaltensänderung und Selbstkontrollübung dienen, wobei dieser Prozess direkt von dem Trainer und den Jugendlichen zu *kontrollieren* und mit einer *Rückmeldung* zu versehen ist.
5. Der Jugendliche soll weiter üben, im *Alltag* sich selbst zu *beobachten* und/oder ein bestimmtes *Verhalten* zu zeigen.

Praktisches Vorgehen

- *Auswertung des Tagebuches*

1. Durch die Auswertung des Tagebuches erhalten die Jugendlichen Orientierung und Rückmeldung (vgl. 6.2.2.1 und 6.2.2.2).

- *Themenarbeit mit Materialien und Rollenspiel*

2. Die Wahrnehmung der Jugendlichen hinsichtlich Mimik, Gestik und nonverbalem Interaktionsverhalten wird geschult. Mit Hilfe von verschiedenen Gefühlsfotos (siehe S. 118 ff.) erarbeiten sie, welche Gefühle darauf ausgedrückt werden. Dazu wird den Jugendlichen jeweils ein Foto gezeigt. Die Jugendlichen sollen erkennen und beschreiben, welches Gefühl darauf ausgedrückt wird. Dabei begründet der jeweilige Jugendliche

Tabelle 17: Ziele, praktisches Vorgehen und Materialien der vierten Sitzung des Gruppentrainings.

Ziele	Praktisches Vorgehen	Materialien
Rückmeldung geben zur Verhaltensbeobachtung und Verhaltensübung	Auswertung des Tagebuches, mit jedem Jugendlichen einzeln	Tagebuch
Einfühlungsvermögen einüben	Jeder Jugendliche schätzt neun Gefühlsfotos auf ihren Aussagegehalt ein und begründet, warum er ein bestimmtes Gefühl bei der Person zu erkennen glaubt.	Neun Fotos, Schreibmaterial
Verantwortung für andere übernehmen und sich auf einen Partner einstellen und ihm vertrauen	Es werden Paare von Jugendlichen bestimmt, die „Vertrauensübung" zusammen sowie im Rollentausch durchzuführen.	Ein ausreichend großer Raum mit Hindernissen
Verhalten und Selbstkontrolle durch individuelle Regeln einüben	Rückmeldung mit Hilfe von Selbst- und Fremdeinschätzung zu den individuellen Regeln	Wandzeitung und Filzstifte
Selbstbeobachtung und/oder ein spezifisches Verhalten einüben	Erinnern an getroffene Absprachen zur Verhaltensbeobachtung oder -einübung sowie neue Aufgaben	Tagebuch

kurz, warum er gerade dieses Gefühl auf dem Foto wahrzunehmen glaubt. Der Trainer oder ein Jugendlicher schreibt die Aussagen zu den Fotos auf. Wichtig ist, darauf zu achten, dass die Teilnehmer nicht durcheinander sprechen, sondern jeder sich unbeeinflusst der Reihe nach äußern kann. Danach wird in einer gemeinsamen Diskussion anhand des Fotos überprüft, welches die wichtigsten Merkmale für einen bestimmten Gefühlsausdruck sind und ob das genannte Gefühl richtig erkannt ist. Dem Jugendlichen soll deutlich werden, dass es sich bei der Darstellung auf dem Foto um einen begrenzten Gefühlsbereich handelt und andere, unter Umständen gegensätzliche Nennungen ausgeschlossen sind. Ist dieser Vorgang abgeschlossen, so wird das nächste Foto betrachtet, und das Verfahren in gleicher Weise durchgeführt. Die Fotos, die Verwendung finden, enthalten folgende Gefühlsausdrücke:

- Angst, Überraschung, Schreck (das Foto ist mit [1] gekennzeichnet),
- Schüchternheit, Scham (das Foto ist mit [2] gekennzeichnet),
- Trauer, Niedergeschlagenheit (das Foto ist mit [3] gekennzeichnet),
- Wut, Aggression (das Foto ist mit [4] gekennzeichnet),
- Abscheu, Ekel (das Foto ist mit [5] gekennzeichnet)
- Schmerz, Leiden (das Foto ist mit [6] gekennzeichnet),
- Freude, Glücklichsein (das Foto ist mit [7] gekennzeichnet),
- Geringschätzung, Ablehnung (das Foto ist mit [8] gekennzeichnet),
- Misstrauen, Skepsis (es liegen zwei Fotos zur Auswahl vor, mit [9] und [10] gekennzeichnet).

Die Reihenfolge, in der den Jugendlichen die Fotos gezeigt werden, verläuft hierarchisch von einfach und eindeutig zu erkennenden Gefühlen hin zu den schwer interpretierbaren Gefühlen. Einfach sind die Gefühle Wut [4], Freude [7], Trauer [3], Schmerz [6] und Abscheu [5] zu erkennen; Schüchternheit ist für manche Jugendliche nicht einfach von Angst abzugrenzen. Ekel, Schmerz und Geringschätzung sind schwer zu erkennende Gefühle; und Misstrauen ist am uneindeutigsten für viele Jugendliche, wobei Foto 9 präziser zu sein scheint als Foto 10.

Zu den Fotos werden von den Jugendlichen beispielsweise folgende Gefühle genannt:

Angst, Schreck, Überraschung [1]

- Angst,
- neugierig,

- zurückhaltend,
- erschreckt.

Schüchternheit, Scham [2]

- scheu,
- langweilig,
- zurückhaltend.

(„Langweilig“ wird als unzutreffend zurürkgewiesen.)

Trauer, Niedergeschlagenheit [3]

- verzweifelt,
- traurig,
- nachdenklich,
- träumen,
- macht sich Sorgen.

(„Träumen“ wird als unzutreffend zurückgewiesen.)

Wut, Aggression [4]

- aggressiv,
- wütend.

Abscheu, Ekel [5]

- Ekel,
- Abscheu,
- wütend.

(„Wütend“ wird als unzutreffend zurückgewiesen.)

Schmerz, Leiden [6]

- fertig, am Ende mit den Nerven,
- Niedergeschlagenheit,
- verzweifelt,
- innerlich kaputt,
- nachdenklich, Sorgen.

(Die letzte Nennung wird in jedem Fall als unzutreffend zurückgewiesen.)

Freude, Glücklichsein [7]

- Freude,
- lustig,
- glücklich.

Geringschätzung, Ablehnung [8]

- cool,
- angeberisch,
- drückt nichts Bestimmtes aus,
- locker,
- fühlt sich stark.

(„Locker“ und „drückt nichts Bestimmtes aus“ werden im nachhinein als unzutreffend eingestuft.)

Misstrauen, Skepsis [9] [10]

- War noch irgendwas?
- auffordernd,
- fühlt sich, als ob ihn nichts erschüttern könnte,
- fühlt sich beobachtet.

(Als besonders eindeutig wird die erste, zweite und vierte Nennung herausgearbeitet und erkannt.)

Mit dieser Übung sollen die Jugendlichen zudem auf die nächste Aufgabe, die auf der Handlungsebene angesiedelt ist, vorbereitet werden.

3. Zum *Üben* des *Einfühlungsvermögens* folgt nun ein Bewegungsteil, bei dem ein Jugendlicher *Verantwortung übernimmt* und ein anderer sich ihm *anvertrauen* muss. Die Anforderungen auf der Handlungsebene beziehen sich auf Bewegungs- und Kooperationsaufgaben zu zweit. Der Trainer teilt dazu die Jugendlichen in Paare ein. Ein Trainer kann dann bei dem Bewegungsteil mitmachen, wenn zahlenmäßig die Paarbildungen unter den Jugendlichen nicht aufgehen und ein zweiter Trainer anwesend ist. In jedem Fall muss ein Trainer die Durchführung des Bewegungsteils übernehmen und wichtige Beobachtungen für die Auswertung des Bewegungsteils sammeln. Videoaufnahmen werden hier zum Schutz der Jugendlichen nicht angefertigt, da sie den „Blinden“ bezüglich der Mimik und Gestik bloßstellen können und so unnötig Betroffenheit ausgelöst würde. Sie würden zudem bei der Auswertung von der eigentlichen Aufgabe ablenken. Die *erste Aufgabe* für die Paare stellt eine „Vertrauensübung“ dar. Dazu schließt der eine Partner die Augen und der andere Partner führt den „Blinden“ vorsichtig und einfühlsam durch den gesamten Raum. Die Sprache darf dabei nicht benutzt werden. Zur weiteren Erschwerung der Situation können Hindernisse mit Hilfe von Tischen und Stühlen und ähnliches aufgebaut werden. Die Aufgabe besteht darin, den „Blinden“ nirgendwo anstoßen zu lassen und ihn auch durch enge Wege schnell und reibungslos zu führen. Nachdem dies circa fünf Minuten probiert wurde, erfolgt ein Rollentausch: Der bisher „Blinde“ wird zum Führer und der ehemalige Führer muss mit geschlossenen Augen folgen. Es bleibt dabei den Jugendlichen überlassen, in welcher Art und in welcher Form bezüglich Körperhaltung und Körperkontakt sie den „Blinden“ führen.

Die *zweite Aufgabe* umfasst die sich anschließende Auswertung in der gesamten Gruppe. Es wird die Erfahrung als Führender und als blindlings Folgender reflektiert. Entscheidend ist, herauszuarbeiten, worauf der Führer achten muss. Der Geführte muss seine Eindrücke und Gefühle beschreiben, die er beim Folgen hatte. Hierbei soll deutlich herausgearbeitet werden, dass es stark vom Führenden und seiner Art des Führens abhängt, ob der „Blinde" sich vertrauensvoll auf den Führenden verlassen kann. Die Reflexion zielt insbesondere darauf ab, ob sich der Führer gut genug in den „Blinden" eingefühlt und dies durch entsprechendes nonverbales und verantwortliches Verhalten gezeigt hat. Dies wird besonders dadurch deutlich, dass die Aufgabe ohne zu sprechen bewältigt werden muss.

- *Rückmeldung zu den individuellen Regeln*

4. Die für jeden Jugendlichen nachvollziehbare und kontrollierbare Rückmeldung wird wie in 6.2.2.1 dargestellt durchgeführt.

- *Erinnern an eine Tagebuchaufgabe*

5. Es gelten die Kriterien und Vorgehensweisen von 6.2.2.1. Soll ein Jugendlicher eine Regel erhalten, die sich auf den Themenblock der Sitzung bezieht, so kann diese lauten: „Ich versuche mich jeden Tag in jemanden einzudenken, den ich nicht mag! Welche Gefühle und Gedanken erkenne ich bei dem anderen?" Diese Regel wird deshalb gegeben, weil sich die Jugendlichen häufig in jemanden, den sie sympathisch finden, einfühlen können, dies aber nicht können oder wollen, wenn sie jemanden nicht mögen. Es ist jedoch wichtig, sich auch in Personen, die einem weniger sympathisch sind, einzudenken, und sich mit deren Gedanken und Gefühlen auseinanderzusetzen. Erst mit dieser Voraussetzung ist es möglich, Außenseiter wenigstens zu akzeptieren. Die Jugendlichen sollen für jeden Tag eine Person nennen, in die sie sich eingedacht haben und mit der sie nicht gut klarkommen, und konkret die bei ihr erkannten Gefühle und Gedanken aufschreiben. Die Person muss nicht jeden Tag wechseln.

Materialien

Als Materialien werden Wandzeitungen, Filzstifte und Schreibmaterial benötigt sowie neun Fotos. Da die Fotos von sehr guter Qualität sein müssen, empfehlen wir, die Fotos mit einem guten Kopierer zu vergrößern.
Für den Bewegungsteil soll ein ausreichend großer Raum, besonders bei größeren Jugendlichengruppen, zur Verfügung stehen. Tagebuchblätter und wenn nötig eine vorbereitete Tagebuchaufgabe sind bereitzuhalten.

1

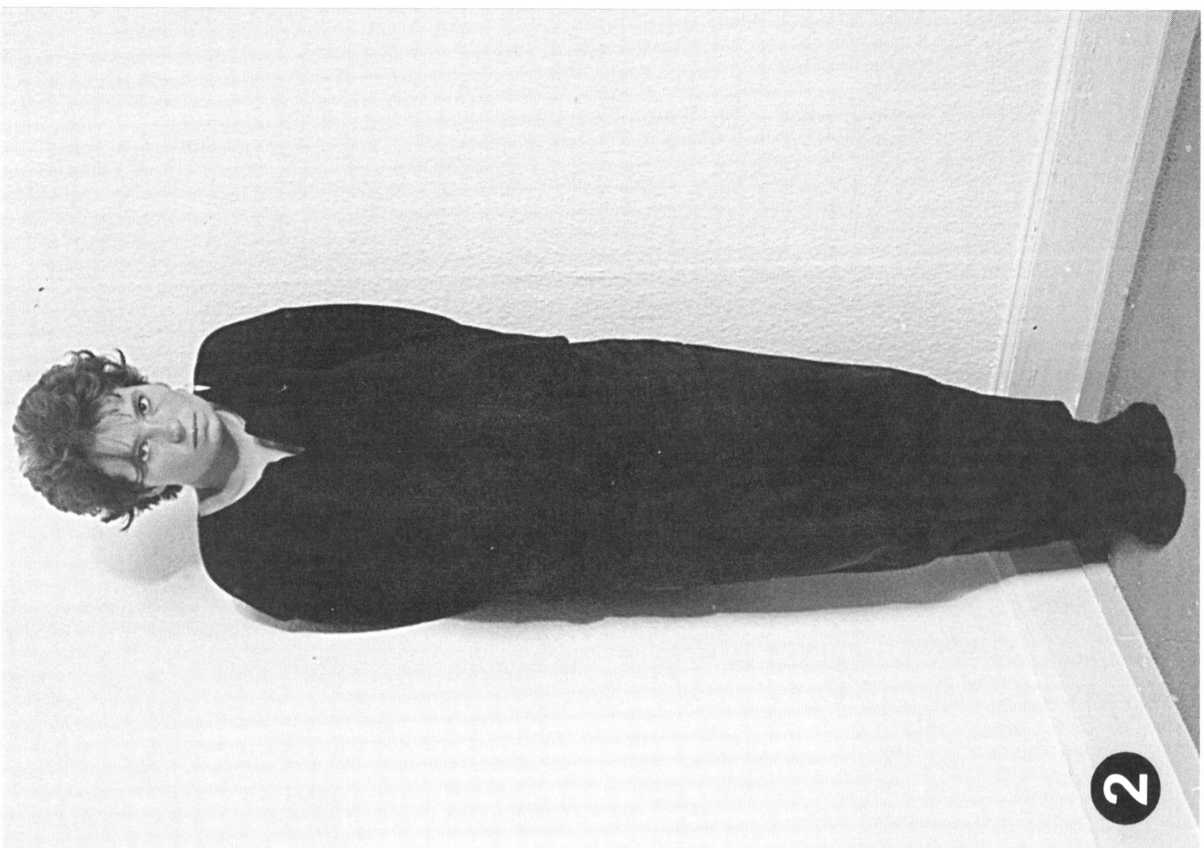
2

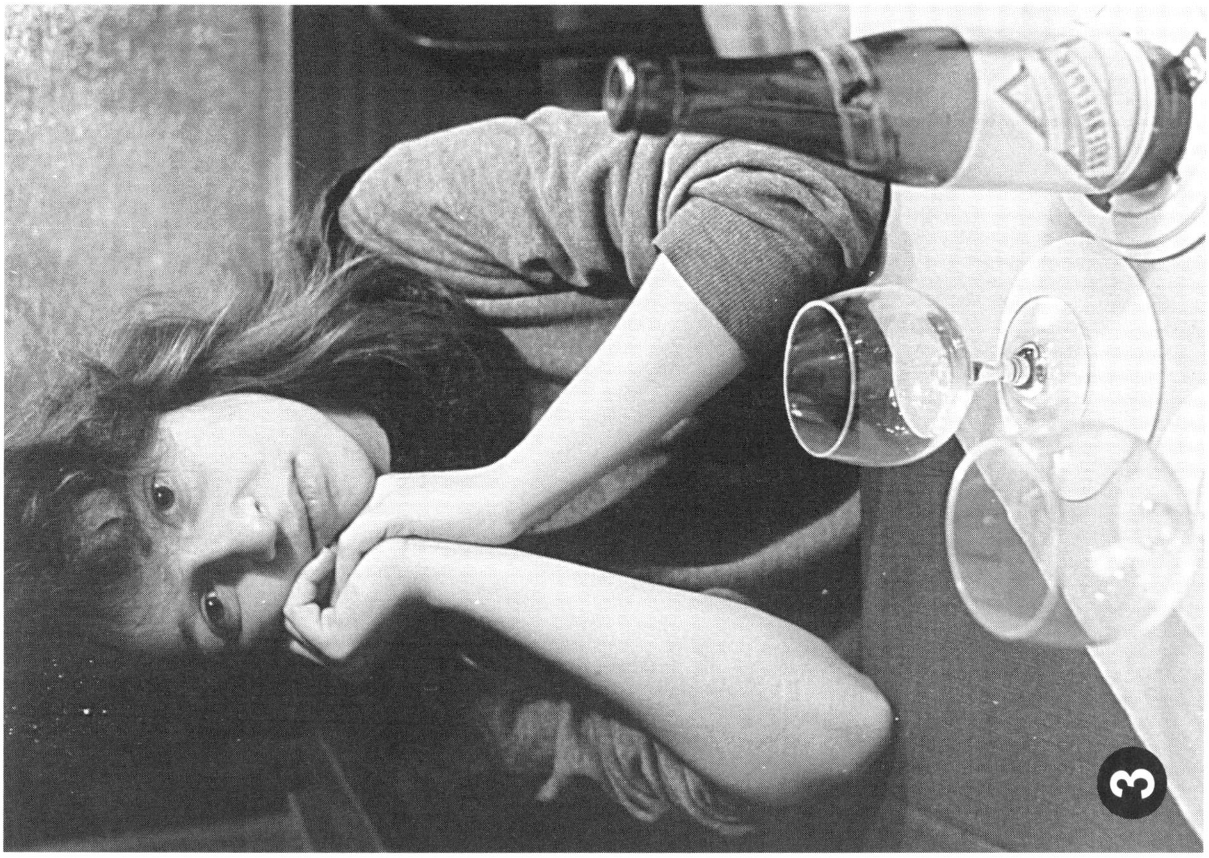
3

4

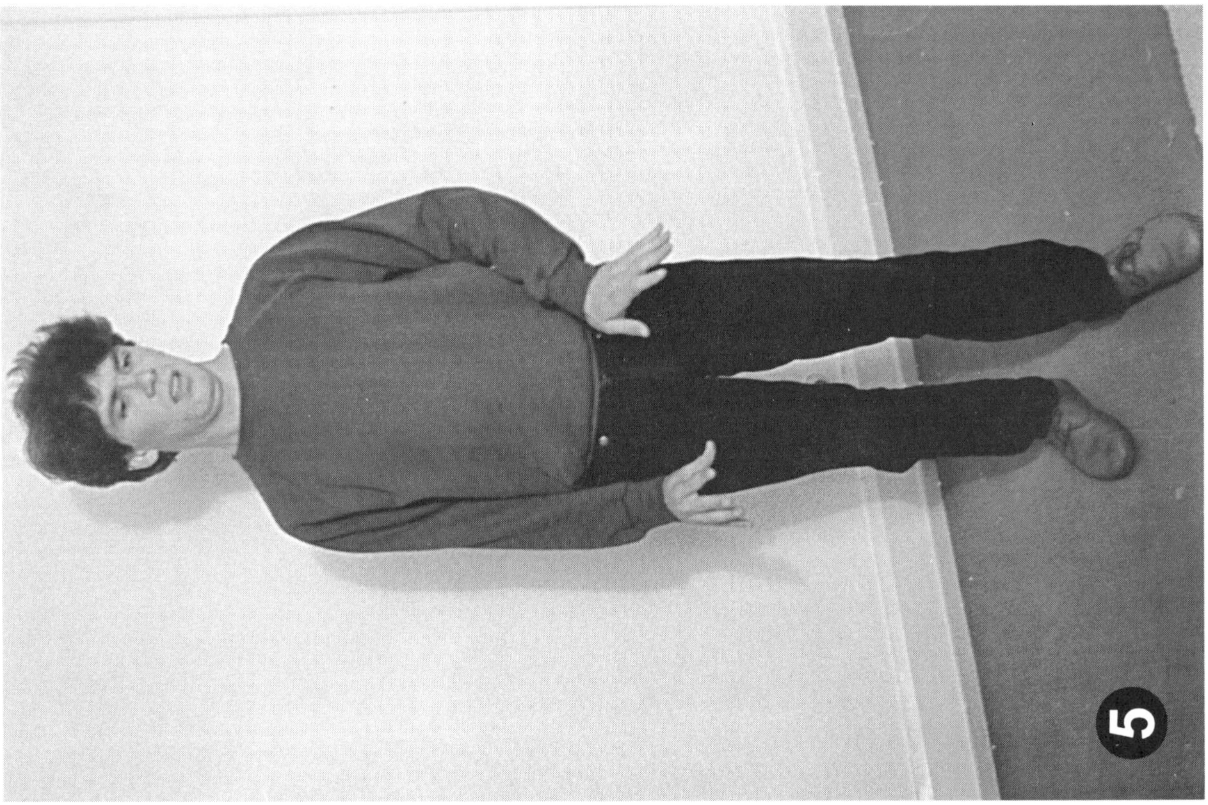
5

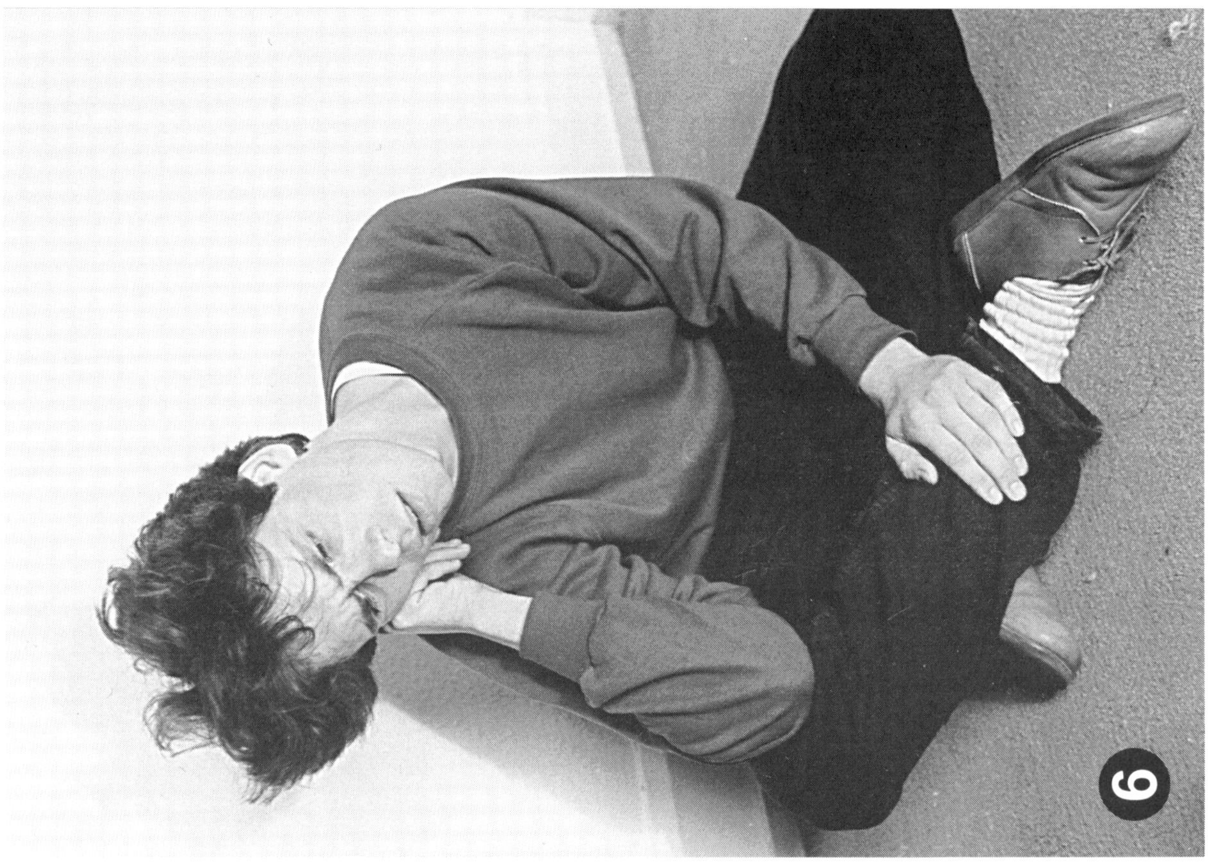
6

7

8

9

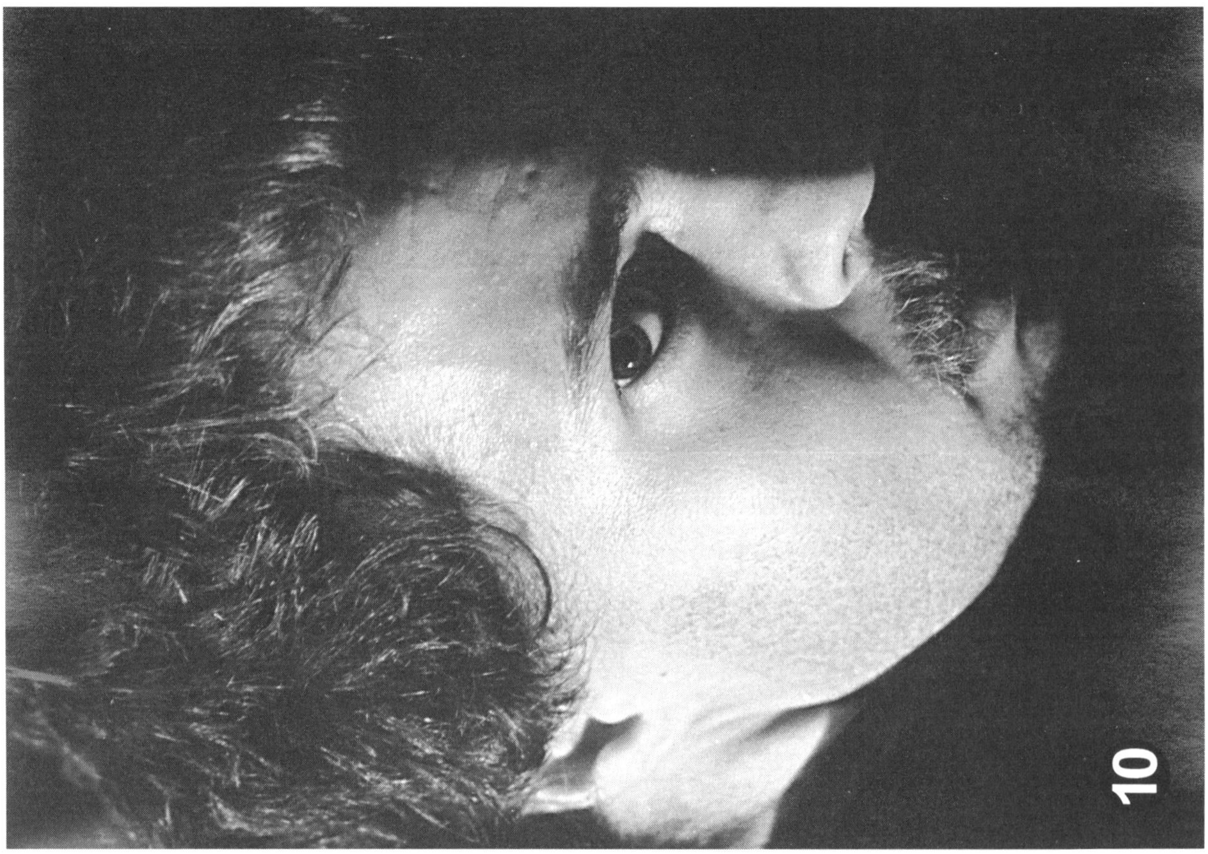

10

6.2.2.5 Selbstsicherheit im Umgang mit Gleichaltrigen

Ziele

1. Der Jugendliche soll für seine Bemühungen, Fortschritte und die Lösung seiner Probleme im Alltag eine klare *Orientierung* gewinnen. Aus diesem Grund benötigt er eine differenzierte *Rückmeldung* zu seinen Verhaltensbeobachtungs- und Verhaltensübungsaufgaben.
2. Als Grobziel soll der Jugendliche Selbstsicherheit im Umgang mit Gleichaltrigen lernen. Das heißt im einzelnen, dass der Jugendliche in die Lage versetzt wird, seine *eigenen Vorstellungen* zu formulieren und sich angemessen zu *behaupten.* Er wird dadurch *Gruppendruck,* besonders bei unangemessenem Verhalten, *widerstehen* können, zum Beispiel den Mut haben, geplantes delinquentes Verhalten offen zu bewerten, sich davon zu distanzieren und bei Versuchungen, Überredungen oder Beschimpfungen Selbstkontrolle aufzubringen. Selbstsicherheit soll der Jugendliche schließlich beim Kontakteknüpfen und verabreden, besonders bei fremden oder wenig bekannten Personen, zeigen.
3. Die *Beobachtungsfähigkeit* soll gezielt geschult werden, wodurch auch die *Auswertung der Rollenspiele* gefördert wird.
4. *Individuelle Regeln* für die Gruppensitzungen sollen einer gezielten Verhaltensänderung und Selbstkontrollübung dienen, wobei dieser Prozess direkt von dem Trainer und den Jugendlichen zu *kontrollieren* und mit einer *Rückmeldung* zu versehen ist.
5. Der Jugendliche soll weiter üben, im *Alltag* sich selbst zu *beobachten* und/oder ein bestimmtes *Verhalten* zu zeigen.

Praktisches Vorgehen

- *Auswertung des Tagebuches*

1. Durch die Auswertung des Tagebuches erhalten die Jugendlichen *Orientierung und Rückmeldung* (vgl. 6.2.2.1 und 6.2.2.2).

Tabelle 18: Ziele, praktisches Vorgehen und Materialien der fünften Sitzung des Gruppentrainings.

Ziele	Praktisches Vorgehen	Materialien
Rückmeldung geben zur Verhaltensbeobachtung und Verhaltensübung	Auswertung des Tagebuches, mit jedem Jugendlichen einzeln	Tagebuch
Eigene Vorstellungen erkennen, formulieren und angemessen behaupten Gruppendruck widerstehen Kontakte knüpfen und Verabredung treffen	Jede Gruppe erhält ein Rollenspielthema zur Vorbereitung. Ein Rollenspiel wird mit zwei Lösungen vorgestellt, einmal mit unsicherem Verhalten und ungünstigem Ausgang, einmal mit sicherem, selbstbehauptendem Verhalten sowie positivem Ausgang.	Blätter mit Rollenspielthemen, Videogerät und Kamera
Gezielte Beobachtung und Auswertung der Rollenspiele	Bei der Auswertung der Rollenspiele werden erfolgreiche selbstsichere Verhaltensweisen im Umgang mit Gleichaltrigen gesammelt und festgehalten.	Videogerät und Monitor Wandzeitung und Filzstifte
Verhalten und Selbstkontrolle durch individuelle Regeln einüben	Rückmeldung mit Hilfe von Selbst- und Fremdeinschätzung zu den individuellen Regeln	Wandzeitung und Filzstifte
Selbstbeobachtung und/oder ein spezifisches Verhalten einüben	Erinnern an getroffene Absprachen zur Verhaltensbeobachtung oder -einübung sowie neue Aufgaben	Tagebuch

• *Themenarbeit mit Materialien und Rollenspiel*

2. Zur Einübung von Selbstsicherheit im Umgang mit anderen werden verschiedene Rollenspiele durchgeführt. An einem Rollenspiel nehmen zwei oder drei Jugendliche teil, je nach Größe der Trainingsgruppe. Das heißt, die Jugendlichen werden mindestens in zwei Gruppen geteilt, die ein Rollenspiel vorbereiten. Die Rollenspielthemen beziehen sich auf das Einüben interpersonaler Fertigkeiten, wie zum Beispiel *Kontakte knüpfen* oder Verabredungen treffen, aber auch auf *selbstkontrolliertes Verhalten* in Gruppensituationen, in denen *Gruppendruck* ausgeübt wird, zum Beispiel hinsichtlich Alkoholkonsum, „Mädchen aufreißen" usw.

Das Rollenspiel, das jede Gruppe vorbereitet, soll in zwei Versionen dargestellt werden, und zwar einmal mit einem unsicheren und einmal mit einem sicheren Verhalten und entsprechend mit negativem beziehungsweise positivem Ausgang. Rollenspielthemen können zum Beispiel sein:
- Samstagabend: Nichts los in dem Laden! Was machen wir? (Planung eines Einbruchs zwecks Getränkeorganisierens für eine Geburtstagsfeier)
- Samstagabend im Jugendzentrum! Wie nehme ich Kontakt auf, wenn ich keinen kenne?
- Komm, wir trinken einen! (Gute Freunde und Neinsagen?)
- Abends in der Disco: Wie fordere ich ein Mädchen zum Tanzen auf, das ich nicht kenne?

Die Einteilung der Jugendlichen für die Rollenspielgruppen wird durch den Trainer vorgenommen. Er muss darauf achten, dass diejenigen in einer Rollenspielgruppe zusammen sind, die bezüglich der Selbstsicherheit in etwa ähnliche Probleme aufweisen, so dass sie den Konflikt bearbeiten, der sie am ehesten betrifft und für den sie Verhaltensalternativen einüben müssen. Entsprechend werden dann auch die Rollen im Rollenspiel vom Trainer entscheidend mitbestimmt. Ist die Vorbereitung abgeschlossen, stellen die Jugendlichen gegenseitig ihre Rollenspiele vor, und zwar mit beiden Lösungen. Alle Rollenspiele werden nacheinander gespielt und mit Video aufgenommen.

3. Im Anschluss an die Rollenspiele erfolgt deren *Auswertung* mit Hilfe der Videoaufnahmen. Zur *gezielten Beobachtung* erhalten die spielenden und zuschauenden Jugendlichen je eine spezifische Frage, auf der die Reflexion aufgebaut wird. Die Aufgabe für die *Zuschauer* lautet: Woran kann man erkennen, dass sich ein Konflikt entwickelt? Die *Spieler* werden gefragt: Was war in meiner Rolle mein Anteil bei der Entstehung und Entwicklung des Konfliktes? Die Fragen sind auf einer Wandzeitung notiert.

Es wird immer nur ein Rollenspiel betrachtet und anschließend zu den Fragen Stellung genommen, wobei zuerst die Zuschauer des Rollenspiels anhand ihrer Beobachtungen die Frage beantworten. Der Trainer notiert die Punkte auf der Wandzeitung unter oder neben der Frage. Erst dann teilen die Spieler ihre Beobachtungen mit und klären ihre Frage. Auch diese Ergebnisse hält der Trainer auf der Wandzeitung fest.

Sind auf diese Weise die Rollenspiele ausgewertet, überlegen alle gemeinsam, welches Verhalten in den Rollenspielen *sicher, selbstbehauptend* und *angemessen* war, um Konflikte zu verhindern oder um ein bestimmtes Ziel zu erreichen. Insgesamt ist darauf hinzuarbeiten, dass deutlich wird, wie sich Missverständnisse und damit auch Konflikte verringern lassen, wenn man seine eigenen Vorstellungen rechtzeitig, angemessen und für andere klar erkennbar formuliert.

• *Rückmeldung zu den individuellen Regeln*

4. Die für jeden Jugendlichen nachvollziehbare und *kontrollierbare Rückmeldung* wird wie in 6.2.2.1 dargestellt durchgeführt.

• *Erinnern an eine Tagebuchaufgabe*

5. Es gelten die Kriterien und Vorgehensweisen von 6.2.2.1. Erhält ein Jugendlicher eine Regel, die sich auf den Themenblock der Sitzung bezieht, so soll diese sich aus dem jeweils durchgeführten Rollenspiel ergeben und auf das selbstsichere Verhalten beziehen. Die Aufgabe kann zum Beispiel für aggressive Jugendliche Hinweise zur angemessenen Selbstbehauptung beinhalten oder für unsichere Jugendliche erste Schritte zur Selbstsicherheit umfassen. Für Unsichere kann die Regel lauten: „Zuerst sich bei einem Kontakt einen Anfangssatz überlegen, dann Blickkontakt herstellen und nun den vorbereiteten Satz vorbringen." Für aggressive Jugendliche kann die Regel angebracht sein: „Ich sage jeden Tag (gegenüber Gleichaltrigen) meine Meinung, aber: ruhig, sachlich und die Betonung beachten."

Materialien

Neben der üblichen Wandzeitung und den Filzstiften benötigt man vorgefertigte Blätter mit dem jeweiligen Rollenspielthema für jede Gruppe. Auf diesem Zettel können auch in Stichworten die wichtigsten Themenschwerpunkte für das Rollenspiel vermerkt sein. Eine Videoanlage zur Aufnahme und Auswertung der Rollenspiele ist ebenfalls notwendig, darüber hinaus die üblichen Tagebuchblätter.

6.2.2.6 Anerkennung aussprechen und loben

Ziele

1. Der Jugendliche soll für seine Bemühungen, Fortschritte und die Lösung seiner Probleme im Alltag eine klare *Orientierung* gewinnen. Aus diesem Grund benötigt er eine differenzierte *Rückmeldung* zu seinen Verhaltensbeobachtungs- und Verhaltensübungsaufgaben.
2. Jeder Jugendliche soll sich darin üben, einerseits Anerkennung und *Lob auszusprechen* und andererseits *Lob zu akzeptieren.*
3. Das Loben und Gelobtwerden soll hinsichtlich besonderer Schwierigkeiten oder *positiver* wie *negativer Gefühle,* die durch das Aussprechen von Anerkennung entstehen, reflektiert werden.
4. Die Jugendlichen sollen Gründe finden, die Lob und Anerkennung notwendig machen. Zugleich sollen sie *selbstständiges* und *verantwortliches Handeln* und Arbeitsverhalten üben.
5. *Individuelle Regeln* für die Gruppensitzungen sollen einer gezielten Verhaltensänderung und der Einübung von Selbstkontrolle dienen, wobei dieser Prozess direkt von dem Trainer und den Jugendlichen zu *kontrollieren* und mit einer *Rückmeldung* zu versehen ist.

Tabelle 19: Ziele, praktisches Vorgehen und Materialien der sechsten Sitzung des Gruppentrainings.

Ziele	Praktisches Vorgehen	Materialien
Rückmeldung geben zur Verhaltensbeobachtung und Verhaltensübung	Auswertung des Tagebuches, mit jedem Jugendlichen einzeln	Tagebuch
Lob aussprechen und Lob akzeptieren können	Jeder Teilnehmer zieht eine Namenskarte; über die darauf stehende Person muss etwas Positives und Lobenswertes ausgesagt werden.	Namenskarten, Videogerät und Kamera
Reflexion des Lobens und Gelobtwerdens	Gemeinsam wird eine Emotionsaufnahme zur Auswertung des vorherigen Vorgehens durchgeführt und mit den Videoaufnahmen überprüft.	Wandzeitung, Filzstifte, Videogerät, Monitor
Gründe finden, die Lob notwendig machen Selbstständigkeit und Verantwortungsübernahme üben	Zwei Gruppen mit einem hauptverantwortlichen Jugendlichen werden gebildet. Jede Gruppe bearbeitet eine Frage zum Thema „Loben". Die Jugendlichen stellen ihre Arbeitsergebnisse selbstständig vor.	Wandzeitung und Filzstifte
Verhalten und Selbstkontrolle durch individuelle Regeln einüben	Rückmeldung mit Hilfe von Selbst- und Fremdeinschätzung zu den individuellen Regeln	Wandzeitung und Filzstifte
Selbstbeobachtung und/oder ein spezifisches Verhalten einüben	Erinnern an getroffene Absprachen zur Verhaltensbeobachtung oder -einübung sowie neue Aufgaben	Tagebuch

6. Der Jugendliche soll weiter üben, im *Alltag* sich selbst zu *beobachten* und/oder ein bestimmtes *Verhalten* zu zeigen.

Praktisches Vorgehen

• *Auswertung des Tagebuches*

1. Durch die Auswertung des Tagebuches erhalten die Jugendlichen *Orientierung* und *Rückmeldung* (vgl. 6.2.2.1 und 6.2.2.2).

• *Themenarbeit mit Materialien und Rollenspiel*

2. Zur Einführung in das Thema der Sitzung werden vom Trainer einige Vorbemerkungen gemacht. Er führt aus, was man alles loben kann, zum Beispiel faires Verhalten, Anstrengung, Hilfsbereitschaft, Erfolg und gute Ergebnisse usw.

Es sind kleine Namenskarten von dem Trainer vorbereitet worden. Jeder zieht von den verdeckten Karten eine mit einem Namen (auch der Name des Trainers ist dabei). Zu der Person, die auf der Karte genannt ist, sollen alle *lobenswerten Dinge* wie Verhalten, Eigenarten, Fähigkeiten genannt werden. Es ist günstig, im Kreis zu sitzen. Es wird dabei der Reihe nach vorgegangen. Jeder Jugendliche muss etwas zu der Person sagen, die er „gezogen hat". So lobt jeder einmal und erfährt selbst einmal Anerkennung. Von diesem Vorgang werden Videoaufnahmen gemacht.

3. Nach diesem Lobenüben erfolgt eine *Emotionsaufnahme* darüber, welche *positiven* oder *negativen Gefühle* beim Anerkennungaussprechen und -erfahren ausgelöst werden. Dazu wird eine Wandzeitung erstellt, auf der steht: Wie habe ich mich beim Loben und Gelobtwerden gefühlt? Zuerst äußern sich die Jugendlichen nacheinander zum Loben, in einem zweiten Durchgang zum Gelobtwerden. Dazu werden zwei Spalten auf der Wandzeitung angelegt und die Bemerkungen der Jugendlichen aufgeschrieben. Zum Abschluss wird dieses Ergebnis der Emotionsaufnahme mit Hilfe der Videoaufzeichnung überprüft und beispielsweise auf Übereinstimmungen oder Diskrepanzen in Mimik und Gestik gegenüber den Gefühlsäußerungen geachtet.

Jugendliche finden zu der Frage „Wie habe ich mich beim Loben gefühlt?" zum Beispiel folgende Aspekte:
- Es fällt schwer, aus dem Gedächtnis etwas zum Loben zu finden (dieser Aspekt wird von Jugendlichen häufig genannt).
- Man ist unsicher, was ein anderer als Lob empfindet.
- Loben wird von manchem Jugendlichen als etwas ganz Normales empfunden.
- Es wird als schwierig bezeichnet, ein Lob konkret zu formulieren.

Unter dem Punkt „Wie habe ich mich beim Gelobtwerden gefühlt?" werden folgende Aspekte gesammelt:
- Das Lob kommt nicht als echtes Lob an.
- Es besteht die Befürchtung, dass der andere nichts Positives zur eigenen Person findet (dieser Aspekt wird häufig von Jugendlichen genannt).
- Das Lob klang unrealistisch, das heißt, der betreffende Jugendliche kann das Lob nicht annehmen und glauben, da er sich selbst kritischer einschätzt.
- Man empfindet innerlich Freude über ein Lob (dies wird auch häufig genannt).
- Man ist aufgeregt, wenn jemand einen lobt bzw. loben soll.

Bei den Jugendlichen wird durch diese Übung zweierlei deutlich. Einmal haben sie dann Schwierigkeiten, wenn Personen in der Gruppe sind, die abgelehnt werden. Dabei können Jugendliche jedoch lernen, auch bei jemandem Positives zu sehen, den man nicht mag. Und einmal zeigt sich, dass die Jugendlichen das Lob dann gut akzeptieren können, wenn die Aussage mit ihrer Selbstwahrnehmung übereinstimmt. Besteht ein gutes und vertrauensvolles Verhältnis zum Trainer, so hat ein Jugendlicher keine Probleme, ihn zu loben oder von ihm Anerkennung anzunehmen. Es wirkt sich sogar sehr positiv aus, wenn sich der Trainer mit einschließt.

4. In einem nächsten Schritt soll erarbeitet werden, was für *Loben spricht* und wann einem *Lob zusteht.* Dazu werden zwei Arbeitsgruppen gebildet. Der Trainer bestimmt für jede Arbeitsgruppe einen Leiter, *der verschiedene Aufgaben hat* und *Verantwortung für seine Arbeitsgruppe* übernimmt. Jeder Leiter wählt für seine Arbeitsgruppe die Mitglieder, wobei im Falle zweier Trainer diese auf beide Arbeitsgruppen aufgeteilt sein müssen.
Der Leiter schreibt die Argumente, die in der Arbeitsgruppe gefunden werden, auf eine Wandzeitung. Seine Leitungsfunktion besteht darin, die Mitglieder zum Sammeln von Argumenten aufzufordern, anzuregen und die Reihenfolge der Sprecher zu bestimmen. Schließlich soll er die Ergebnisse in der abschließenden Gesamtrunde allen vorstellen.

Dieses Vorgehen ist vor allem für eine größere Gruppe von fünf bis sechs Jugendlichen und zwei Trainern geeignet. Besteht eine Trainingsgruppe aus vier Teilnehmern und einem Trainer, so arbeitet letzterer bei keiner Gruppe fest mit, sondern verweilt bei jeder für eine begrenzte Zeit. Da die Arbeitsgruppe dann nur aus zwei Jugendlichen besteht, sollte auf einen Leiter verzichtet werden und beide für ihr Arbeitsergebnis verantwortlich sein. In diesem Fall sollten sie ihr Ergebnis auch gemeinsam vorstellen, wofür ein Modus zu finden ist.

Die anfallenden Aufgaben werden auf die Gruppen so verteilt, dass jede Gruppe nur eine Frage auf einer Wandzeitung vorgelegt bekommt. Die erste Arbeitsgruppe bearbeitet: Was spricht für Loben? Die zweite Gruppe bearbeitet: Wann steht einem Lob zu?

Als Argumente für „Was spricht für Loben?“ finden Jugendliche folgende Beispiele:
- damit der andere nicht die Geduld verliert;
- damit der andere sich nicht benachteiligt fühlt;
- zum Ansporn und zur Ermutigung;
- um Freude zu bereiten;
- wenn etwas gut gefällt oder gut gearbeitet wurde;
- wenn jemand zu einem anderen nett war;
- als Folge von Lob kann Offenheit in der Partnerschaft eintreten, was für Loben spricht.

Für die Frage „Wann steht einem Lob zu?“ bringen Jugendliche folgende unterschiedliche Antworten vor:
- bei Hilfe;
- bei Leistung;
- wenn einer sein Ziel erreicht hat;
- für gute Arbeit;
- bei etwas Gelungenem;
- wenn jemand etwas Gutes gesagt hat;
- bei Anstrengung und Bemühung;
- wenn jemand zum Beispiel Geld für Afrika spendet;
- wenn jemand teilen kann;
- bei guten Argumenten und guten Antworten in der Schule;
- wenn jemand einen starken Willen aufbringt, etwas zu schaffen oder von etwas loszukommen, zum Beispiel vom Alkohol;
- bei Reparaturen, die gelingen;
- bei Lebensrettung.

Negativ wird von Jugendlichen empfunden, wenn man sie für etwas lobt, was gar nicht lobenswert ist, und zwar deshalb, weil derjenige genau weiß, dass er eine Sache objektiv noch nicht oder seinen Ansprüchen gemäß nicht gut genug kann.

- *Rückmeldung zu den individuellen Regeln*

5. Die für jeden Jugendlichen nachvollziehbare und *kontrollierbare Rückmeldung* wird wie in 6.2.2.1 dargestellt durchgeführt.

- *Erinnern an eine Tagebuchaufgabe*

6. Es gelten die Kriterien und Vorgehensweisen von 6.2.2.1. Soll ein Jugendlicher eine Regel erhalten, die sich auf den Themenblock der Sitzung bezieht, so kann diese lauten: Wurde ich heute gelobt? Wenn ja, von wem, für was und was habe ich dabei gedacht und gefühlt? Stichwortartige Notizen dazu im Tagebuch genügen.

Eine Aufgabe kann auch heißen: Habe ich heute jemandem Anerkennung zukommen lassen und ihn gelobt? Wenn ja, wie hat der andere reagiert? Auch hier genügen Stichworte im Tagebuch.

Materialien

Als Rückmeldungsmöglichkeit soll das Loben der einzelnen Trainingsteilnehmer mit Video aufgenommen werden. Neben einer Videoanlage benötigt man auch einige vorbereitete Wandzeitungen, eine zur Emotionsaufnahme „Wie habe ich mich gefühlt: a) beim Gelobtwerden, b) beim Loben?“.

Zwei kleinere Wandzeitungen sind vorzubereiten mit jeweils einer der beiden Fragen: „Was spricht für Loben?“ und „Wann steht einem Lob zu?“. Vorbereitet werden müssen schließlich noch die kleinen Karten, auf denen jeweils ein Name steht. Dabei ist jeder Trainingsteilnehmer einschließlich des Trainers zu berücksichtigen. An Filzstifte und Tagebuchblätter sowie eventuell vorbereitete Aufgaben als Tagebuchregel ist ebenfalls zu denken.

6.2.2.7 Akzeptieren von Außenseitern

Ziele

1. Der Jugendliche soll für seine Bemühungen, Fortschritte und die Lösung seiner Probleme im Alltag eine klare *Orientierung* gewinnen. Aus diesem Grund benötigt er eine differenzierte *Rückmeldung* zu seinen Verhaltensbeobachtungs- und Verhaltensübungsaufgaben.

2. Um zu erfahren, was sich Jugendliche unter einem Außenseiter vorstellen, und um das Rollenspiel zum Thema Außenseiter vorzubereiten, werden *Merkmale,* die die Jugendlichen einem Außenseiter zuschreiben, von ihnen *zusammengestellt.*
3. Die Jugendlichen sollen als Gruppe erfahren, dass es auch *negative Auswirkungen* haben kann, einen Außenseiter von vornherein oder immer auszuschließen. Im gleichen Kontext sollen sie erkennen, wie sie als einzelne und als Gruppe mit dem Außenseiter in *Beziehung stehen* und wie sich alle gegenseitig beeinflussen.
4. Der Jugendliche soll *Toleranz* gegenüber andersartigen Personen lernen und üben. Dazu muss er auch fähig sein, *gegen Gruppendruck* zu *handeln,* also Selbstkontrolle in einer Gruppe einzusetzen, und *sich selbst zu behaupten.*
5. *Individuelle Regeln* für die Gruppensitzungen sollen einer gezielten Verhaltensänderung und Selbstkontrollübung dienen, wobei dieser Prozess direkt von dem Trainer und den Jugendlichen zu *kontrollieren* und mit einer *Rückmeldung* zu versehen ist.
6. Der Jugendliche soll weiter üben, im *Alltag* sich selbst zu *beobachten* und/oder ein bestimmtes *Verhalten* zu zeigen.

Praktisches Vorgehen

• *Auswertung des Tagebuches*

1. Durch die Auswertung des Tagebuches erhalten die Jugendlichen *Orientierung und Rückmeldung* (vgl. 6.2.2.1 und 6.2.2.2).

• *Themenarbeit mit Materialien und Rollenspiel*

2. Zur Vorbereitung des Rollenspiels wird gemeinsam eine Wandzeitung erstellt, auf der die *Merkmale eines Außenseiters gesammelt* werden. Dazu erhält jeder Jugendliche einen Zettel, auf dem geschrieben steht: „Ein Außenseiter ist für mich, wenn ...“. Es folgen dann linksbündig drei

Tabelle 20: Ziele, praktisches Vorgehen und Materialien der siebten Sitzung des Gruppentrainings.

Ziele	Praktisches Vorgehen	Materialien
Rückmeldung geben zur Verhaltensbeobachtung und Verhaltensübung	Auswertung des Tagebuches, mit jedem Jugendlichen einzeln	Tagebuch
Merkmale eines Außenseiters zusammenstellen	Jeder Jugendliche erhält ein Blatt Papier, aus dem er einen begonnenen Satz vervollständigen muss.	Namenskarten, Videogerät und Kamera
Negative Auswirkungen beim Ausschluss eines Außenseiters	Alle Jugendlichen führen ein vorgegebenes Rollenspiel mit einer Außenseiterproblematik durch. Die erste Spielversion hat einen ungünstigen Ausgang.	Wandzeitung, Filzstifte, Videogerät, Monitor
Toleranz gegenüber andersartigen Personen einüben	Das gleiche Rollenspiel wird mit einem günstigen Spielverlauf dargestellt. Einzelne Jugendliche ergreifen gegen die Gruppe Partei für den Außenseiter.	Wandzeitung und Filzstifte
Verhalten und Selbstkontrolle durch individuelle Regeln einüben	Rückmeldung mit Hilfe von Selbst- und Fremdeinschätzung zu den individuellen Regeln	Wandzeitung und Filzstifte
Selbstbeobachtung und/oder ein spezifisches Verhalten einüben	Erinnern an getroffene Absprachen zur Verhaltensbeobachtung oder -einübung sowie neue Aufgaben	Tagebuch

Spiegelstriche auf dem vorgefertigten Blatt Papier, hinter die jeder Jugendliche Beispiele aufschreiben soll. Die Jugendlichen haben also die Aufgabe, den begonnenen Satz zu vervollständigen. Jeder soll dabei für sich arbeiten, ohne sich von einem anderen beeinflussen oder ablenken zu lassen. Wer fertig ist, heftet seinen Zettel an die Wandzeitung. Hängen alle Zettel, informiert sich jeder über die Vorstellungen der anderen. Es können Fragen dazu gestellt werden, jeder Jugendliche soll seine Ausführungen noch einmal kurz erklären oder mit Beispielen belegen. Hierbei sollen alle Jugendlichen zuhören.

Ein Ergebnis dieser Aufgabe kann wie folgt aussehen:

Was ist ein Außenseiter?

Ein Außenseiter ist für mich, wenn ...
- er einer anderen Mode nachgeht als wir;
- er ein Einzelgänger ist;
- er nur doof rumquatscht;
- einer ausgeschlossen wird;
- alle gegen ihn sind;
- er nichts bieten kann, wo andere viel bieten, zum Beispiel Geld;
- er sich von der Gruppe fernhält;
- er keinen Anschluss an eine Gruppe finden will;
- er von der Gruppe abgelehnt wird.

3. Nach dieser Vorbereitung folgt das *erste Rollenspiel,* dessen *Rahmenbedingungen* sind: Einige Jugendliche spielen ein Kartenspiel, wozu eine bestimmte Teilnehmerzahl notwendig ist, wie zum Beispiel beim Skat. Selbstverständlich kann auch jedes andere Spiel mit einer Mindestzahl von Mitspielern gewählt werden. Ein weiterer Jugendlicher sitzt in der Nähe und schaut lustlos umher, er langweilt sich; er stellt den Außenseiter dar. Er kennt das Kartenspiel und die dazugehörigen Regeln. Welcher Jugendliche den Außenseiter spielen soll, bestimmt der Trainer. Es soll ein Jugendlicher sein, der gut in die Gruppe integriert ist und ein gewisses Selbstbewusstsein besitzt. Der *Spielablauf* soll wie folgt von den Teilnehmern dargestellt werden:

Rollenspiel

Ein kartenspielender Jugendlicher hat keine Lust mehr mitzuspielen. Es entsteht eine Diskussion darüber, ob der Außenseiter für ihn mitspielen darf oder nicht. Das Spiel kann vorerst nicht fortgesetzt werden, weil die Gruppe sich nicht einigen kann, ob der Außenseiter nun mitspielt oder nicht. Dieser beobachtet die Diskussion, beteiligt sich aber nicht an ihr. Der Streit führt bei den Jugendlichen zu *schlechter Laune* und *Spielunlust.* Als die Gruppe den Außenseiter schließlich doch fragt, *lehnt* dieser *ab,* mitzuspielen.

Das Rollenspiel soll circa fünf bis maximal acht Minuten dauern; danach folgt eine Reflexion mit Hilfe der Videoaufzeichnung und einer Wandzeitung. Auf der Wandzeitung sollen folgende Aspekte der Reflexion bedacht und bearbeitet werden:

- Warum wird jemand abgelehnt?
- Warum hat eine Gruppe Vorurteile gegenüber einer bestimmten Person?
- Wird die eigene Person durch einen Außenseiter aufgewertet?
- Werden auf den Außenseiter Gefühle abgeladen?
- Wird der Gruppenzusammenhalt durch einen Außenseiter größer?
- Wie sind die Gefühle des Außenseiters?

Bei der Reflexion wird in *vier Schritten* vorgegangen:
- *Erstens* sollen die Jugendlichen die negativen Auswirkungen nennen, die durch den Ausschluss des Außenseiters beziehungsweise durch das lange Zögern und Diskutieren entstanden.
- *Zweitens* lesen sich die Jugendlichen die Fragen auf der Wandzeitung genauestens durch; eventuell liest sie der Trainer vor.
- *Drittens* wird das Rollenspiel per Video angesehen.
- *Viertens* werden mit Hilfe dieser Gedächtnisauffrischung und der Erfahrung im Rollenspiel die Fragen diskutiert.

Die Fragen können nun zu folgenden Ergebnissen führen:
- Warum wird ein Außenseiter abgelehnt? Man kann ihn nicht leiden; der Außenseiter redet blödes Zeug; der Außenseiter stellt sich doof an.
- Was für eine Rolle spielen Vorurteile? Der Außenseiter ist zum Beispiel „ätzend" angezogen; dadurch kann man auf seine Person schließen.
- Fühlt man sich dem Außenseiter gegenüber als überlegen? Der Außenseiter wird klein gemacht und deshalb kann bei einer Gruppe das Gefühl der Überlegenheit entstehen.
- Werden Gefühle auf den Außenseiter abgeladen? Jugendliche meinen, dass die Gefühle in

früheren Situationen mit dem Außenseiter entstanden sind, und sie sich später in einer Situation entladen. Sie glauben weniger, dass Ärgersituationen mit anderen Personen, die vorher entstanden, auf den Außenseiter übertragen werden. Erkannt wird jedoch, dass ein Außenseiter ein Auslöser sein kann und vorher aufgestauter, gegen ihn gerichteter Ärger zum Ausbruch kommt.

- Verändert sich durch den Außenseiter der Gruppenzusammenhalt? Jugendliche stellen fest, dass die Gruppe auf jeden Fall Macht hat und diese gegenüber einem Außenseiter ausüben kann.
- Welche Gefühle hat ein Außenseiter? Ein Außenseiter wagt nichts zu sagen; er fürchtet Contra-Argumente und Bemerkungen von anderen; er fühlt sich unterdrückt.

4. Nach dieser Auswertung folgt ein *zweites Rollenspiel.* Es hat die *gleichen Rahmenbedingungen* und beginnt genauso wie das erste Rollenspiel, jedoch mit folgender Änderung:

Rollenspiel

Eine Jugendlichengruppe spielt Karten. Ein Mitspieler will nicht mehr mitspielen. Eine Fortsetzung des Spiels ist nur mit einer bestimmten Anzahl von Mitspielern möglich; wodurch eine Diskussion in der Spielerrunde entsteht. Ein Jugendlicher aus der Gruppe ergreift nach kurzer Zeit Partei für den Außenseiter. Er argumentiert dafür, den Außenseiter mitspielen zu lassen, da er das Spiel auch beherrscht. Außerdem – was ist schon dabei, wenn er mitspielt! Zuerst steht der Jugendliche mit seiner Ansicht alleine und muss eine Weile gegen die Gruppe argumentieren. Schließlich lässt sich ein weiterer Jugendlicher von diesen Argumenten überzeugen und ergreift ebenfalls Partei für den Außenseiter.

Und es entsteht noch einmal eine Diskussion darüber, ob der Außenseiter mitspielen darf. Am Ende lenken die Jugendlichen, die dagegen waren, ein. Der Außenseiter wird vom parteiergreifenden Jugendlichen gefragt, und diesmal ist er bereit, mitzuspielen.

Auch dieses Rollenspiel, das bis zu zehn Minuten dauern kann, wird mit Video aufgenommen.

Die Auswertung und Reflexion soll den Jugendlichen zeigen, worin sich die *Toleranz* des für den Außenseiter argumentierenden Spielers äußerte und dass ein Mindestmaß an Toleranz gerade gegenüber andersartigen Personen notwendig ist. Die Auswertung soll weiter aufzeigen, wie schwer es ist, *selbstsicher* und *selbstkontrolliert* gegen einen *Gruppendruck* zu argumentieren. Dazu sollen die Jugendlichen folgende Fragen, die auf einer Wandzeitung stehen, überdenken:

- Wie schwer fanden die „Helfer" die Überzeugungsarbeit, damit die anderen den Außenseiter mitspielen lassen?
- Welche Gefühle entstanden bei ihnen dabei?

Zur Unterstützung werden die Videoaufnahmen mit dem zweiten Rollenspiel angesehen. Für manchen Jugendlichen, der für den Außenseiter spricht, ist es am bedeutsamsten zu erleben, wie sich die Argumente der Jugendlichen, die den Außenseiter ablehnen, nun auch gegen ihn persönlich richten. Der Jugendliche kommt sich von den anderen allein gelassen vor, fühlt sich selbst wie ein Außenseiter. Die Auswirkungen in Mimik, Gestik und Sprache (Art der Argumente) sind in der Regel deutlich im Videofilm zu sehen und beeindrucken die Jugendlichen.

- *Rückmeldung zu den individuellen Regeln*

5. Die für jeden Jugendlichen nachvollziehbare und *kontrollierbare Rückmeldung* wird – wie in 6.2.2.1 dargestellt – durchgeführt.

- *Erinnern an eine Tagebuchaufgabe*

6. Es gelten die Kriterien und Vorgehensweisen von 6.2.2.1. Als neue Aufgabe bietet sich eine Beobachtungsaufgabe an: Wie oft bin ich täglich andersartigen Personen gegenüber intolerant? Oder: Wie oft fühle ich mich als Außenseiter und werde nicht akzeptiert? Oder: Wie habe ich mich heute einem Außenseiter gegenüber verhalten (neutral, tolerant, freundlich, unfreundlich, ablehnend, vermeidend, bedrohend)?

Materialien

Als Materialien kommen wiederum die komplette Videoanlage, die vorbereiteten Wandzeitungen, Filzstifte, ein Kartenspiel oder ein anderes Spiel, Tagebuchblätter sowie die vorbereiteten Blätter, mit denen die Merkmale eines Außenseiters gesammelt werden, zum Einsatz.

Ein **AUSSENSEITER** ist für mich, **WENN**

———

———

———

6.2.2.8 Umgehen mit Kritik im Beruf

Ziele

1. Der Jugendliche soll für seine Bemühungen, Fortschritte oder die Lösung seiner Probleme im Alltag eine klare *Orientierung* gewinnen. Aus diesem Grund benötigt er eine differenzierte *Rückmeldung* zu seinen Verhaltensbeobachtungs- und Verhaltensübungsaufgaben.
2. Einmal sollen die *Frustrationstoleranz bei berechtigter Kritik gesteigert,* ein *angemessener Umgang* damit geübt und die *selbst-* und *fremdverschuldeten Ursachenanteile* bei der Kritik *unterschieden* werden.
3. Zum anderen sollen die *Frustrationstoleranz bei unberechtigter Kritik gesteigert,* ein *sozial kompetenter Umgang* damit eingeübt und die *selbst-* und *fremdverschuldeten Ursachenanteile* bei der Kritik *unterschieden* werden.
4. *Individuelle Regeln* für die Gruppensitzungen sollen einer gezielten Verhaltensänderung und der Einübung von Selbstkontrolle dienen, wobei dieser Prozess direkt von dem Trainer und den Jugendlichen zu *kontrollieren* und mit einer *Rückmeldung* zu versehen ist.
5. Der Jugendliche soll weiter üben, im *Alltag* sich selbst zu *beobachten* und/oder ein bestimmtes *Verhalten* zu zeigen.

Praktisches Vorgehen

- *Auswertung des Tagebuches*

1. Durch die Auswertung des Tagebuches erhalten die Jugendlichen *Orientierung und Rückmeldung* (vgl. 6.2.2.1 und 6.2.2.2).

- *Themenarbeit mit Materialien und Rollenspiel*

2. Um die *Frustrationstoleranz bei Kritik zu erhöhen* und einen *angemessenen Umgang* damit zu fördern, werden insgesamt zwei Rollenspiele durchgeführt. Es spielen immer zwei Jugendliche zusammen, wobei der eine die Rolle des Kritikers innehat und der andere die Kritik erfährt. Die zu spielende Situation ist genau vorgegeben, dazu erhalten die Jugendlichen eine Situations- und Rollenbeschreibung. Im ersten Rollenspiel geht es um *berechtigte Kritik.* Für beide Rollenspiele werden Jugendliche, die im Alltag besondere Probleme im Umgang mit Kritik haben, für die

Tabelle 21: Ziele, praktisches Vorgehen und Materialien der achten Sitzung des Gruppentrainings.

Ziele	Praktisches Vorgehen	Materialien
Rückmeldung geben zur Verhaltensbeobachtung und Verhaltensübung	Auswertung des Tagebuches, mit jedem Jugendlichen einzeln	Tagebuch
Steigerung der Frustrationstoleranz bei berechtigter Kritik Unterscheiden von selbst- und fremdverschuldeten Ursachen bei Kritik	Zwei Jugendliche erhalten eine Rollenspielvorlage. Sie sollen eine Berufsschulsituation nachstellen, in der der Auszubildende wegen Zuspätkommens vom Berufsschullehrer kritisiert wird und Konsequenzen erfährt.	Rollenspielvorlage Videogerät, Kamera, Monitor oder Kassettenrecorder Wandzeitung und Filzstifte
Steigerung der Frustrationstoleranz bei unberechtigter Kritik Unterscheiden von selbst- und fremdverschuldeten Ursachen bei Kritik	Zwei Jugendliche erhalten eine Rollenspielvorlage. Sie sollen eine Situation im Ausbildungsbetrieb nachspielen, in der der Auszubildende vom Meister ungerechtfertigt beschuldigt wird, Ausbildungsunterlagen mitgenommen zu haben.	Rollenspielvorlage Videogerät, Kamera, Monitor oder Kassettenrecorder Wandzeitung und Filzstifte
Verhalten und Selbstkontrolle durch individuelle Regeln einüben	Rückmeldung mit Hilfe von Selbst- und Fremdeinschätzung zu den individuellen Regeln	Wandzeitung und Filzstifte
Selbstbeobachtung und/oder ein spezifisches Verhalten einüben	Erinnern an getroffene Absprachen zur Verhaltensbeobachtung oder -einübung sowie neue Aufgaben	Tagebuch

Rolle desjenigen ausgewählt, der die Kritik erfährt. Das Rollenspiel soll entweder mit einem Video- oder einem Kassettenrecorder aufgezeichnet werden. Der Ablauf des ersten Rollenspiels sieht wie folgt aus:

Rollenspiel

Die Situation spielt in einer Berufsschule. Es interagieren ein Berufsschullehrer und ein Lehrling.
Lehrling: Er kommt zum dritten Mal hintereinander eine Stunde zu spät zum Berufsschulunterricht.
Berufsschullehrer: Er kritisiert das Zuspätkommen und droht mit Konsequenzen. Der versäumte Stoff muss mit einem entsprechenden Hausaufgabenpensum nachgearbeitet werden, da der Lehrling sonst das Ausbildungsprogramm nicht schafft. Außerdem müssen gewisse Regeln eingehalten werden.
Lehrling: Er versucht, verschiedene Entschuldigungen für sein Zuspätkommen glaubhaft zu machen, dass er zum Beispiel den Bus verpasst oder den Wecker nicht gehört hat. Er verspricht, den versäumten Stoff nachzuarbeiten und sich zu bemühen, zukünftig pünktlich zum Unterrichtsbeginn zu erscheinen.

Zur Auswertung werden die Jugendlichen in zwei Gruppen geteilt. Die eine Gruppe soll Gründe nennen, die aufzeigen, dass die *Ursachen bei der Person* des Lehrlings selbst liegen; die andere Gruppe führt Gründe an, die zur Entlastung des Lehrlings beitragen, da sie außerhalb seiner Person liegen, die Situation also *von anderen Personen oder äußeren Umständen verursacht* wurde.

Der Trainer protokolliert die Begründungen beider Gruppen auf einer Wandzeitung. Jede Gruppe nennt abwechselnd ein Argument für oder gegen den Lehrling im Sinne einer entsprechenden Ursachenzuschreibung. Es soll dabei deutlich werden, dass es sich in diesem Rollenspiel um berechtigte Kritik des Berufsschullehrers handelt und eine interne Ursachenzuschreibung angemessen ist. Abschließend wird besprochen, ob der Umgang mit der berechtigten Kritik angemessen war oder nicht. Bestehen bei der Bewertung Zweifel, so soll die Video- oder Kassettenrecorderaufzeichnung Klärung bringen. Mögliche angemessene Reaktionen auf Kritik, auch solche, die im Rollenspiel nicht gezeigt wurden, werden zusammengestellt.

3. Es folgt das zweite Rollenspiel. Auch durch dieses sollen *Frustrationstoleranz gesteigert* und *sozial kompetentes Verhalten* bei Kritik eingeübt werden. In diesem Rollenspiel ist die *Kritik* jedoch *unberechtigt*. Es werden zwei weitere Jugendliche ausgewählt, um die Rollen eines Lehrlings und eines Meisters zu spielen. Auch dieses Rollenspiel soll entweder mit einem Video- oder Kassettenrecorder aufgenommen werden. – Der Ablauf des zweiten Rollenspiels gestaltet sich so:

Rollenspiel

Die Situation spielt in einem Ausbildungsbetrieb. Ein Meister und ein Lehrling haben folgendes Problem:
Meister: Er spricht einen Lehrling gezielt an. Wichtige Ausbildungsunterlagen sind verschwunden. Der Meister beschuldigt den Lehrling, er habe diese wieder mitgenommen. Tatsächlich hatte er eine Woche vorher aus Versehen solche Unterlagen mit nach Hause genommen. Er bestritt damals, die Unterlagen zu haben, suchte erst nach eindringlichem Fragen des Meisters zu Hause nach und brachte die Unterlagen schließlich am nächsten Tag mit.
Lehrling: Diesmal wird er jedoch unberechtigt beschuldigt. Er fühlt sich ungerecht behandelt und ungerechtfertigt kritisiert. Er ist sehr wütend darüber. Dennoch versucht er, sich angemessen zu wehren und den Meister vom Gegenteil zu überzeugen. Er weist zum Beispiel darauf hin, dass er in dieser Woche mit den Unterlagen noch nicht gearbeitet hat.

Dieses Rollenspiel wird genauso ausgewertet wie das erste. Die Argumente der beiden Gruppen müssen verdeutlichen, dass es sich um voreingenommene und ungerechtfertigte Kritik des Meisters handelt, und dies muss sich in entsprechende Ursachenzuschreibungen niederschlagen. Eine Wandzeitung mit den Ursachenzuschreibungen bei berechtigter und unberechtigter Kritik kann so aussehen:

Rollenspiel 1 = Situation Berufsschule

Gruppe 1 ← URSACHEN → Gruppe 2

Beim Lehrling
- Muss früher schlafen gehen
- Ist beim Wecken nicht aufgestanden
- Könnte ein zuverlässiges Familienmitglied bitten, ihn zu wecken
- Keine Lust

Bei anderen und äußeren Umständen
- Zimmerkamerad, zum Beispiel Bruder, hat ihn abends nicht einschlafen lassen
- Wecker überhört
- Ein zuverlässiger Wecker ist nicht da
- Dem Lehrling war übel (krank)

Rollenspiel 2 = Situation Ausbildungsbetrieb

Gruppe 1 ← URSACHEN → Gruppe 2

Beim Lehrling
- Der Lehrling hat schon einmal die Mappe eingesteckt
- Das gleiche Verhalten: in beiden Fällen streitet der Lehrling ab
- Unangemessenes Verteidigen und Vorwürfe dem Meister gegenüber

Bei anderen und äußeren Umständen
- Ein anderer hat dem Lehrling die Mappe zugesteckt
- Er wusste beim ersten Mal auch nicht, dass er die Mappe hat
- Vorheriger Ärger in der Werkstatt kann dazu führen, dass der Lehrling unaufmerksam war und die Mappe bei ersten Mal versehentlich einsteckte
- Unangemessenes Verhalten des Meisters

Soll das zweite Rollenspiel erschwert oder ein drittes hinzugefügt werden, so wird das zweite Spiel mit folgender Variante gespielt: Der Lehrling berichtet, dass er mit den Unterlagen in dieser Woche noch nicht gearbeitet, aber den Lehrling X damit gesehen hat. Daraufhin verdächtigen neben dem Meister alle anderen Auszubildenden den Jugendlichen. Er fühlt sich hilflos, von allen abgelehnt und versucht dennoch, sich angemessen zu wehren.

- *Rückmeldung zu den individuellen Regeln*

4. Die für jeden Jugendlichen nachvollziehbare und *kontrollierbare Rückmeldung* wird ausgeführt (vgl. 6.2.2.1).

- *Erinnern an eine Tagebuchaufgabe*

5. Es gelten die Kriterien und Vorgehensweisen von 6.2.2.1. Als neue Regel kann formuliert werden: „Erfahre ich Kritik, denke ich zuerst nach! Ist sie berechtigt? Wieviel Schuldanteile habe ich? Was kann ich tun?" Der Jugendliche notiert im Tagebuch, ob er bei Kritik diesen Gedankengang realisiert hat und angemessen reagieren konnte.

Materialien

Es wird ein Kassettenrecorder oder eine Videoanlage benötigt, um im Bedarfsfalle die Rollenspiele anzuhören beziehungsweise anzusehen, wenn nämlich die Jugendlichen ihre Reaktionen nicht einschätzen können. Wandzeitungen und Filzstifte sowie Tagebuchblätter werden ebenfalls verwendet. Als Rollenspielvorlage müssen für beide Rollenspiele je eine Situations- und Rollenbeschreibung vorbereitet werden, die die Jugendlichen schriftlich in die Hand bekommen.

6.2.2.9 Umgehen mit Misserfolg

Ziele

1. Der Jugendliche soll für seine Bemühungen, Fortschritte oder die Lösung seiner Probleme im Alltag eine klare *Orientierung* gewinnen.

Tabelle 22: Ziele, praktisches Vorgehen und Materialien der neunten Sitzung des Gruppentrainings.

Ziele	Praktisches Vorgehen	Materialien
Rückmeldung geben zur Verhaltensbeobachtung und Verhaltensübung	Auswertung des Tagebuches, mit jedem Jugendlichen einzeln	Tagebuch
Steigerung der Frustrationstoleranz bei Misserfolg Sich für eine Sache längerfristig und ausdauernd einsetzen	Der Trainer spielt einen Jugendlichen, der durch seine teils aggressive, teils resignierte Art, mit Misserfolgen bei der Lehrstellensuche umzugehen, die anderen Jugendlichen zum Nachdenken und Widersprechen reizen will.	Videogerät, Kamera, Monitor oder Kassettenrecorder Wandzeitung und Filzstifte
Bei einer Bewerbung einen Misserfolg verarbeiten Die eigene Person positiv präsentieren	Jeder Jugendliche macht mit dem Trainer ein Rollenspiel, in dem ein Vorstellungsgespräch geübt wird. Der Trainer hat die Rolle des Chefs bzw. Meisters, der Jugendliche spielt einen Stellenbewerber.	Videogerät, Kamera, Monitor Wandzeitung und Filzstifte
Verhalten und Selbstkontrolle durch individuelle Regeln einüben	Rückmeldung mit Hilfe von Selbst- und Fremdeinschätzung zu den individuellen Regeln	Wandzeitung und Filzstifte
Selbstbeobachtung und/oder ein spezifisches Verhalten einüben	Erinnern an getroffene Absprachen zur Verhaltensbeobachtung oder -einübung sowie neue Aufgaben	Tagebuch

Aus diesem Grund benötigt er eine differenzierte *Rückmeldung* zu seinen Verhaltensbeobachtungs- und Verhaltensübungsaufgaben.

2. Der Jugendliche soll lernen, in Misserfolgssituationen seine *Frustrationstoleranz zu steigern,* also nicht aufzugeben, sogar *neue Lernmöglichkeiten, Lernhilfen* und *Ideen* zu erkennen und zu finden. Er soll lernen, sich *längerfristig* und *ausdauernd* für eine Sache *einzusetzen,* auch wenn sie momentan wenig Aussicht auf Erfolg zu haben scheint.
3. Er soll wiederholt üben, mit einer *Bewerbungssituation,* deren Ausgang zudem unklar oder sogar *erfolglos* sein kann, so *umzugehen,* dass er die eigene Person mit ihren Fähigkeiten und Interessen *positiv präsentiert.*
4. *Individuelle Regeln* für die Gruppensitzungen sollen einer gezielten Verhaltensänderung und Einübung von Selbstkontrolle dienen, wobei dieser Prozess direkt von dem Trainer und den Jugendlichen zu *kontrollieren* und mit einer *Rückmeldung* zu versehen ist.
5. Der Jugendliche soll weiter üben, im *Alltag* sich selbst zu *beobachten* und/oder ein bestimmtes *Verhalten* zu zeigen.

Praktisches Vorgehen

• *Auswertung des Tagebuches*

1. Durch die Auswertung des Tagebuches erhalten die Jugendlichen *Orientierung* und *Rückmeldung* (vgl. 6.2.2.1 und 6.2.2.2).

• *Themenarbeit mit Materialien und Rollenspiel*

2. Der Trainer und alle Jugendlichen spielen zusammen ein Rollenspiel. Die Rollenspielsituation gestaltet sich wie folgt: Der Trainer spielt einen lehrstellensuchenden Jugendlichen. Er kommt in den Jugendtreff und stößt dort auf die anderen Jugendlichen. Er setzt sich zu ihnen und schimpft darüber, dass er schon wieder bei einem Lehrstellengesuch abgelehnt wurde. Die Gruppe der Jugendlichen fragt genauer nach. Der Bewerber berichtet von 50 Bewerbungen im Umkreis von 80 Kilometern. Zu diesen 50 Bewerbungen erhielt er nur 35 Rückmeldungen, bei nur fünf Betrieben wurde er zu Vorstellungsgesprächen eingeladen. Er bewarb sich ausschließlich als Malerlehrling.

Die anderen Jugendlichen sollen einerseits genauere Einzelheiten erfragen und andererseits dem Lehrstellensuchenden Tipps geben, was man noch tun kann. Der Trainer lehnt im Rollenspiel die Tipps zunächst ab und erklärt, teils wütend, teils resigniert, dass er alles versucht und nichts erreicht hat. Die anderen Jugendlichen sollen bei dieser *Misserfolgssituation* nicht aufgeben, nach Vorschlägen zu suchen, um die Chancen für eine Lehrstelle zu verbessern. Der Trainer in der Rolle des Lehrstellensuchenden setzt im Rollenspiel negative Selbstverbalisationen ein, wie sie häufig bei Jugendlichen zu beobachten sind: „Es hat sowieso keinen Sinn, sich anzustrengen! Es gibt keine berufliche Zukunft!"

Das Rollenspiel muss von dem lehrstellensuchenden Trainer so schwierig gestaltet werden, dass die Jugendlichen in der Pro-Argumentation üben, umfassend *Ideen zu sammeln* und damit dem *Lehrstellensuchenden* verdeutlichen, dass längerfristige Anstrengungen nötig sind. Denn nur so kann Misserfolg positiv und langfristig erfolgreich bewältigt werden.

Während dieses Rollenspiels protokolliert entweder der zweite Trainer alle positiven Vorschläge der anderen Jugendlichen auf einer Wandzeitung oder es werden von dem Rollenspiel Aufnahmen per Video beziehungsweise Kassettenrecorder gemacht. Aus diesen Aufzeichnungen werden die positiven Vorschläge ausgewählt und auf einer Wandzeitung notiert.

Argumente von Jugendlichen aus diesem Rollenspiel, in dem der Trainer einen hoffnungslosen Lehrstellensuchenden spielt, erbrachten folgende Tipps für Stellensuchende:
- Hingehen zu Firmen, besonders wo man vielleicht schon bekannt ist, und nachfragen, ob eine Stelle vorhanden ist.
- Auch ohne Stellenangebot bewerben.
- Per Telefonbuch Adressen von Firmen, Betrieben und Werkstätten suchen.
- Einen anderen Beruf wählen, wenn im gewünschten Lehrberuf keine Lehrstelle zu finden ist.
- Eine moderne Kleidung macht Eindruck, abgetragene Sachen nicht.
- Ruhig bleiben, sich auf das Gespräch konzentrieren und, bevor man eintritt, sammeln, zum Beispiel vorher ein Entspannungstraining durchführen.
- Vorher überlegen, was man sagen will. Einen gepflegten Ton anschlagen, ohne motzige und schimpfende Stimme.
- Sauber und gepflegt aussehen.
- Hobbys und Interessen angeben.
- Die Bewerbung mit Schreibmaschine schreiben, und zwar auf unliniiertes Papier.

3. Nun werden ein zweites Mal Vorstellungsgespräche geprobt. Jeder Jugendliche übt wiederholt, mit einer solchen *Bewertungssituation umzugehen,* sich *optimal* zu *präsentieren,* auch wenn man mit einem Misserfolg rechnen muss. Bei diesen Rollenspielen übernimmt der Trainer die Rolle des Personalchefs beziehungsweise Meisters. Es wird dabei die Situation vorgegeben, dass alle Jugendlichen sich bei derselben Firma um einen Arbeitsplatz beworben haben, eine betriebsinterne Testphase bereits hinter sich haben und dass nun das persönliche Vorstellungsgespräch folgt. Der Trainer bestimmt die Reihenfolge der sich vorstellenden Jugendlichen. Jedes Vorstellungsgespräch soll ungefähr vier Minuten dauern; ihm schließt sich direkt eine Rückmeldung zum Verhalten in der Vorstellungssituation an. Die Rückmeldung erfolgt vom Trainer und alle Jugendlichen können sich daran beteiligen. Sie soll sich auf Mimik, Gestik, Körperhaltung, Sprachverhalten und inhaltliche Aussage des sich vorstellenden Jugendlichen beziehen. Das Verhalten des Personalchefs im Rollenspiel orientiert sich an folgenden Fragen:

- Wo haben Sie Ihre Ausbildung gemacht?
- Wo haben Sie bisher gearbeitet? Welche Arbeitserfahrungen konnten Sie sammeln und welche Spezialisierungen haben Sie vorgenommen?
- Warum haben Sie sich bei unserer Firma beworben?
- Welche Vorstellungen haben Sie, in unserem Betrieb zu arbeiten?
- Wie schätzen Sie sich hinsichtlich Ihrer Arbeitsleistungen ein?
- In unserem Betrieb gibt es Situationen, in denen kurzfristig Überstunden geleistet werden müssen! Wären Sie dazu bereit?
- Haben Sie noch irgendwelche Fragen an mich oder ist Ihnen noch irgend etwas unklar?

Diese Rollenspiele werden auf jeden Fall mit Video festgehalten. Ergeben sich in der Diskussion Unstimmigkeiten und Zweifelsfälle, so kann dies mit den Videoaufnahmen nachgeprüft werden. Die Jugendlichen sehen sich diese Aufnahmen gerne im Vergleich zu den ersten Vorstellungsgesprächen aus der dritten Sitzung an, um ihre Fortschritte zu begutachten. Dies ist im Sinne einer Selbstverstärkung sinnvoll. Die Jugendlichen haben in ihrer frei verfügbaren Zeit am Ende der Sitzung Gelegenheit, diese Videoaufnahmen vollständig anzuschauen.

- *Rückmeldung zu den individuellen Regeln*

4. Die für jeden Jugendlichen nachvollziehbare und kontrollierbare Rückmeldung wird – wie in 6.2.2.1 dargestellt – durchgeführt.

- *Erinnern an eine Tagebuchaufgabe*

5. Es gelten die Kriterien und Vorgehensweisen von 6.2.2.1. Eine neue Regel kann lauten: „Hatte ich heute einen Misserfolg? Wenn ja, was kann ich daraus lernen?" Der Jugendliche soll sich stichwortartig dazu Notizen machen.

Materialien

Es werden wieder Wandzeitungen und Filzstifte benötigt. Zur Dokumentation der Vorstellungsgespräche wird eine Videoanlage eingesetzt. Ein Kassettenrecorder kann im ersten Rollenspiel wahlweise zur Videoanlage benutzt werden. An Tagebuchblätter ist zu denken.

6.2.2.10 Rückmeldungen zum Training

Ziele

1. Der Jugendliche soll für seine Bemühungen, Fortschritte oder die Lösung seiner Probleme im Alltag eine klare *Orientierung* gewinnen. Aus diesem Grund benötigt er eine differenzierte *Rückmeldung* zu seinen Verhaltensbeobachtungs- und Verhaltensübungsaufgaben.
2. Der Jugendliche soll dem *Trainer* eine *Rückmeldung* über das gesamte Training geben und dabei *negative Kritik angemessen formulieren* und auch *positive Äußerungen* vorbringen. Der Jugendliche soll aus seiner Sicht Verhaltensänderungen wie auch Schwierigkeiten nennen.
3. Der Jugendliche erhält eine zusammenfassende *Rückmeldung,* bei der er einerseits *Kritik an eigenen* und *erkennbaren Fehlern akzeptieren* und andererseits *Lob* und *Anerkennung* für Fortschritte *annehmen* und sich darüber freuen soll.
4. Danach verabschiedet sich der Trainer von der Gruppe und jedem einzelnen Jugendlichen und gibt ihm nochmals eine *persönliche Rückmeldung.*
5. *Individuelle Regeln* für die Gruppensitzungen sollen einer gezielten Verhaltensänderung und der Einübung der Selbstkontrolle dienen, wobei dieser Prozess direkt von dem Trainer und den Jugendlichen zu *kontrollieren* und mit einer *Rückmeldung* zu versehen ist.

Tabelle 23: Ziele, praktisches Vorgehen und Materialien der zehnten Sitzung des Gruppentrainings.

Ziele	Praktisches Vorgehen	Materialien
Rückmeldung geben zur Verhaltensbeobachtung und Verhaltensübung	Auswertung des Tagebuches, mit jedem Jugendlichen einzeln	Tagebuch
Rückmeldung für den Trainer Negative Kritik angemessen formulieren Positive Kritik nicht vergessen	Jeder Jugendliche schreibt für sich seine Eindrücke, Erfahrungen und Lernergebnisse auf vorbereitete Zettel, die mit vier Fragen versehen sind. Ein gemeinsames Gespräch darüber folgt.	Vier vorbereitete Zettel für jeden Jugendlichen Wandzeitung und Klebeband
Rückmeldung für die Jugendlichen Kritik an eigenen, erkennbaren Fehlern akzeptieren Fortschritte und Lob anerkennen	Für jeden Jugendlichen ist eine Wandzeitung vorbereitet, auf der sich nach vier Kriterien Kurven zur Verhaltensänderung befinden. Diese werden jedem Jugendlichen erklärt und seine Problembereiche wie Fortschritte aufgezeigt.	Wandzeitungen mit Rückmeldungskurven
Verabschieden und persönliche Rückmeldung für jeden Jugendlichen	Der Trainer zieht in allgemeiner Form kurz Bilanz über den Trainingsverlauf und übergibt jedem Jugendlichen einen persönlichen Brief.	Brief für jeden Jugendlichen
Verhalten und Selbstkontrolle durch individuelle Regeln einüben	Rückmeldung mit Hilfe von Selbst- und Fremdeinschätzung zu den individuellen Regeln	Wandzeitung und Filzstifte

Praktisches Vorgehen

• *Auswertung des Tagebuches*

1. Ein letztes Mal erfolgt die Auswertung des Tagebuches wie in 6.2.2.1 und in 6.2.2.2 beschrieben. Von dem Auswertungsblatt, das der Trainer anlegte, erhält jeder Jugendliche eine Fotokopie, die seine Bemühungen über das gesamte Gruppentraining dokumentiert. Der Jugendliche gewinnt so eine *Orientierung* und *Rückmeldung* für seine Bemühungen.

• *Themenarbeit mit Materialien und Rollenspiel*

2. Die Jugendlichen sollen ihre Eindrücke und Erfahrungen während des Trainings anhand von vier Fragen reflektieren:

- Was war das Wichtigste für mich (z. B. an Fortschritten, Verhaltensänderungen, Einsichten...)?
- Was hat mir gut gefallen (z. B. Arbeitsformen, Themen, Materialien, Atmosphäre...)?
- Was hat mir nicht gefallen?
- Womit hatte ich die größten Schwierigkeiten?

Die Jugendlichen erhalten für 15 Minuten Gelegenheit, zu diesen Fragen schriftlich Stellung zu nehmen. Dazu bekommt jeder Jugendliche vier Zettel (vgl. Vorlage S. 141). Auf jedem Zettel ist eine Frage vermerkt. Die Jugendlichen müssen so platziert sein, dass keiner den anderen stört und keine wechselseitige Beeinflussung möglich ist. Die Auswertung erfolgt mit Hilfe einer Wandzeitung, auf der die Fragen noch einmal aufgeführt sind. Die von den Jugendlichen ausgefüllten Zettel werden spaltenweise den Fragen zugeordnet und an die Wandzeitung geheftet. Der Trainer liest die Antworten vor, Fragen können bei dieser Gelegenheit von jedem Teilnehmer eingebracht werden und die Jugendlichen können ergänzende Erklärungen abgeben.

Damit üben die Jugendlichen noch einmal, *positive und negative Kritik zu formulieren,* und zugleich erhält der *Trainer* eine *Rückmeldung* von den Jugendlichen, wie das Training, die Inhalte, Materialien und Vorgehensweisen bei ihnen ankamen und wovon sie glauben, etwas profitiert zu haben. – Zu den vier Fragen geben die Jugendlichen beispielsweise folgende Rückmeldung:

Was war das Wichtigste für mich?

- Lernen aus Vorstellungsgesprächen
- Sehen können, wie manche Leute sich fühlen
- Mit Misserfolgen umgehen lernen
- Ich weiß jetzt, wie ich mich in Schule und Beruf zu verhalten habe.
- Ich habe gelernt, Termine einzuhalten.
- Ich weiß jetzt, dass man durch den eigenen Willen mehr erreichen kann; die Erfolge kann man später an sich sehen.
- Die Vorstellungsrollenspiele kann ich gut für draußen gebrauchen.

Was hat mir gut gefallen?

- Die Themen
- Die Rollenspiele
- Die Videos
- Das Kaffeetrinken
- Die Atmosphäre hat mir gut gefallen, weil jeder zu jedem Kontakt hatte
- Die Arbeitsform war locker und gelöst, und das hat mir gefallen.
- Die Zusammenarbeit mit allen, außer mit einem, hat mir gefallen.
- Die Tagebuchregel brauche ich auch immer.

Was hat mir nicht gefallen?

- Der Jugendliche „X“
- Das zügige Durcharbeiten
- Das Entspannungstraining (mit manchen Jugendlichen wurde die Progressive Muskelentspannung durchgeführt) hat mir nicht gefallen, da ich ein nervöser und zappeliger Typ bin; es ist mir schwer gefallen, mich zehn Minuten ruhig zu halten.
- Die erste Gruppentrainingsstunde hat mir nicht gefallen, weil es mir zu langweilig war, die Regeln auszuhandeln.
- Das Entspannungstraining war lächerlich.
- Die Videoaufnahmen machen nervös.

Womit habe ich die größten Schwierigkeiten?

- Mit meinen Gruppensitzungsregeln
- Mit meiner Konzentration
- Ich hatte bei dem ersten Vorstellungsgespräch (Rollenspiel) die größte Schwierigkeit, weil ich eine Situation wie diese noch nicht kannte.
- Ich hatte auch große Schwierigkeiten, nicht nervös zu wirken.
- Mit den Rollenspielen
- Immer an die Mappe zu denken, war für mich schwer.

3. In einem zweiten Schritt erhalten die Jugendlichen von dem Trainer eine Rückmeldung über die gesamte Trainingszeit. Dazu werden ihnen die Themen der Einzel- und Gruppentrainingssitzungen mit einer Wandzeitung noch einmal im Überblick vor Augen geführt. Sodann erhält *jeder Jugendliche* eine genaue *Rückmeldung nach vier Kriterien.* Die ersten beiden Kriterien sind für alle Jugendlichen gleich. Die erste Kategorie bezieht sich auf das Bemühen um Mitarbeit, nämlich Aufforderungen nachkommen und nicht verweigern; sich um Verhaltensübungen im Rollenspiel bemühen. Die zweite Kategorie umfasst das Äußern von Ideen und Vorschlägen sowie das Ergreifen von Initiative. Zur weiteren Rückmeldung werden die individuellen Regeln für die Gruppensitzungen als Kriterien herangezogen.

Um die Rückmeldung anschaulich und eindrucksvoll zu gestalten, werden die Ausprägungen der Kategorien als Kurven über den Trainingsverlauf dargestellt. Für jeden Jugendlichen wird eine Wandzeitung dazu angefertigt. Die Zeitachse umfasst die Abfolge der Einzeltrainings- und Gruppentrainingssitzungen, auf der die Ausprägungen der Kategorien als Fünfer-Abstufung abgetragen sind. Für die Zeit des Einzeltrainings können nur die zwei Kategorien zur Beurteilung der Therapiemitarbeit betrachtet werden, da zu diesem Zeitpunkt noch keine individuellen Sitzungsregeln wie im Gruppentraining bestehen. Jeder Anstieg einer Kurve bedeutet eine positive Verhaltensänderung. Mit den Kurven kann man die Therapiemitarbeit verdeutlichen; zudem lassen sich den Jugendlichen die individuellen *Trainingsfortschritte* und noch bestehende *Schwierigkeiten* – auch im Vergleich der Jugendlichen untereinander – illustrieren.

Zur Demonstration folgen von zwei Jugendlichen die Rückmeldungskurven (vgl. Abb. 6).

4. In einem abschließenden Schritt stellt der Trainer seine Sicht des Trainingsverlaufes dar. Er berichtet in allgemeiner Form über Positives und Negatives, über Fortschritte und noch vorhandene Problembereiche der Jugendlichen. Jeder Jugendliche erhält zur persönlichen Rückmeldung einen Brief. Ein solcher Brief wird nach folgenden Aspekten aufgebaut:

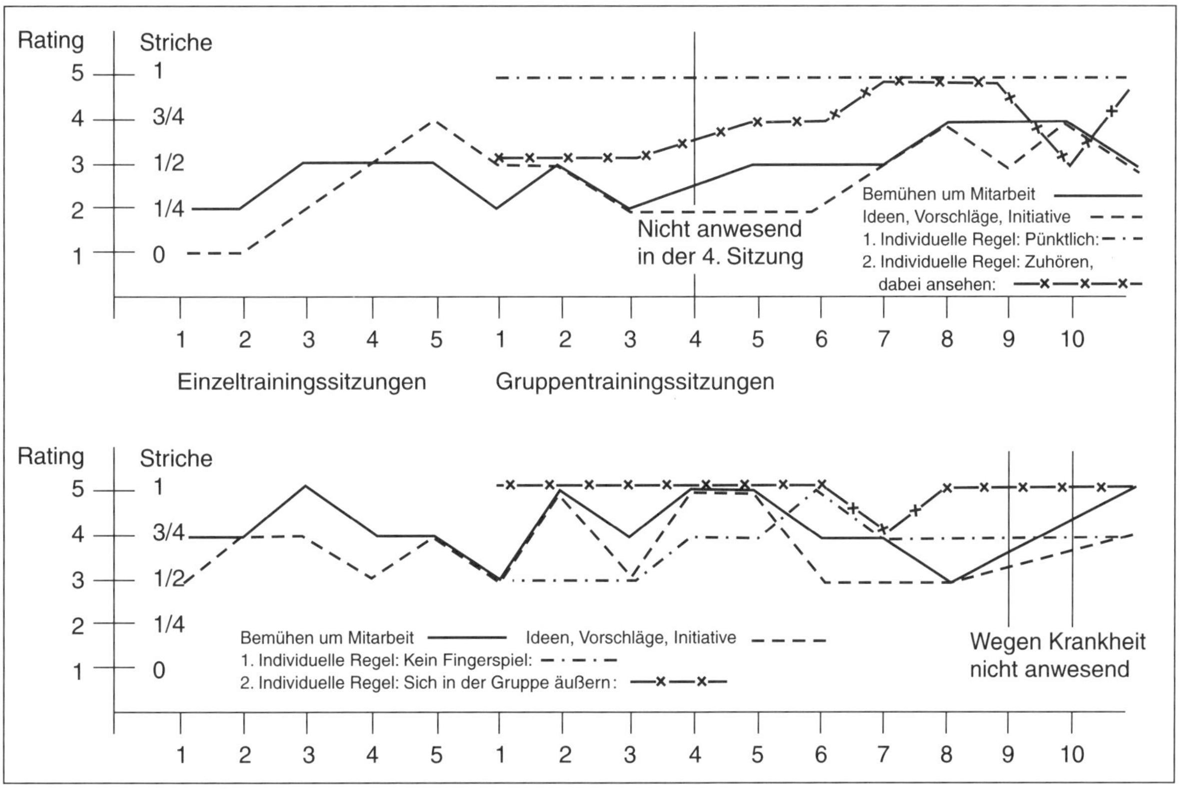

Abbildung 6: Illustration der Rückmeldungskurven für zwei Jugendliche.

a) Der Trainer schildert, wie er das Training, speziell auf den Jugendlichen bezogen, erlebt hat.
b) Ein zentrales Problem des Jugendlichen, bei dem zwar Fortschritte, aber keine ausreichende Erfolge erzielt werden konnten, wird angesprochen.
c) Dem Jugendlichen werden individuelle Fähigkeiten und Wertschätzungen aufgezeigt und deren Bedeutung für die Zukunft ausgeführt.
d) Der Trainer drückt die Hoffnung aus, dass aufgezeigte Perspektiven mit Anstrengungen und Bemühungen von dem Jugendlichen erreicht werden können. Damit soll ihm Mut gemacht werden.
e) Dem Brief werden zwei leere Tagebuchblätter beigefügt, die der Jugendliche bei Bedarf kopieren und anwenden kann.

Der folgende Brief illustriert, wie ein Trainer vorgehen kann:

Lieber Jürgen,

das Training ist nun zu Ende. Du hast gut mitgemacht, nur zwischendurch hattest du eine schwache Phase. Es war auch schade, dass du zweimal nicht da warst. Eine Schwierigkeit von dir ist, dass man in deinem Gesicht nicht ablesen kann, was eigentlich in dir vorgeht. Auch ist deine Stimme oft sehr gleichbleibend, so dass man nicht weiß, was dir wichtig erscheint.

Du hast es geschafft, in der Gruppe lauter und deutlicher zu reden. Wenn du sehr engagiert warst, konnte man in deinem Gesicht auch Freude oder Genervtsein erkennen. Leider ziehst du dich aber noch sehr oft zurück und bist dann so in dich gekehrt, dass du auf andere wie eine Mauer wirkst.

Eine gute Fähigkeit von dir ist, in schwierigen Situationen ruhig und besonnen zu bleiben. Deswegen kannst du dich dann gut behaupten. Wenn du das in allen Situationen anwenden könntest, würde es einige Probleme bei dir nicht mehr geben.

Ich wünsche dir, dass du etwas mehr Vertrauen zu deinen Mitmenschen gewinnst und dann auch offener auf sie zugehen kannst.

Ulrike Petermann

PS: Es liegen zwei leere Tagebuchblätter bei – für alle Fälle!

- *Rückmeldung zu den individuellen Regeln*

5. Ein letztes Mal erfolgt die für jeden Jugendlichen nachvollziehbare und *kontrollierbare Rückmeldung,* wie sie in 6.2.2.1 beschrieben ist. Das Ergebnis wird in den Rückmeldungskurven eines jeden Jugendlichen ergänzt. Der abschließende Schritt „Erinnern an eine Tagebuchaufgabe" entfällt in dieser Sitzung.

Materialien

Für die Durchführung werden die mit den Fragen vorbereiteten Zettel und die entsprechende Wandzeitung mit einem Klebeband benötigt. Zur persönlichen Rückmeldung sind die Wandzeitungen mit den Verhaltenskurven jedes Jugendlichen anzufertigen. Schließlich wird der Brief in einem Umschlag verschlossen ausgehändigt.

- **Was war das Wichtigste für mich** (z. B. an Fortschritten, Verhaltensänderungen, Einsichten ...)?

___

___

___

.
.
.

- **Was hat mir gut gefallen** (z. B. Arbeitsformen, Themen, Materialien, Atmosphäre ...)?

___

___

___

.
.
.

- **Was hat mir nicht gefallen?**

___

___

___

.
.
.

- **Womit hatte ich die größten Schwierigkeiten?**

___

___

___

.
.
.

Kapitel 7

Effektkontrolle

Das beschriebene Training wurde bislang in der vorliegenden Form in Einzelfallstudien überprüft. Wesentliche Teile wurden auch schon Anfang der 80er Jahre an 80 arbeitslosen und schwer vermittelbaren Jugendlichen und jungen Erwachsenen erprobt. Zu den Methoden, die zur Verlaufskontrolle Anwendung fanden, liegen ebenfalls ausführliche Arbeiten vor. So beschreibt U. Petermann (1992) die Entwicklung und Erprobung des Beobachtungsverfahrens, das der Verlaufsbetrachtung zu Grunde liegt. Dieses Verfahren wurde in Abschnitt 4.2.3 dieses Buches kurz vorgestellt und abgedruckt. Die Benennung der Beobachtungskategorien ist dort zu entnehmen.

7.1 Vorüberlegungen

Wird ein Training in einer Institution eingeführt, so treten viele Probleme auf, die nicht nur die Realisierung des Trainings selbst, sondern vor allem die notwendige Effektkontrolle erschweren. Da sich die Effekte unseres Trainings im Einzelfall widerspiegeln müssen, kam es uns darauf an – wie schon an anderer Stelle empfohlen (vgl. Petermann, 1996b) –, anhand der Veränderungen des Jugendlichen den Nutzen und die Schwierigkeiten unseres Vorgehens zu illustrieren. Leider rivalisieren unsere Bemühungen mit organisatorischen Unabänderlichkeiten einer Institution, die in manchen Fällen die günstige Prognose für einen Jugendlichen als Illusion erscheinen lassen. Aus diesem Grund müssen wir uns verstärkt mit den Misserfolgen unseres Vorgehens beschäftigen und diese ideal verlaufenden Trainings gegenüberstellen.

Die Veränderungen, die wir bei den Jugendlichen betrachten wollen, werden alle durch Beobachtungsverfahren erhoben, da sich Fragebogen und psychometrische Daten nicht für eine detaillierte, verlaufsorientierte Effektkontrolle eignen (vgl. dazu Petermann, 1996b). Der Jugendliche kann sein Verhalten in verschiedenen Bereichen ändern. So müsste das Training unmittelbar Auswirkungen auf die Therapiemitarbeit des Jugendlichen zeigen; im Alltag sollte das problematische Verhalten (= Problemverhalten) deutlich seltener auftreten und das angestrebte Verhalten (= Zielverhalten) stärker hervortreten.

Die Effektprüfung erfolgt mit Hilfe eines Einzelfallversuchsplans, der davon ausgeht, dass das Training *insgesamt* eine Wirkung zeigt und es aus diesem Grund nicht erforderlich ist, Einzel- und Gruppentraining getrennt zu überprüfen. Wir bauen hierbei auf unseren Erfahrungen aus dem Training mit aggressiven und sozial unsicheren Kindern auf, die diese Form einer *summativen Evaluation* als angemessen ausweisen. Hinzu kommt die Tatsache, dass der Versuchsplan auf die Restriktionen eingehen muss, die durch Institutionen bestehen; in unserem Fall waren dies Heime für stark verhaltensgestörte Jugendliche. Diese Restriktionen werden sich vor allem negativ auf die Dauerhaftigkeit der erzielten Erfolge auswirken. So muss der Versuchsplan neben den kurzfristigen Effekten auch längerfristige erfassen. Aus diesem Grund schloss sich neun Wochen nach Trainingsende eine weitere Verhaltensbeobachtung an. Wie Abbildung 7 verdeutlicht, gehen wir von drei Beobachtungsabschnitten aus:

- einer Vorbeobachtung vor Beginn des Trainings,
- einer unmittelbar nach Trainingsende und
- einer Nachbeobachtung neun Wochen nach Trainingsende.

In Abbildung 7 wurden auch die Erhebungen eingetragen, die sich auf das Ausmaß der Mitarbeit

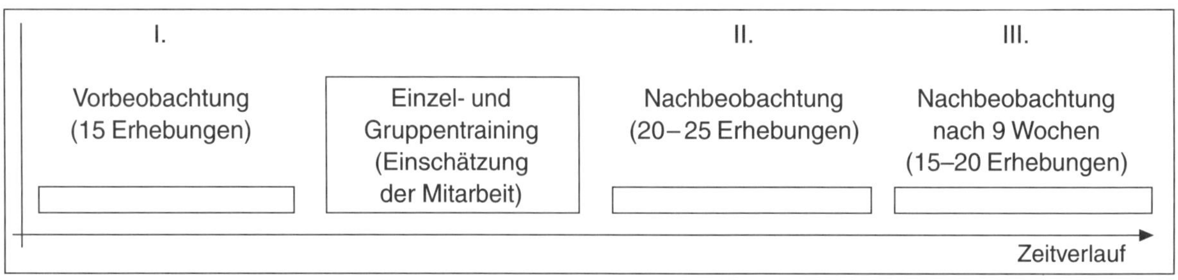

Abbildung 7: Übersicht über die Beobachtungs- und Trainingsphasen.

des Jugendlichen am Training bezogen. Diese Einschätzungen erfolgten nach jeder Sitzung. Die Vorgehensweise und die Ergebnisse dieser Bemühungen stellen die weiteren Abschnitte dar.

7.2 Verhaltensbeobachtung im Alltag

Den Verhaltensbeobachtungen wurde das Kategoriensystem aus Abschnitt 4.2.3 zu Grunde gelegt, wobei die Daten von einem geschulten Experten erhoben wurden, der nicht in der Institution arbeitete. Ein solcher Experte muss sensibel und unter Vorgabe einer anderen Aufgabe (z. B.: Praktikum zum Kennenlernen der Einrichtung) eingeführt werden. Vielfach wird dieser in der Phase der Vorbeobachtung seine Einschätzungen durch Urteile der Erzieher, Ausbilder und Trainer überprüfen müssen.

In der vorliegenden Studie erstreckte sich eine Erhebung auf 20 Minuten und wurde in verschiedenen Alltagssituationen realisiert, wichtige Bereiche waren dabei die Schule, die Werkstatt und die Wohngruppe. Zur statistischen Auswertung ist eine Anzahl von ungefähr 60 Beobachtungen pro Einzelfall erforderlich (vgl. Petermann, 1996b). Da wir uns in diesem Zusammenhang nicht mit einer statistischen Aufbereitung der Daten beschäftigen wollen, genügen einige wenige Hinweise. Möchte man verschiedene Alltagssituationen erfassen, so treten erwartungsgemäß zwischen den Situationen große Schwankungen auf, und eine wiederholte Erhebung wird einen Teil dieser Schwankungen als zufällig ausweisen. Wiederholte Erhebungen im Einzelfall können

- Situationen repräsentativ abbilden,
- hinsichtlich einer Situation die Urteile absichern und
- die Entwicklung des Verhaltens bzw. Verhaltensschwankungen über längere Zeiträume demonstrieren.

Auch wenn man die auf diese Weise erzielte Informationsbasis zu Mittelwerten zusammenfasst, wie dies in Abbildung 8 geschehen ist, bilden diese Kennwerte eine umfassendere Entscheidungsbasis als Beobachtungen zu einem oder wenigen Zeitpunkten.

Abbildung 8 stellt für vier ausgewählte Jugendliche die Ergebnisse vor, die römischen Zahlen (I, II, III) geben die in Abbildung 7 ausgewiesenen Phasen der Beobachtung an. Bei den Zahlen in Klammern handelt es sich um einzelne Kategorien aus dem Beobachtungsverfahren, wobei die konkreten Verhaltensweisen in Abschnitt 4.2.3 ausgeführt sind. Die arabischen Zahlen beziehen sich auf die Verhaltensausprägung.

Die Problemlage des einzelnen Jugendlichen lässt sich durch jeweils für ihn typische Verhaltensweisen kennzeichnen. Zunächst wird das Problemverhalten aufgeführt, wobei diese Verhaltensweisen durch das Training in ihrem Auftreten verringert werden sollen. Bei einem Trainingserfolg müsste sich dies durch einen starken Abfall der Zahlenwerte von I nach II und vermutlich einem leichten Anstieg von II nach III, der aber in seiner Ausprägung deutlich unter dem Wert von I liegen muss, abbilden. Die Zahlenwerte von I nach III bilden den jeweiligen Mittelwert einer Kategorie (bezogen auf die jeweilige Beobachtungsphase). Unter der Rubrik „Zielverhalten" finden wir kompetentes Handeln, das aufgebaut werden soll, weil es bei dem jeweiligen Jugendlichen besonders schwach ausgeprägt oder für ihn besonders wichtig ist. Bei einem Erfolg müssten die Zahlenwerte von I nach II ansteigen und bei III denen von II entsprechen beziehungsweise bei widrigen Umständen leicht gegenüber II abgefallen sein.

Ergänzt werden die Urteile durch Verhaltensbeobachtungen, die eine Aussage hinsichtlich der Mitarbeit im Training gestatten (vgl. Abb. 9). Hierauf und vor allem auf die Interpretation der Ergebnisse wird im weiteren noch eingegangen.

7.3 Beurteilung der Mitarbeit im Training

Abbildung 9 enthält Angaben, die sich ausschließlich auf die Beziehung zwischen dem Jugendlichen und dem Trainer konzentrieren. Diese Einschätzungen haben den Vorteil, dass sie von den spezifischen Verhaltensproblemen des jeweiligen Jugendlichen weitgehend unabhängig sind und dadurch für alle Jugendlichen in gleicher Weise erhoben werden können. Den Beobachtungen liegt ein Kategoriensystem zur Beurteilung der *T*herapie*m*itarbeit des *K*indes (TMK) zugrunde, das im Rahmen des Aggressionstrainings entwickelt und erprobt wurde (vgl. Petermann & Petermann, 2001, Kapitel 4). Von den insgesamt zehn Kategorien des TMK enthält Abbildung 9 nur zwei; und zwar Kategorie 7 („Aufforderungen nachkommen und nicht verweigern, sich um Verhaltensübungen im Rollenspiel bemühen") und Kategorie 9 („Ideen äußern, Vorschläge machen, Initiative ergreifen").

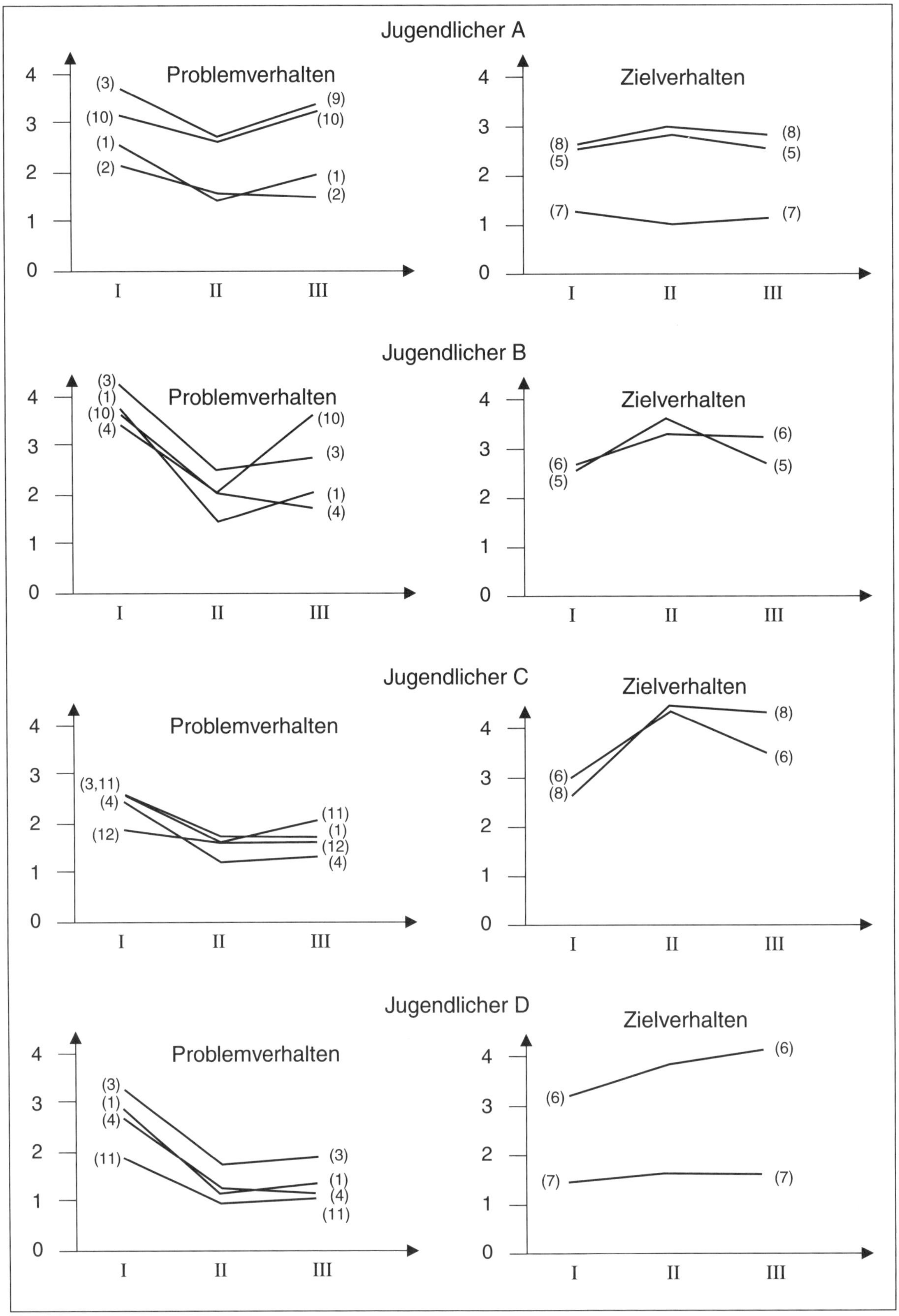

Abbildung 8: Graphische Ergebnisse
(I = vor dem Training, II = kurz- und III = langfristige Effekte)

Die Urteile zur Mitarbeit im Training wurden mit Hilfe einer Fünfer-Abstufungsskala getroffen, wobei für jede Trainingssitzung ein Urteil pro Kategorie des TMK erhoben wurde. Die Urteile stammen von zwei Experten und sind teilweise durch Videoaufzeichnungen des Trainingsverlaufes abgesichert. Auf diese Weise entstanden 17 Urteile, die in Abbildung 9 nochmals zusammengefasst sind. Für das Einzeltraining wurden zwei Urteile gebildet:

1. die beiden ersten Sitzungen wurden zusammengefasst, da sie eine Einheit bilden, die es dem Jugendlichen ermöglicht, Kontakt zu dem Trainer aufzubauen und
2. die restlichen Sitzungen des Einzeltrainings tragen dazu bei, dass sich der Kontakt stabilisiert und eine konstantere Form annimmt.

Die Sitzungen des Gruppentrainings wurden in jeweils Dreier-Abschnitte geteilt, so dass vier Urteile resultieren, die den Verlauf des weiteren Trainings möglichst detailliert dokumentieren sollen. Auf diese Weise liegen sechs Urteile vor, die in Abbildung 9 eingetragen sind, wobei von dem Jugendlichen A auf Grund einer Erkrankung nur fünf Urteile auf diese Weise gebildet werden konnten.

Die Urteile belegen im wesentlichen den Tatbestand, dass das Training die Jugendlichen auch in den Sitzungen aktiviert und sie während des Verlaufs konstant bereit sind, am Training mitzuarbeiten. Auch erhöht sich die Bereitschaft, Initiative zu ergreifen oder sie stabilisiert sich zumindest. Wir vermuten aus unseren Trainings, die wir mit Kindern durchführten, dass der Übergang vom Einzel- zum Gruppentraining für die Mitarbeit problematisch sein kann, da sich die soziale Situation für den Jugendlichen schwieriger gestaltet und er die Zuwendung des Trainers mit anderen Jugendlichen teilen muss.

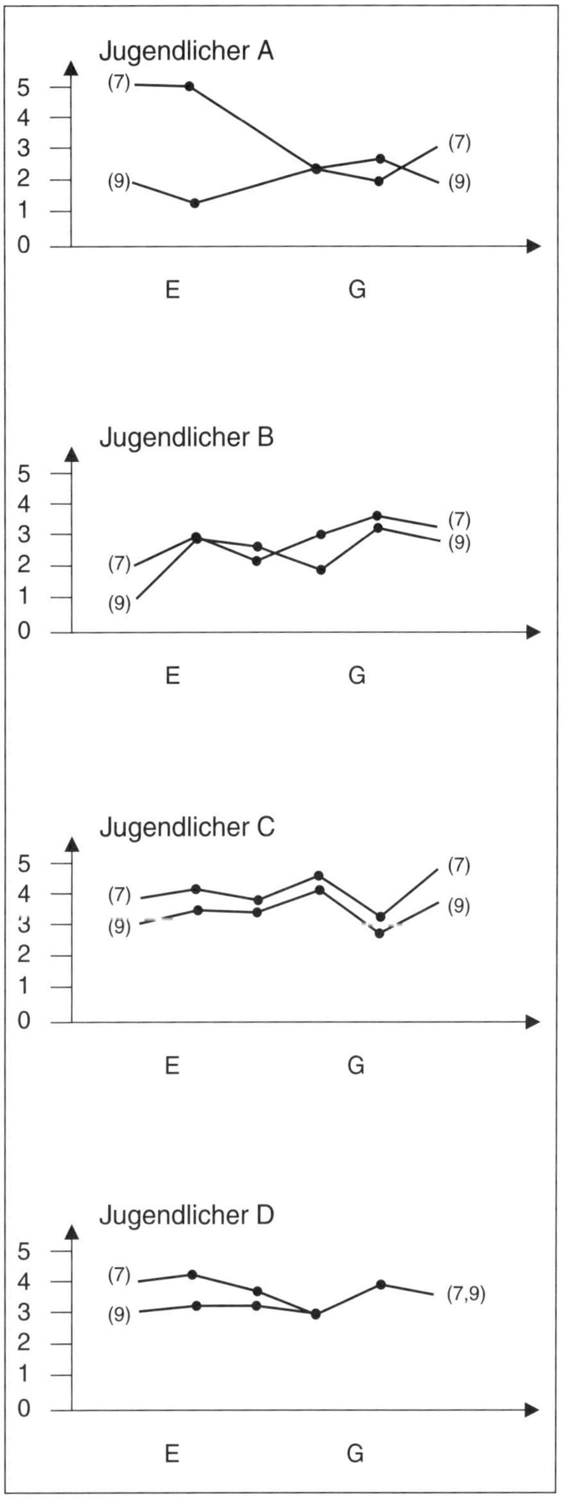

Abbildung 9: Graphische Illustration der Mitarbeit im Einzel- und Gruppentraining (E, G).
Kat. 7 = Anforderungen nachkommen.
Kat. 9 = Initiative ergreifen.

7.4 Ansprechbarkeit auf das Training

Im weiteren wollen wir die Ergebnisse aus Abbildung 8 interpretieren und anschließend den möglichen Nutzen des Vorgehens diskutieren. Es liegen zwei Erfolgskriterien vor:

- Abbau des Problemverhaltens und
- Aufbau des Zielverhaltens.

Vor allem aggressives Verhalten (Kat. 1 bis 4) konnte bei allen Jugendlichen nachhaltig abgebaut werden; zumindest nach dem Training liegen bei allen Jugendlichen deutliche Effekte vor.

Am geringsten sind die Effekte bei dem Jugendlichen A, vor allem schwächen sich die Effekte nach neun Wochen erheblich ab. Dies wird verständlich, wenn man bedenkt, dass der Jugendliche A in der Mitte des Gruppentrainings krank wurde und die Inhalte dieser Sitzungen nicht bearbeitet werden konnten. Weiterhin wies er eine geringe Fähigkeit auf, Probleme zu verbalisieren; in der Gruppe kam er aus diesen Gründen verringert Anforderungen nach, obwohl er sich verstärkt darum bemühte, eigene Vorschläge in die Gruppe einzubringen. Der Jugendliche A muss – in Abgrenzung von den übrigen – als Misserfolg gewertet werden, da sich bei ihm kein kompetentes Verhalten (Zielverhalten) herausbildete. Wir legen damit ein strenges Erfolgskriterium an, da davon ausgegangen wird, dass sowohl ein Problemverhalten abgebaut werden als auch ein Zielverhalten sich entwickeln muss.

Der Jugendliche B stellt einen zweiten Typ dar, der zwar deutliche Erfolge zu verzeichnen hat, diese jedoch nicht über die Zeit bei allen Verhaltensweisen stabilisieren kann. Ein solcher Teilerfolg kann viele Gründe haben; diese liegen in fünf Bereichen:

1. *Schule und Ausbildung.* Ein Erfolg wird langfristig in Frage gestellt, wenn Jugendliche keine Einbindung in Schule oder Beruf haben oder arbeitslos sind. Erfährt ein Jugendlicher in der Ausbildung, dass seine Bemühungen von Erfolg gekrönt sind und er neue, immer schwierigere Aufgaben übertragen bekommt, kann er leicht die Grundprinzipien des Trainings auf die Ausbildung übertragen. Auf diese Weise wird sowohl im Training als auch in der Ausbildung das persönliche Geschick, die Initiative und die Leistungsfähigkeit des Jugendlichen anerkannt. Hierdurch wird er häufig in seiner Bezugsgruppe aufgewertet.

Herrscht in der Ausbildung kein persönlicher Bezug (z. B. zum Meister) und wird der Jugendliche als „Arbeitsobjekt" behandelt, dann wird er naheliegenderweise kaum einen Grund sehen, sein Verhalten zu verändern. Aber auch eine mitleidsvolle, inkonsequente Haltung eines Meisters wird von den Jugendlichen nicht als Unterstützung, sondern als Orientierungslosigkeit empfunden, was zu vergleichbar negativen Folgen führt.

2. *Gruppe der Gleichaltrigen.* Die Gruppe der Gleichaltrigen stellt den entscheidenden Bereich dar, aus dem Jugendliche Orientierung erhalten. Wertmaßstäbe und entsprechende Verhaltensweisen resultieren aus dieser sozialen Verankerung; besonders deutlich wird dies bei Jugendlichen, die nicht in der Lage sind, selbstgesetzte Ziele autonom zu verfolgen. Der Druck einer Gruppe (z. B. bezogen auf den Umgang mit Alkohol und Drogen, die Planung delinquenten Verhaltens), die mangelnde Privatsphäre in einer Gruppe, wie sie oft durch die Heimerziehung gegeben ist, und ungeschicktes Erzieherverhalten sind einschneidende und durch ein Training nicht beeinflussbare Faktoren.

3. *Familiäre Situation.* Viele Jugendliche – nicht nur in der Heimerziehung – fühlen sich von ihren Eltern abgelehnt, wobei diese ihre tiefe Verletztheit oft nicht klar aussprechen. Erste Anzeichen können jedoch äußere Faktoren bilden, so etwa:

- ein wiederverheirateter Elternteil oder neu entstandene eheähnliche Beziehungen der Eltern;
- unversorgte jüngere Geschwister, die die Aufmerksamkeit und Zuwendung der Eltern binden bzw. vom Jugendlichen ablenken;
- chaotische Zustände im häuslichen Milieu, die es dem Jugendlichen nicht ermöglichen, Ruhe zu finden und seinen eigenen Tagesablauf zu strukturieren; und
- eine ungünstige Wohnsituation, zum Beispiel kein eigenes Zimmer, kein Ort, der als „privat und unantastbar" respektiert wird.

Vielfach können sich die Jugendlichen – trotz der ungünstigen Bedingungen – nicht von den Eltern lösen. Oft besteht ein bizarrer Wechsel zwischen romantischen Wunschbildern von der eigenen Familie und unkontrollierten Wutgefühlen. Dieser Konflikt bindet einen Großteil der psychischen Energie eines Jugendlichen.

4. *Soziale Situation.* Eine ungünstige soziale Situation ist durch die Heimerziehung gegeben sowie durch die bereits ausgeführten Faktoren, wie Arbeitslosigkeit, mangelhafte Bedingungen in Schule und Ausbildung, eingeengte Wohnverhältnisse und finanzielle Sorgen der Familie (vgl. auch Scheithauer & Petermann, 2002).

5. *Persönliche Ziele des Jugendlichen.* Schon im Diagnosegespräch erhält man einen Einblick darüber, in welcher Form der Jugendliche in der Lage ist, eigenständig private und berufliche Ziele zu verfolgen. Möchte er auf jeden Fall einen Berufsabschluss erreichen oder in einer von ihm zu gründenden zukünftigen Familie vor allem emotionalen Rückhalt erfahren, und sucht er nach diesen Kriterien einen Partner, dann wird er die Inhalte des Trainings gut auf seine Lebenssituation übertragen können.

Die eben ausgeführten fünf Aspekte benennen Bedingungen, unter denen Jugendliche auf das Training ansprechen (vgl. Jugendlicher B bis D) und unter denen die Effekte langfristig stabil sind (vgl. mit Abstrichen Jugendlichen B und vor allem die Jugendlichen C und D). Auch wenn damit die Wirksamkeit des Trainings eingeschränkt ist, kann für alle Jugendlichen unterstrichen werden, dass sie engagiert die Inhalte bearbeitet haben. Dieses Ergebnis lässt sich durch die Protokolle der Sitzungen sehr gut belegen. Jugendliche haben dann einen besonders großen Nutzen von dem Training, wenn sie

- psychisch nicht zu stark beeinträchtigt sind; eine solche Beeinträchtigung liegt zum Beispiel bei einer unausgesprochenen Ablösungsproblematik von der Familie oder einer Alkohol- und Drogenabhängigkeit vor und
- noch ein Minimum an Energie aufbringen können, gesteckte Ziele anzugehen.

Sicherlich kann man durch die Umgestaltung des Trainings einigen Jugendlichen den Zugang zu unserer Arbeitsweise erleichtern. So sollte man Jugendlichen mit starken psychischen Störungen oder Familienkonflikten die Chance geben, über einen längeren Zeitraum mit dem Trainer alleine solche Themen zu bearbeiten. Hierbei sind zehn oder fünfzehn Einzelkontakte vertretbar. Innerhalb einer Einrichtung, wie einem Heim, sollten die Bezugspersonen des Jugendlichen als Kotrainer am Gruppentraining teilnehmen, um eine verbesserte Einbindung des Vorgehens in den Alltag des Jugendlichen zu erreichen.

Die Protokolle der Trainingssitzungen legen den Schluss nahe, dass das Gruppentraining für die Verhaltensveränderung entscheidende Bedeutung besitzt, und dieser Effekt auf Grund einer alleinigen Einzelbetreuung des Jugendlichen nicht erzielt werden kann. In der Gruppe werden dem Jugendlichen viele, verschieden schwierige Situationen angeboten, in denen er unter alltagsnäheren Bedingungen als im Einzeltraining Verhalten einüben kann.

Noch eine letzte Bemerkung: Der geringe Erfolg des Jugendlichen A (vgl. Abb. 8) und seine sich um Trainingsverlauf stark reduzierende Mitarbeit (vgl. Abb. 9) sind auch auf seine mangelnde sprachliche Ausdrucksfähigkeit zurückzuführen. Gerade das Einzeltraining setzt eine gewisse Sprachfertigkeit voraus, mit der einige Jugendliche Probleme haben. Kann man solche Schwierigkeiten vorhersehen, dann müssen die Inhalte des Einzeltrainings beispielsweise durch mehr Rollenspiele vereinfacht und gegebenenfalls auf eine größere Anzahl von Sitzungen verteilt werden.

Kapitel 8

Übertragung und Variation des Vorgehens

Das vorliegende Training wurde zunächst für den stationären Bereich entwickelt und im Heimbereich erprobt. Die Beschreibungen und Anleitungen in Kapitel 5 und 6 sind jedoch auch für die ambulante Arbeit gültig. Allerdings führen die Rahmenbedingungen einer ambulanten psychologischen Beratung einerseits zu Erleichterungen und andererseits zu Problemen, denen sich das letzte Kapitel zuwendet. Die Überlegungen beginnen zunächst mit Hinweisen, in welcher Form unser Vorgehen auf den pädagogischen Bereich zu übertragen ist; hierzu werden Schule und Ausbildung auf der einen Seite und die Freizeitgestaltung von Jugendlichen außerhalb der Familie (i. S. der Jugendarbeit) auf der anderen Seite herausgegriffen. Es folgen dann Hinweise für die ambulante psychologische Beratung.

Die Ausführungen enden mit Hinweisen zum Einsatz von Entspannungsübungen. Entspannungsverfahren können in das Trainingsprogramm integriert werden. Dies ist von den einzelnen Jugendlichen beziehungsweise der Jugendlichengruppe abhängig (vgl. 8.4).

8.1 Schule und Ausbildung

Im Hinblick auf unser Training ergeben sich drei Berührungspunkte zur Situation in Schule und Ausbildung:

- Angleichung der sozialen Anforderungen von pädagogischem Alltag und Training,
- Übernahme von Übungen des Trainings in den pädagogischen Alltag und
- Hilfen für den Lehrer bzw. Ausbilder bei der Regelung aktueller Konflikte mit Jugendlichen.

Mit dem Ausdruck „Angleichung sozialer Anforderungen" meinen wir, dass der Jugendliche die Fortschritte im Training durch entsprechende Freiräume in der Schule oder der Ausbildung erproben kann. Dies bedeutet für Schule und Ausbildung, dass er gemäß seiner Lernfortschritte im Training vermehrt an Entscheidungen beteiligt wird, er Aufgaben weitgehend selbstständig und in Eigenverantwortung durchführt. Eine solche Einbindung bedeutet jedoch nicht, den Jugendlichen ohne Orientierung oder Hilfestellung zu lassen. Es ist für die sozialen Lernziele des Trainings besonders wichtig, dass er in seiner Gruppe eine Aufgabe kooperativ bearbeiten lernt und dabei zugleich auf seinen eigenen Beitrag bei der Problemlösung stolz ist. Bei vielen Jugendlichen wird sich neues Arbeits- und Sozialverhalten nicht gleichzeitig herausbilden, sondern das eine kann das andere zeitverzögert überlagern. In vielen Fällen werden Ausbilder und Lehrer in erster Linie an einem verbesserten Arbeitsverhalten interessiert sein und man wird mühevoll die Bedeutung von Sozialverhalten herausarbeiten müssen.

Selbstverständlich bedeutet Angleichung auch, dass das Training auf die aktuellen Probleme in Schule und Ausbildung eingehen muss. Bei stationären Maßnahmen, wie sie heute häufig im Rahmen von Arbeitsförderungsmaßnahmen (vgl. Berufsvorbereitungsjahr, s. U. Petermann, 1992) angeboten werden, kann ein sozialpädagogisch geschulter Ausbilder oder Lehrer als Kotrainer beim Gruppentraining mitwirken. Eine solche Verknüpfung gewährleistet die angesprochene Angleichung in idealer Weise, da Probleme und Aufgaben des pädagogischen Alltags aufgegriffen werden können und zugleich die Fortschritte im Training für den Pädagogen erkennbar sind. Durch eine solche gemeinsame Arbeit lassen sich auch ungünstige Verhaltensweisen, die der Pädagoge den Jugendlichen gegenüber im Alltag aufzeigt, verändern. Auf diesem Weg ist auch unsere zweite Forderung besonders optimal zu erfüllen, die darin besteht, dass Übungen des Trainings im pädagogischen Alltag Eingang finden.

In Abschlussklassen kann man zum Beispiel die Diskussion um Berufsvorstellungen und -wünsche vertiefen oder nochmals ein Vorstellungsgespräch im Rollenspiel vor der Klasse üben. Im Rahmen der Ausbildung könnten entsprechend geschulte Ausbilder soziale Bekräftigung initiieren und kooperatives Verhalten in der Gruppe fördern.

Die Hilfestellung eines Psychologen im schulischen und Ausbildungsbereich wird in der Regel erst dann gewünscht, wenn sich Konflikte drastisch zugespitzt haben. Man erwartet vom Psychologen eine sofort wirkende Patentlösung, die den Jugendlichen auf ein richtiges Gleis setzt, aber alles andere unverändert lässt. Eine solche Haltung muss zu Enttäuschungen auf beiden Seiten führen. Konflikte im pädagogischen Feld spitzen sich oft über Monate zu, werden aus beziehungsweise mit hoher Betroffenheit angegangen und sind damit kaum rational lösbar. In vielen Fällen wird man nur durch begleitende Maßnahmen (z. B. eine Fortbildung oder Supervision; Petermann, 1996c) eine Basis dafür schaffen können, dass sich

- *Erzieherverhalten ändert* (z. B. im Hinblick auf mehr Konsequenz beim Abverlangen von Forderungen, jedoch mit mehr Eigenverantwortung des Jugendlichen gekoppelt, oder die Bekräftigung kleiner Fortschritte),
- *neue Problemlösewege herausbilden* (z. B. durch das Kennenlernen neuer Lösungen im Rollenspiel) und
- *durch klare Regeln Konflikte verhindern* lassen (z. B. eine eindeutige Aufgabenverteilung oder klare Verantwortungsbereiche).

8.2 Jugendarbeit

Die Angebote der Jugendarbeit sind sehr weit gestreut und reichen von der kirchlichen Jugendarbeit über das Jugendrotkreuz bis zu den Sportverbänden. Einrichtungen der Jugendarbeit sind Bestandteil des Alltags und der Freizeit von Jugendlichen geworden. Die Jugendarbeit versteht sich als Alternative zu Situationen, in denen schulisches Lernen und Leistung gefordert werden. Es besteht der Anspruch, dem Jugendlichen soziales Lernen außerhalb der Familie zu ermöglichen und ihm zugleich damit Möglichkeiten an die Hand zu geben, mit deren Hilfe er sich von den Eltern abgrenzen kann. In den damit gegebenen Freiräumen zeigen Jugendliche am klarsten Aggression, Motivationsmangel und Perspektivlosigkeit, wobei die Einflüsse der Jugendarbeit auf die Verhaltensprobleme bislang völlig unzureichend erforscht sind.

Sicherlich können die Bemühungen der Jugendarbeit nicht so stark strukturiert sein, wie das Vorgehen in unserem Training; dennoch können durch die Jugendarbeit einige unserer Ziele unterstützt werden. Bei der Umsetzung des Trainings in die Jugendarbeit muss der Sozialpädagoge, Sozialarbeiter oder Freizeitpädagoge eine Vorentscheidung darüber treffen, ob ein solches Angebot verpflichtend ist, nachdem sich der Jugendliche dafür entschieden hat. Entschließt sich der Pädagoge, ein solches Vorgehen vier oder fünf Jugendlichen anzubieten, dann soll er in Informationsgesprächen Motivation und Problematik abklären, wobei die grundlegenden Themen des Einzeltrainings – in zeitlich komprimierter Form – zur Sprache kommen sollten. Im Anschluss daran könnte ein Gruppentraining beginnen, das dem in Kapitel 6 beschriebenen entspricht. Es wäre auch möglich, das Gruppentraining lediglich auf die arbeits- und berufsbezogenen Teile zu beschränken.

Scheut man eine solche Festlegung, könnte man dennoch – allerdings mit erheblich reduzierten Zielen und Ansprüchen – Themen als freie Angebote aus dem Training auswählen, um damit aktuelle Konflikte in Rollenspielen nochmals aufzuarbeiten (z. B. die Außenseiter-Problematik). Solche eher krisenorientierten Angebote erfordern jedoch eine genaue Kenntnis über den Aufbau des Trainings, um dem Jugendlichen konkret den Sinn der Maßnahme zu erläutern. Ein solches Vorgehen muss am aktuellen Konflikt der Gruppe (z. B. Diebstahl, Drogenmissbrauch, Ablehnung von Ausländern) anknüpfen und gegebenenfalls die Inhalte – aber *nicht* die Struktur – der Rollenspiele abändern. Die durch den Konflikt ausgelösten, oft destruktiven Gruppenprozesse kann man nur regulieren, wenn es gelingt, die Gruppe in die pädagogische Aufarbeitung im Rollenspiel miteinzubeziehen (z. B. bei der Sammlung von Konfliktursachen und der Ausgestaltung der Rollen). Scheut man sich als Pädagoge jedoch, eine solche Konfliktbearbeitung vorzustrukturieren, dann wird man den eben unterbreiteten Vorschlag nicht durchführen können.

Unabhängig von der Tatsache, dass man sich bemühen kann, Aspekte des Trainings auf den pädagogischen Alltag zu übertragen, besitzen die üblichen Angebote der Jugendarbeit eine Reihe von Vorzügen, die ein Training gar nicht aufweisen kann: So sind sie vielfältiger, geben dem Jugendlichen damit eine größere Entscheidungsfreiheit und sind vor allem längerfristig verfügbar. Somit kann man Angebote der Jugendarbeit als notwendige, längerfristig die Entwicklung des Jugendlichen stabilisierende Maßnahmen ansehen. Die damit umschriebene pädagogische Bedeutung der Jugendarbeit spielt für unser Training eine große Rolle. So wäre es sinnvoll, einen Jugendlichen nachhaltig auf die Angebote der Jugendarbeit aufmerksam zu machen und den Nutzen zu unterstreichen, wenn man während des Trainings feststellt, dass er keiner aktiven Freizeitgestaltung mit Gleichaltrigen nachgeht. Bei einem solchen Gespräch mit einem Jugendlichen können einige Grundbedürfnisse angesprochen werden,

die eine Gruppe in der Jugendarbeit gut abdecken kann. Dies wären etwa:
- der Wunsch, Rückmeldung von anderen über ein gezeigtes Verhalten zu erhalten;
- das Verlangen, zu einer Gruppe zu gehören und durch das Zusammengehörigkeitsgefühl der Gruppe gestützt zu werden;
- im Schutz der Gruppe neues Verhalten erproben;
- soziale Unterstützung geben und erfahren;
- eine Anleitung darin erhalten, wie man Konflikte lösen und diese Ratschläge einüben kann und
- sich mit anderen aus einer Gruppe identifizieren.

Negative und positive Erfahrungen in solchen Gruppen können im Gruppentraining genauso aufgegriffen und neu bewertet werden wie zum Beispiel ungerechtfertigte Kritik und Misserfolge am Ausbildungsplatz.

8.3 Ambulante psychologische Beratung

Die entwickelten Materialien und Vorgehensweisen sind für eine psychologische Beratung, die ambulant durchgeführt wird, gleichermaßen wie für ein Training in einer stationären Einrichtung geeignet: In einer ambulanten Maßnahme ergeben sich bei der Durchführung des Einzeltrainings keinerlei Unterschiede zu dem bisher geschilderten Vorgehen. Ein Gruppentraining ist nur dann sinnvoll, wenn man eine stabile Gruppe über einen Zeitraum von sechs Wochen – bei zwei wöchentlichen Sitzungen – zusammenhalten kann. Nur durch klare Absprachen, wie sie im Trainingsvertrag verlangt werden, und einer ausgewogenen Gruppenzusammenstellung wird dies gelingen. Zwei Sitzungen pro Woche sind ratsam, um das Gruppenerleben in einem umgrenzten Zeitraum zu intensivieren sowie die Lerneffekte durch die zeitliche Dichte zu erhöhen.

Auch in der ambulanten Beratung sollte man den strengen Rahmen eines Trainings, vor allem des Gruppentrainings, nicht verlassen. Für die Jugendlichen werden ansonsten die Treffen mit dem Trainer zu unverbindlichen Gesprächsrunden, in denen man in der Gruppe kaum persönliche Probleme bearbeitet. Ein strengeres Konzept kann in dieser Hinsicht – nach einem gelungenen Einzeltraining – entlastend für die Jugendlichen sein. Dieses Vorgehen schließt trotzdem ein, flexibel auf aktuelle Bedürfnisse der Jugendlichen einzugehen. Somit bezieht sich die „Strenge“ auch in der ambulanten Beratung vornehmlich auf die Zielvorgabe und Rituale, die den Ablauf eines Treffens regulieren. Gerade in der ambulanten Beratung sind diese Rituale besonders wichtig, da einander unbekannte Jugendliche zusammentreffen, und diese sich anhand einer solchen Struktur schnell orientieren können.

Ein familienbezogenes Vorgehen empfehlen wir auch in der ambulanten Beratung nur in den Einzelfällen, bei denen sich im Einzeltraining ein massiver Familienkonflikt herauskristallisiert hat. Als Orientierungshilfe kann hierzu unser früher veröffentlichtes Konzept der Familien- und Elternberatung herangezogen werden (vgl. Petermann & Petermann, 2001). Interessante Empfehlungen zur Arbeit mit Familien von delinquenten Jugendlichen, die im Rahmen einer ambulanten psychologischen Beratung realisiert werden können, stammen auch von Heekerens (1997) und Henggeler et al. (1998).

Die Beratungsanlässe bei Jugendlichen können sehr vielfältig sein und über den Bereich des Arbeits- und Sozialverhaltens, den dieses Buch abdeckt, hinausgehen. Treten diese Schwierigkeiten kombiniert mit Suchtproblemen auf, dann müssen Veränderungen im Vorgehen vorgenommen werden, die eine detaillierte Analyse der gesamten Symptomatik voraussetzen (vgl. Griffin & Torbet, 2002). Auch sollte man sich in Zukunft mit den Beratungsanlässen weiblicher Jugendlicher genauer beschäftigen, zumal die Gefahr besteht, dass diese zahlenmäßig geringe Gruppe zu undifferenziert behandelt wird.

8.4 Entspannung

Betrachtet man unsere Arbeit mit verhaltensgestörten Kindern, dann stößt man regelmäßig auf Entspannungsübungen. Die von uns entwickelte bildgetragene Kurzentspannung, die so genannte Kapitän-Nemo-Geschichte, dient der Vorbereitung der Kinder für das nachfolgende Verhaltenstraining (vgl. U. Petermann, 1999; Petermann & Petermann, 2001). Entspannung mit Jugendlichen ist nicht so selbstverständlich durchführbar wie mit Kindern, schon gar, wenn Entspannung in ein umfassendes Training integriert werden soll, das dem Aufbau kompetenten Arbeits- und Sozialverhaltens dient.

Auf wenigstens drei Probleme bei Entspannungsübungen mit Jugendlichen soll hingewiesen werden:
1. Männliche Jugendlichen lehnen Entspannungsübungen manchmal ab, da sie mit ihrem Selbst-

bild schlecht vereinbar sind. Sie wollen überlegen sein, körperliche Kraft und Fitness prägen ihre Wunschvorstellungen. Entspannung assoziieren sie mit Schwäche, Auslieferung und Unterlegenheit.
2. Jugendliche, die positiv auf Entspannung ansprechen, benutzen manchmal die Übungen als Flucht- und Vermeidungsverhalten vor Alltagsproblemen. Sie möchten sich entspannen, gut fühlen, aber sich nicht für eine Problembewältigung und Verhaltensänderung engagieren.
3. Entspannungsübungen in einer Gruppe von Jugendlichen ist schwieriger als bei Kindergruppen, da Jugendliche eine größere Selbstaufmerksamkeit als Kinder haben und in der Folge davon leichter Schamgefühle entwickeln.

Aus diesen Gründen gehören Entspannungsübungen, über deren Notwendigkeit kein Zweifel besteht, nicht in jedem Fall regelmäßig und ritualisiert zum Einzel- und Gruppentraining. Wir schlagen folgende Variationen vor:
- Keine Entspannung im Einzel- und Gruppentraining.
- Entspannung nur im Einzeltraining, nicht in der Gruppe.
- Entspannung in der Einzel- und Gruppenarbeit.

Kriterien dafür, welche Form gewählt werden kann, hängen vom Alter, Geschlecht, der Bezugsgruppe und der persönlichen Entwicklung des Jugendlichen ab (vgl. Vaitl & Petermann, 2000). Bereitschaft für Entspannungsübungen findet man am ehesten bei älteren Jugendlichen, weiblichen Jugendlichen und solchen, deren Selbstbild dies zulässt. Hat ein Jugendlicher sehr massive und vielfältige Verhaltens- und Arbeitsprobleme, so wird er wahrscheinlich auch Entspannungsübungen verweigern. Besteht die Bezugsgruppe aus Jugendlichen, die in Heimerziehung, im Strafvollzug, großen stationären Institutionen leben oder einer Jugendbande angehören, so kann dies ebenfalls ein Hinderungsgrund für Entspannungsübungen sein. Die Bezugsgruppen prägen das Selbstbild eines Jugendlichen entscheidend, und die genannten Bezugsgruppen schreiben sich häufig ein Image von Stärke zu, das Entspannung zuwiderläuft.

Besteht zwischen dem Erwachsenen und Jugendlichen eine Vertrauensbasis, dann ist es manchmal auch unter den genannten Bedingungen möglich, Entspannungsübungen zumindest im Einzeltraining durchzuführen (vgl. Petermann, 1996a). Ist der Kontakt anfänglich von Skepsis geprägt, dann sollte man Entspannungsübungen vorschlagen, aber auf keinen Fall darauf bestehen.

Sind Entspannungsübungen realisierbar, dann erhebt sich die Frage nach der Wahl eines für Jugendliche angemessenen Verfahrens. Wir führen mit Jugendlichen aus zwei Gründen bevorzugt progressive Muskelentspannung durch:
- Es ist ein Vorgehen, bei dem der Jugendliche sich nicht „ausgeliefert“ fühlt, sondern aktiv mitmacht.
- Es ist kein Verfahren, das Entspannung suggeriert, sondern Entspannung wird erlebt, weil vorher aktiv, bewusst und selbstgesteuert einzelne Muskelgruppen angespannt wurden.

Zentrales Ziel der progressiven Muskelentspannung ist es, „sich mit dem Gefühl der Anspannung so vertraut zu machen, dass man es in jedem Körperteil erkennen kann“ (Jacobson, 1990, S. 147). Verschwindet die Empfindung der Anspannung, so ist dies nach Jacobson (1990) Entspannung. Es ist der Zustand völliger Abwesenheit muskulärer Anstrengung beziehungsweise Kontraktionen, wobei die Wirkung von Bernstein und Borkovec (1990) als Kontrasteffekt bezeichnet wird.

Weitere Vorteile der progressiven Muskelentspannung sind die gute Erlernbarkeit, das körpernahe Wahrnehmungserleben, die universelle beziehungsweise symptomunspezifische Anwendbarkeit, die rasche Wirksamkeit bei einfachem Vorgehen sowie die gute Kombinationsmöglichkeit mit anderen Therapiemethoden (vgl. Bernstein & Borkovec, 1990; Jacobson, 1990).

Wird die progressive Muskelentspannung in das Jugendtraining integriert, dann soll sie vorwiegend folgenden Zielen dienen:
- Lösen von Muskelspannungen, dadurch
- günstige Auswirkungen auf Hyperaktivität, Nervosität und Angst sowie
- Vertiefung einer vertrauensvollen Beziehung zwischen Trainer und Jugendlichem.

Vor der ersten Entspannungsübung muss dem Jugendlichen das Prinzip kurz erläutert und die damit verbundenen Ziele erklärt werden. Ihm muss vor allem deutlich werden, dass Muskelentspannung eine Fertigkeit ist, die gelernt und geübt werden kann, genauso wie Fahrradfahren oder Schwimmen. Die Muskelspannung zu verringern, bringt Vorteile mit sich, zum Beispiel sich besser fühlen, weniger aufgeregt sein, Energie sparen, sich nach der Entspannung besser konzentrieren können. Da ein Ziel des Jugendtrainings darin besteht, Anforderungen zu bewältigen und Konzentrationsleistungen zu erbringen, kann die progressive Muskelentspannung dabei hilfreich sein; sie wird deshalb zu Beginn jeder Sitzung kurz durchgeführt.

Für die angegebenen Ziele reicht eine Kurzform, bei der eine lokale und keine allgemeine Entspannung angestrebt wird (vgl. Jacobson, 1990). Das bedeutet, die Entspannungsübungen werden auf einige spezielle Muskelgruppen oder Körperteile begrenzt. Sie nehmen etwa 15 bis 20 Minuten zu Beginn einer Trainingssitzung in Anspruch. Dazu soll sich der Jugendliche in einen bequemen Stuhl setzen.

Als Kurzform werden folgende sieben Schritte in Anlehnung an Bernstein und Borkovec (1990) sowie Jacobson (1990) vorgeschlagen:

1. Anspannen von Hand, Unterarm und Oberarm der dominanten Körperseite (meistens rechts): den Arm vor sich ausstrecken, in der Ellenbeuge dann um 45 Grad anwinkeln und eine Faust machen, die fest zuzudrücken ist.
2. Das gleiche Vorgehen wird mit der anderen, nicht-dominanten Seite (meistens links) durchgeführt.
3. Anspannen der Augenregion: (a) Stirn runzeln, (b) Augenbrauen zusammenziehen.
4. Anspannen der Schultern: (a) Schultern zurückziehen, als wollten sich die Schulterblätter berühren, (b) Schultern hochziehen. Bei beiden Übungen, besonders bei (a), ist es hilfreich, beim Zurück- bzw. Hochziehen der Schultern tief einzuatmen und die Luft anzuhalten.
5. Anspannen des Rumpfes: (a) Bauchmuskeln einziehen, wobei das Weiteratmen stören kann: In diesem Fall wird mit dem Baucheinziehen tief eingeatmet und für die Zeit der Anspannung die Luft angehalten; (b) Rücken zum Hohlkreuz durchdrücken.
6. Anspannen von Ober-, Unterschenkel und Fuß der dominanten Körperseite (meistens rechts): das Bein strecken und leicht von der Sitzfläche abheben, die Zehen ausstrecken, also vom Körper weg, den Fuß etwas nach innen drehen, also zum anderen Bein hin.
7. Das gleiche Vorgehen wird mit der anderen, nicht-dominanten Seite (meistens links) durchgeführt.

Bei jedem dieser sieben Schritte muss die An- und Entspannung in der folgenden Weise geschehen:

- Der Jugendliche schließt die Augen, nachdem er eine bequeme Sitzhaltung eingenommen hat. Beide Füße stehen nebeneinander auf dem Boden, die Arme liegen locker auf Armlehnen des Stuhls oder auf den Oberschenkeln. Er *konzentriert* sich auf die vom Trainer genannte *Muskelgruppe,* zum Beispiel den rechten Arm oder die Stirn.
- Auf ein vorher verabredetes verbales Signal hin spannt der Jugendliche die Muskelgruppe an; zum Beispiel sagt der Trainer „jetzt". Diese *Anspannung* erfolgt für *fünf bis sieben Sekunden,* nur bei den Füßen und Beinen etwas kürzer. Während dieser Zeit unterstützt der Trainer den Jugendlichen bei seinen Bemühungen, sich auf seine Anspannungsgefühle zu konzentrieren, durch Aussagen wie: „Achte darauf, wie es in den Muskeln zieht, wie sie hart und fest sind, wie sich die Spannung in den Muskeln anfühlt!"
- Ein weiteres verabredetes verbales Zeichen signalisiert dem Jugendlichen dann, *die Muskeln zu lockern,* zu entspannen, das heißt Arm, Bein etc. in die Ausgangslage zu bringen. Eine solche Formel kann lauten: „Nun loslassen!" Das Lockern der Muskeln soll *sofort* und *vollständig* erfolgen und *nicht* allmählich. Diese Entspannungsphase dauert *30 bis 40 Sekunden.* Während dieser Zeit soll sich der Jugendliche auf den auftretenden *Entspannungsprozess,* auf den Kontrasteffekt in der Muskelgruppe *konzentrieren.*

Dieser Vorgang wird wiederum durch Äußerungen des Trainers unterstützt: „Lass die Muskeln einfach los! Konzentriere dich auf die Gefühle, die du jetzt in den Muskeln spürst! Beachte den Unterschied von Anspannung und Entspannung!" Diese Aussagen dienen lediglich dazu, die Aufmerksamkeit des Jugendlichen auf das zu lenken, was in den betreffenden Muskeln vor sich geht. Er soll diese Körpervorgänge genau beobachten. Aus diesem Grund dürfen diese Äußerungen *nicht suggestiv* sein, also: „Deine Muskeln sind ganz entspannt!" oder „Entspanne die Muskeln immer mehr!" Die erste Aussage gibt etwas vor, was der Jugendliche eventuell gar nicht oder nicht so intensiv empfindet; die zweite Aussage widerspricht dem Prinzip der progressiven Muskelentspannung. Sie fordert zu Aktivität auf und führt damit zu Anspannung; hingegen stellt Entspannung die Abwesenheit jeglicher Aktivität dar.

Nachdem eine Muskelgruppe in der angegebenen Weise an- und entspannt wurde, folgt eine *Wiederholung* des Vorganges: fünf bis sieben Sekunden

Anspannung; die Konzentration auf die Entspannung dauert nun *45 bis 60 Sekunden.* Während dieses gesamten Prozesses ist es sehr wichtig, dass vor allem die bereits an- und entspannten Muskelgruppen *nicht mehr bewegt* werden.

Von Bedeutung ist noch, darauf hinzuweisen, dass Brille, Arm- und Uhrband abgelegt werden sollen; Kontaktlinsen können ebenso hinderlich sein wie eine zu enge Kleidung. Neben diesen äußeren Ablenkungen und Behinderungen können auch interne Prozesse ablenken, wie eine Erkältung oder Gedanken. Bei Husten, Schnupfen und Niesen sollte keine Entspannung durchgeführt werden. Gedanken, besonders zur Selbstaufmerksamkeit, die Sorge und Scham bezüglich der Entspannungsdurchführung beinhalten, können leicht zerstreut werden, indem der Trainer die Übungen vor- und mitmacht. Der Jugendliche fühlt sich dadurch weniger beobachtet und sogar entlastet. Andere sorgenvolle Gedanken sollte man nicht gezielt vermeiden wollen. Stattdessen sollte immer wieder an die Konzentration auf die an- und entspannten Muskelgruppen erinnert werden. Der Trainer kann die Konzentration zudem begünstigen, indem er beim Verbalisieren zur Unterstützung von An- und Entspannung nicht länger als fünf Sekunden pausiert. In der Regel verschwinden dann die Gedanken allmählich.

Die sieben Entspannungsübungen dürfen mit einem Jugendlichen zu Beginn des Trainings *nicht auf einmal* ausgeführt werden. Begonnen wird mit den beiden Armen und der Augenregion (Übung 1 bis 3). In der zweiten Sitzung werden die Übungen 1 bis 3 wiederholt und die mit den Schultern, Bauch und Rücken kommen hinzu (Übung 4 und 5). Den Abschluss beim Aufbau der progressiven Muskelentspannung bilden die Beinübungen in der dritten Sitzung (Übung 6 und 7). Ab dieser Sitzung werden also alle sieben Übungen der Kurzform realisiert und in den Folgesitzungen in dieser Form gleichbleibend beibehalten. Die Erweiterungen in der zweiten und dritten Sitzung müssen jeweils *vorher angekündigt* und kurz *gemeinsam* ausprobiert werden.

Kann man an äußeren Anzeichen den Grad der Entspannung erkennen? Auf folgende Hinweise einer *mangelnden Entspannung* sollte der Trainer achten:
- Im Stuhl herumzappeln, immer wieder Arme und Beine bewegen,
- keine ruhige, gleichmäßige Atmung,
- Augen öfters öffnen oder rollende Augäpfel unter geschlossenen Lidern,
- Stirnrunzeln,
- noch vorhandener Schluckreflex und
- mit dem Trainer reden wollen.

Wie geht man mit diesen und ähnlichen *Schwierigkeiten,* wie die Uhr nicht ablegen wollen, um? Der Trainer sollte nicht auf dem Ablegen einer Uhr, einer Brille usw. bestehen, ebenso nicht auf dem Lockern eines zu engen Gürtels. Aber bei der Brille muss er darauf hinweisen, dass sie bei einer Übung sehr stören kann.

Unnötige und unerwünschte Bewegungen, Lachen und Sprechen sollten während der Entspannung ignoriert werden. Ruhig und bestimmt gibt der Trainer seine Instruktionen weiter. Nach der Übung kann er darauf zu sprechen kommen und nach den Gründen fragen. Er kann auch eine zweite Übungssitzung abwarten, ob sich das Verhalten wiederholt. Es ist wichtig, den Jugendlichen noch einmal auf den Wirkungszusammenhang von An- und Entspannung hinzuweisen. Ihm wird erklärt, warum er sich auf diesen Kontrasteffekt konzentrieren und nach dem Loslassen der Muskelgruppe nicht mehr bewegen soll.

Die Entspannung sollte jedoch nicht derart erfolgen, dass der Jugendliche einschläft. Hat der Trainer diesen Eindruck, dann sollte er seine Stimme etwas anheben und lauter sprechen – allerdings ohne den Jugendlichen zu erschrecken. Sprechpausen sollten dann unter sechs Sekunden bleiben.

Idealerweise sollte der Jugendliche täglich einbis zweimal zu Hause üben, um zu lernen, sich auch in Alltagssituationen zu entspannen. Allerdings ist darauf zu achten, in welcher Umgebung der Jugendliche lebt. Die Lebensumstände müssen genau besprochen werden, um zum Beispiel zu verhindern, dass ein Heimjugendlicher von einem anderen Mitbewohner wegen der Entspannungsübungen gehänselt wird. Es sind die Gelegenheiten im Tagesablauf abzuklären, wann und wo Entspannungsübungen ungestört durchführbar sind. Gelingt dies, so kann manchem Jugendlichen eine wichtige Hilfe für den Alltag gegeben werden. Weigert sich ein Jugendlicher, zu Hause zu üben, nachdem man ihm die Vorteile und im Training positive Erfahrungen mit der progressiven Muskelentspannung vermittelt hat, so sollte dies akzeptiert und Verständnis für seine Situation signalisiert werden.

Literatur

Angold, A., Costello, E.J. & Erkanli, A. (1999). Comorbidity. *Journal of Child Psychology and Psychiatry, 40,* 57-87.

Bandura, A. (1989). Human agency in social cognitive theory. *American Psychologist, 44,* 1175-1184.

Bandura, A. (1992). Exercise of personal agency through self-efficacy mechanism. In R. Schwarzer (Ed.), *Self-efficacy: Thought control of action.* Washington: Hemisphere Publishing Corporation.

Bernstein, D.A. & Borkovec, T.D. (1990). *Entspannungs-Training. Handbuch der progressiven Muskelentspannung.* München: Pfeiffer, 5., erweiterte Auflage.

Borduin, C.M., Mann, B.J., Cone, L.T., Henggeler, S.W., Fucci, B.R., Blaske, D.M. & Williams, R.A. (1995). Multisystemic treatment of serious juvenile offenders: Long-term prevention of criminality and violence. *Journal of Consulting and Clinical Psychology, 63,* 569-578.

Brent, D.A. & Moritz, G. (1996). Developmental pathways to adolescent suicide. In D. Cicchetti & S.L. Toth (Eds.), *Rochester symposium on developmental psychopathology. Vol. 7. Adolescence: Opportunities and challenges.* Rochester: University of Rochester Press.

Brestan, E.V. & Eyberg, S.M. (1998). Effective psychosocial treatments of conduct-disordered children and adolescents: 29 years, 82 studies, and 5.272 kids. *Journal of Clinical Child Psychology, 27,* 180-189.

Brettschneider, W.-D. & Brandl-Bredenbeck, H.-P. (1997). *Sportkultur und jugendliches Selbstkonzept: Eine interkulturell vergleichende Studie über Deutschland und die USA.* Weinheim: Juventa.

Brickenkamp, R. (1981). *Test d 2.* Göttingen: Hogrefe, 7. Auflage.

Bundeskriminalamt (Hrsg.) (2002). *Polizeiliche Kriminalstatistik Bundesrepublik Deutschland. Berichtsjahr 2001.* Wiesbaden: Bundeskriminalamt.

Butz, P. (1996). Zukunftseinstellungen Jugendlicher: Ergebnisse einer empirischen Längsschnittstudie in Berlin. In R. Möller, J. Abel, G. Neubauer & K.P. Treumann (Hrsg.), *Kindheit, Familie und Jugend: Ergebnisse empirischer pädagogischer Forschung.* Münster: Waxmann.

Capaldi, D.M. (1991). Co-occurence of conduct problems and depressive symptoms in early adolescent boys: I. Familial factors and general adjustement at grade 6. *Development and Psychopathology, 3,* 277-300.

Capaldi, D.M. (1992). Co-occurence of conduct problems and depressive symptoms in early adolescent boys: II. A 2-year follow-up at grade 8. *Development and Psychopathology, 4,* 125-144.

Caplan, M., Weissberg, R.P., Grober, J.S., Sivo, R.J., Grady, P. & Jacoby, C. (1992). Social competence promotion with innercity and suburban young adolescents: Effects on social adjustment and alcohol use. *Journal of Consulting and Clinical Psychology, 60,* 56-63.

Caspi, A. & Moffitt, T.E. (1995). The continuity of maladaptive behavior: From description to understanding in the study of antisocial behavior. In D. Cicchetti & D.J. Cohen (Eds.), *Developmental psychopathology. Vol. 2. Risk, disorders, and adaptation.* New York: Wiley.

Cattell, R.B. & Weiß, R.H. (1980). *Grundintelligenztest CFT 20.* Braunschweig: Westermann, 2. Auflage.

Chalmers, J.B. & Townsend, M.A.R. (1990). The effects of training in social perspective taking on socially maladjusted girls. *Child Development, 61,* 178-190.

Chandler, M. & Moran, T. (1990). Psychopathology and moral development: A comparative study of delinquent and nondelinquent youth. *Development and Psychopathology, 2,* 227-246.

Charvoz, L., Bodenmann, G. & Hermann, E. (2002). Die Bedeutung der Familie für den Konsum psychotroper Substanzen bei Jugendlichen. *Kindheit und Entwicklung, 11,* 14-20.

Chung, H.H & Elias, M. (1996). Patterns of adolescent involvement in problem behaviors: Relationship to self-efficacy, social competence, and life events. *American Journal of Community Psychology, 24,* 771-784.

Cicchetti, D. (Ed.) (1996). *Developmental pathways: Diversity in process and outcome.* New York: Cambridge University Press.

Cicchetti, D. & Toth, S.L. (Eds.) (1996). *Rochester symposium on developmental psychopathology. Vol. 7. Adolescence: Opportunities and challenges.* Rochester: University of Rochester Press.

Compas, B.E., Oppedisano, G., Connor, J.K., Gerhardt, C.A., Hinden, B., Achenbach, T.M. & Hammen, C. (1997). Gender differences in depressive symptoms in adolescence: Comparison of national samples of clinically referred and nonreferred youths. *Journal of Consulting and Clinical Psychology, 65,* 617-626.

Covey, L.A. & Feltz, D.L. (1991). Physical activity and adolescent female psychological development. *Journal of Youth and Adolescence, 20,* 463-474.

Crick, N.R. & Dodge, K.A. (1994). A review and reformulation of social information processing mechanisms in children's social adjustment. *Psychological Bulletin, 115,* 74-101.

Curry, J.F. & Craighead, W.E. (1990). Attributional style in clinically depressed and conduct disordered adolescents. *Journal of Consulting and Clinical Psychology, 58,* 109-115.

Dierker, L., Merikangas, K.R. & Essau, C.A. (1997). Substance use disorders. In C.A. Essau & F. Petermann (Eds.), *Developmental psychopathology: Epidemiology, diagnostics and treatment.* London: Harwood.

Dishion, T.J. & Andrews, D.W. (1995). Preventing escalation in problem behaviors with high-risk young adolescents: Immediate and one-year-outcome. *Journal of Consulting and Clinical Psychology, 63,* 538-548.

Dodge, K.A. (1993). Social-cognitive mechanisms in the development of conduct disorder and depression. *Annual Review of Psychology, 44,* 559-584.

Dodge, K.A., Harnish, J.D., Lochman, J.E., Bates, J.E. & Pettit, G.S. (1997). Reactive and proactive aggression in school children and psychiatrically impaired chronically assaultive youth. *Journal of Abnormal Psychology, 106,* 37-51.

Dodge, K.A. & Schwartz, D. (1997). Social information processing mechanisms in aggressive behavior. In D.M. Stoff, J. Breiling & J.D. Maser (Eds.), *Handbook of antisocial behavior.* New York: Wiley.

Döpfner, M. (2002). Hyperkinetische Störungen. In F. Petermann (Hrsg.), *Lehrbuch der Klinischen Kinderpsychologie und -psychotherapie.* Göttingen: Hogrefe, 5., korr. Auflage.

Döpfner, M., Lehmkuhl, G., Petermann, F. & Scheithauer, H. (2002). Diagnostik psychischer Störungen. In F. Petermann (Hrsg.), *Lehrbuch der Klinischen Kinderpsychologie und -psychotherapie.* Göttingen: Hogrefe, 5., korr. Auflage.

Dumont, M. & Provost, M.A. (1999). Resilience in adolescents. Protective role of social support, coping startegies, self-esteem, and social activities on experience of stress and depression. *Journal of Youth and Adolescents, 28,* 343-363.

Essau, C.A., Groen, G. & Petermann, F. (2002). Zum Zusammenhang von belastenden Lebensereignissen und Depression bei Kindern und Jugendlichen. In H. Braun-Scharm (Hrsg.), *Depressionen und komorbide Störungen bei Kindern und Jugendlichen.* Stuttgart: Wissenschaftliche Verlagsgesellschaft.

Essau, C.A., Karpinski, N.A., Petermann, F. & Conradt, J. (1998a). Häufigkeit und Komorbidität psychischer Störungen bei Jugendlichen: Ergebnisse der Bremer Jugendstudie. *Zeitschrift für Klinische Psychologie, Psychiatrie und Psychotherapie, 46,* 105-124.

Essau, C.A., Karpinski, N.A., Petermann, F. & Conradt, J. (1998b). Häufigkeit und Komorbidität von Störungen durch Substanzkonsum. *Kindheit und Entwicklung, 7,* 199-207.

Essau, C.A. & Petermann, U. (2002). Depression. In F. Petermann (Hrsg.), *Lehrbuch der Klinischen Kinderpsychologie und -psychotherapie.* Göttingen: Hogrefe, 5., korr. Auflage.

Etscheidt, S. (1991). Reducing aggressive behavior and improving self-control: A cognitive-behavioral training program for behaviorally disordered adolescents. *Behavioral Disorders, 16,* 107-115.

Farrington, D.P. (1995). The Twelfth Jack Tizard Memorial Lecture: The development of offending and antisocial behaviour from childhood: Key findings from the Cambridge Study in Delinquent Development. *Journal of Child Psychology and Psychiatry, 360,* 929-964.

Fend, H. (1997). *Entwicklungspsychologie der Adoleszenz in der Moderne, Bd. 4: Der Umgang mit Schule in der Adoleszenz: Aufbau und Verlust von Lernmotivation, Selbstachtung und Empathie.* Bern: Huber.

Fergusson, D.M. (1998). Stability and change in externalizing behaviours. *European Archives of Psychiatry and Clinical Neuroscience, 248,* 4-13.

Flammer, A. & Alsaker, F. (2002). *Entwicklungspsychologie der Adoleszenz.* Bern: Huber.

Fondacaro, M.R. & Heller, K. (1990). Attributional style in aggressive adolescent boys. *Journal of Abnormal Child Psychology, 18,* 75-89.

Frydenberg, E. (1997). *Adolescent coping: Theoretical and research perspectives.* London: Routledge.

Giancola, P.R., Mezzich, A.C. & Tarter, R.E. (1998). Executive cognitive functioning, temperament, and antisocial behavior in conduct-disordered adolescent females. *Journal of Abnormal Psychology, 107,* 629-641.

Goldstein, A.P. & Michaels, G.Y. (1985). *Empathy: Development, theory and consequences.* Hillsdale: Erlbaum.

Grace, N.C., Kelley, M.L. & McCain, A.P. (1993). Attribution processes in mother-adolescent conflict. *Journal of Abnormal Child Psychology, 21,* 199-211.

Greenberg, M.T., Kusche, C.A., Cook, E.T. & Quamma, J.P. (1995). Promoting emotional competence in school-aged children: The effects of the PATHS curriculum. *Development and Psychopathology, 7,* 117-136.

Griffin, P. & Torbet, P. (Eds.) (2002). *Desktop guide to good juvenile probation practice.* Washington: National Center of Juvenile Justice.

Groen, G. & Petermann, F. (2002). *Depressive Kinder und Jugendliche.* Göttingen: Hogrefe.

Guerra, N.G., Huesmann, L.R. & Zelli, A. (1990). Attributions for social failure and aggression in inacacerated delinquent youth. *Journal of Abnormal Child Psychology, 18,* 347-355.

Hains, A.A. (1984). Moral-judgement, role-taking, cognitive process, and self-concept in delinquents. *Journal of Early Adolescence, 4,* 65-74.

Halberstadt, A.G., Denham, S.A. & Dunsmore, J.C. (2001). Affective social competence. *Social Development, 10,* 79-119.

Harter, S. (1999). *The construction of the self.* New York: Guilford.

Heekerens, H.-P. (1997). Elterntraining und Familientherapie – Gemeinsamkeiten trotz Unterschiedlichkeit. *Kindheit und Entwicklung, 6,* 84-89.

Henggeler, S.W., Schoenwald, S.K., Borduin, C.M., Rowland, M.D. & Cunningham, P.B. (1998). *Multisystemic treatment of antisocial behavior in children and adolescents.* New York: Guilford.

Hermans, H.J.M., Petermann, F. & Zielinski, W. (1978). *Leistungsmotivationstest (LMT).* Amsterdam: Swets & Zeitlinger.

Hibbs, E.D. (1998). Improving methodologies for the treatment of child and adolescent disorders: Introduction. *Journal of Abnormal Child Psychology, 26,* 1-6.

Hirsch, B.J. & DuBois, D.L. (1991). Self-esteem in early adolescence: The identification and prediction of contrasting longitudinal trajectories. *Journal of Youth and Adolescence, 20,* 53-72.

Hondrich, K.O. (1998). Zukunftsvorstellungen. *Universitas, 53,* 405-417.

Horn, W. (1969). *Prüf-System für Schul- und Bildungsberatung (P-S-B).* Göttingen: Hogrefe.

Hurrelmann, K. & Settertobulte, W. (2002). Prävention und Gesundheitsförderung im Kindes- und Jugendalter. In F. Petermann (Hrsg.), *Lehrbuch der Klinischen Kinderpsychologie und -psychotherapie.* Göttingen: Hogrefe, 5., korr. Auflage.

Ihle, W., Jahnke, D., Spieß, L. & Herrle, J. (2002). Evaluation eines kognitiv-verhaltenstherapeutischen Gruppenprogramms für depressive Jugendliche und junge Erwachsene. *Kindheit und Entwicklung, 11,* 238-246.

Jacobson, E. (1990). *Entspannung als Therapie. Progressive Relaxation in Theorie und Praxis.* München: Pfeiffer.

Joffe, R.D., Dobson, K.S., Fine, S., Marriage, K. & Haley, G. (1990). Social problem-solving in depressed, conduct-disordered, and normal adolescents. *Journal of Abnormal Child Psychology, 18,* 565-575.

Jugert, G., Rehder, A., Notz, P. & Petermann, F. (2002). *Soziale Kompetenz für Jugendliche.* Weinheim: Juventa, 2., korr. Auflage.

Kazdin, A.E. & Weisz, J.R. (1998). Identifying and developing empirically supported child and adolescent treatments. *Journal of Consulting and Clinical Psychology, 66,* 19-36.

Keating, D.P. & McLean, D.J. (1996). Competence and coping in adolescence: Development transitions and diversity. In D. Cicchetti & S.L. Toth (Eds.), *Rochester symposium on developmental psychopathology. Vol. 7. Adolescence: Opportunities and challenges.* Rochester: University of Rochester Press.

Keller, G. & Thiel, R.-D. (1998). *Lern- und Arbeitsverhaltensinventar (LAVI): Test zum Lern- und Arbeitsverhalten für Schüler der Klassen 5-10: Handanweisung.* Göttingen: Hogrefe.

Kolip, P., Nordlohne, E. & Hurrelmann, K. (1995). Der Jugendgesundheitssurvey 1993. In P. Kolip, K. Hurrelmann & P.-E. Schnabel (Hrsg.), *Jugend und Gesundheit. Interventionsfelder und Präventionsbereiche.* Weinheim: Juventa.

Krausz, M., Degkwitz, P. & Verthein, U. (1998). Lebensereignisse und psychosoziale Belastungen bis zur Pubertät – Entwicklungsbedingungen Opiatabhängiger und ihrer „normalen" Altersgenossen. *Kindheit und Entwicklung, 7,* 221-230.

Krettenauer, T. (1997). „Jenseits von Gut und Böse?" – Probleme der moralischen Sozialisation gewalttätiger Jugendlicher. In D. Sturzbecher (Hrsg.), *Jugend und Gewalt in Ostdeutschland.* Göttingen: Verlag für Angewandte Psychologie.

Kusch, M. & Petermann, F. (1997). Komorbidität von Aggression und Depression. *Kindheit und Entwicklung, 6,* 212-223.

Lee, M. & Prentice, N.M. (1988). Interrelations of empathy, cognition and moral reasoning with dimensions of juvenile delinquency. *Journal of Abnormal Child Psychology, 16,* 127-139.

Lipsey, M.W. & Wilson, D.B. (1998). Effective intervention for serious juvenile offenders: A synthesis of research. In R. Loeber & D.P. Farrington (Eds.), *Serious and violent juvenile offenders: Risk factors and successful interventions.* Thousand Oaks: Sage.

Lochman, J.E., Dunn, S.E. & Klimes-Dougan, B. (1993). An intervention and consultation model from a social cognitive perspective: A description of the Anger Coping Program. *School Psychology Review, 22,* 458-471.

Loeber, R. & Farrington, D.P. (Eds.) (1998). *Serious and violent juvenile offenders: Risk factors and successful interventions.* Thousand Oaks: Sage.

Loeber, R. & Hay, D. (1997). Key issues in the development of aggression and violence from childhood to early adulthood. *Annual Review in Psychology, 48,* 371-410.

Lösel, F. & Bliesener, T. (1998). Zum Einfluß des Familienklimas und der Gleichaltrigengruppe auf den Zusammenhang zwischen Substanzkonsum und antisozialem Verhalten von Jugendlichen. *Kindheit und Entwicklung, 7,* 208-220.

Ludwig, K.B. & Pittman, J.F. (1999). Adolescent prosocial values and self-efficacy in relation to delinquency, risky sexual behavior, and drug use. *Youth and Society, 30,* 461-482.

Luthar, S.S. (1991). Vulnerability and resilience: A study of high-risk adolescents. *Child Development, 62,* 600-616.

Luthar, S.S., Cushing, G. & McMahon, T.J. (1997). Interdisciplinary interface: Developmental principles brought to substance abuse research. In S.S. Luthar, J.A. Burack, D. Cicchetti & J.R. Weisz (Eds.), *Developmental psychopathology: Perspectives on adjustment, risk, and disorder.* Cambridge: Cambridge University Press.

Luthar, S.S. & Zigler, E. (1992). Intelligence and social competence among high-risk adolescents. *Development and Psychopathology, 4,* 287-299.

Luthar, S.S., Zigler, E. & Goldstein, D. (1992). Psychosocial adjustment among intellectually gifted adolescents: The role of cognitive-developmental and experiential factors. *Journal of Child Psychology and Psychiatry, 33,* 361-373.

Maier, M.A. & Pekrun, R. (2001). Leistungsstreß bei Jugendlichen. *Kindheit und Entwicklung, 10,* 161-171.

Messer, D.J. (Ed.) (1999). *Exploring developmental psychology: From infancy to adolescence.* London: Arnold.

Nangle, D.W. & Hansen, D.J. (1993). Relations between social skills and high-risk sexual interactions among adolescents. *Behavior Modification, 17,* 113-135.

Nelson, J.R., Smith, D.J. & Dodd, J. (1990). The moral reasoning of juvenile delinquents: A meta-analysis. *Journal of Abnormal Child Psychology, 18,* 231-239.

Niebank, K. & Petermann, F. (2002). Grundlagen und Ergebnisse der Entwicklungspsychopathologie. In F. Petermann (Hrsg.), *Lehrbuch der Klinischen Kinderpsychologie und -psychotherapie.* Göttingen: Hogrefe, 5., korr. Auflage.

Nissen, G. (Hrsg.) (1995). *Aggressivität und Gewalt. Prävention und Therapie.* Bern: Huber.

Ollendick, T.H. & Prinz, R.J. (Eds.) (1997). *Advances in clinical child psychology. Vol. 19.* New York: Plenum.

Olweus, D. (1996). *Gewalt in der Schule. Was Lehrer und Eltern wissen sollten – und tun können.* Bern: Huber, 2. Auflage.

Payton, J.W., Wardlaw, D.M., Graczyk, P.A., Bloodworth, M.R., Tompsett, C.J. & Weissberg, R.P. (2000). Social and emotional learning: a framework for promoting mental health and reducing risk behaviors in children and youth. *Journal of School Health, 70,* 179-185.

Petermann, F. (1996a). *Psychologie des Vertrauens.* Göttingen: Hogrefe, 3., völlig veränd. Auflage.

Petermann, F. (Hrsg.) (1996b). *Einzelfallanalyse.* München: Oldenbourg, 3. Auflage.

Petermann, F. (Hrsg.) (1996c). Pädagogische Supervision. Salzburg: Müller.

Petermann, F. (Hrsg.) (2002a). *Lehrbuch der Klinischen Kinderpsychologie und -psychotherapie.* Göttingen: Hogrefe, 5., korr. Auflage.

Petermann, F. (2002b). Klinische Kinderpsychologie: Das Konzept der sozialen Kompetenz. *Zeitschrift für Psychologie, 210,* 175-185.

Petermann, F., Döpfner, M., Lehmkuhl, G. & Scheithauer,

H. (2002). Klassifikation und Epidemiologie psychischer Störungen. In F. Petermann (Hrsg.), *Lehrbuch der Klinischen Kinderpsychologie und -psychotherapie.* Göttingen: Hogrefe, 5., korr. Auflage.

Petermann, F., Döpfner, M. & Schmidt, M.H. (2001). *Aggressiv-dissoziale Störungen.* Göttingen: Hogrefe.

Petermann, F., Essau, C.A., Turbanisch, U., Conradt, J. & Groen, G. (1999). Komorbidität, Risikofaktoren und Verlauf aggressiven Verhaltens: Ergebnisse der Bremer Jugendstudie. *Kindheit und Entwicklung, 8,* 49-58.

Petermann, F., Niebank, K. & Scheithauer, H. (2003). *Entwicklungswissenschaft.* Berlin: Springer.

Petermann, F. & Petermann, U. (2000). *Erfassungsbogen für aggressives Verhalten in konkreten Situationen (EAS).* Göttingen: Hogrefe, 4., völlig veränd. Auflage.

Petermann, F. & Petermann, U. (2001). *Training mit aggressiven Kindern.* Weinheim: Psychologie Verlags Union, 10., völlig veränd. Auflage.

Petermann, U. (1992). *Sozialverhalten bei Grundschülern und Jugendlichen.* Frankfurt: Lang, 2., durchgeseh. Auflage.

Petermann, U. (1999). *Entspannungstechniken für Kinder und Jugendliche: Ein Praxisbuch.* Weinheim: Beltz.

Petermann, U., Essau, C.A. & Petermann, F. (2002). Angststörungen. In F. Petermann (Hrsg.), *Lehrbuch der Klinischen Kinderpsychologie und -psychotherapie.* Göttingen: Hogrefe, 5., korr. Auflage.

Petermann, U. & Petermann, F. (2003). *Training mit sozial unsicheren Kindern.* Weinheim: Psychologie Verlags Union, 8., überarb. Auflage.

Petermann, U. & Vonnahme, B. (1987). Einzelfallanalytische Effektprüfung eines Trainings zur Förderung von Arbeits- und Sozialverhalten bei Jugendlichen. *Zeitschrift für Klinische Psychologie, Psychopathologie und Psychotherapie, 35,* 321-333.

Petermann, U., Walkenhorst, P. & Roos, S. (2001). Soziales Training – Mit Jugendlichen. In R. Northhoff (Hrsg.), *Handbuch Kriminalprävention, 4. Lieferung.* Baden-Baden: Nomos.

Pinquart, M. (2001). Eltern-Kind-Konflikte und delinquentes Verhalten beim Übergang zum Jugendalter. *Kindheit und Entwicklung, 10,* 132-137.

Planungsgruppe Petra (Hrsg.) (1991). *Analyse von Leistungsfeldern der Heimerziehung. Ein empirischer Beitrag zum Problem der Indikation.* Frankfurt: Lang, 3., erweit. Auflage.

Rademacher, C., Walter, D. & Döpfner, M. (2002). SELBST – Ein Therapieprogramm zur Behandlung von Jugendlichen mit Selbstwert-, Aktivitäts- und Affekt-, Leistungs- und Beziehungsstörungen. *Kindheit und Entwicklung, 11,* 107-118.

Raithel, J. (1997). Ressourcenstärkung durch Sportpartizipation: Ein Beitrag zur Gesundheitsförderung im Jugendalter. *Prävention, 20,* 110-112.

Reicher, H. (1999). Depressivität und Aggressivität im Jugendalter: Gemeinsame und spezifische psychosoziale Charakteristika. *Kindheit und Entwicklung, 8,* 171-185.

Reid, J.B. & Eddy, J.M. (1997). The prevention of antisocial behavior: Some considerations in the search for effective interventions. In D.M. Stoff, J. Breiling & J.D. Maser (Eds.), *Handbook of antisocial behavior.* New York: Wiley.

Reinecke, M. (2000). *Körperbilder von Kindern und Jugendlichen: Körperbezogene Diagnostik in der klinischen Psychologie.* Bern: Lang.

Renouf, A.G., Kovacs, M. & Mukerji, P. (1997). Relationship of depressive, conduct, and comorbid disorders and social functioning in childhood. *Journal of the American Academy of Child and Adolescent Psychiatry, 36,* 998-1004.

Rollett, B. & Bartram, M. (1998). *Anstrengungsvermeidungstest (AVT).* Braunschweig: Westermann, 3., überarb. Auflage.

Rutter, M. (1997). Antisocial behavior: Developmental psychopathology perspectives. In D.M. Stoff, J. Breiling & J.D. Maser (Eds.), *Handbook of antisocial behavior.* New York: Wiley.

Rutter, M. & Smith, D.J. (Eds.) (1995). *Psychosocial disorders in young people: Time trends and their origins.* Chichester: Wiley.

Sadowski, C. & Kelley, M.L. (1993). Social problem solving in suicidal adolescents. *Journal of Consulting and Clinical Psychology, 61,* 121-127.

Saarni, C. (2002). Die Entwicklung von emotionaler Kompetenz in Beziehungen. In M. v. Salisch (Hrsg.), *Emotionale Kompetenz entwickeln. Grundlagen in Kindheit und Jugend.* Stuttgart: Kohlhammer.

Scheithauer, H. & Petermann, F. (2002). Aggression. In F. Petermann (Hrsg.), *Lehrbuch der Klinischen Kinderpsychologie und -psychotherapie.* Göttingen: Hogrefe, 5., korr. Auflage.

Scheithauer, H., Hayer, T. & Petermann, F. (2003). *Bullying unter Schülern.* Göttingen: Hogrefe.

Scheithauer, H. & Petermann, F. (2003). Wirksame und effektive psychotherapeutische Interventionen im Kindes- und Jugendalter. In F. Petermann (Hrsg.), *Kinderverhaltenstherapie.* Baltmannsweiler: Schneider, 2., völlig veränd. Auflage.

Schmeck, K. & Poustka, F. (2000). Biologische Grundlagen von impulsiv-aggressivem Verhalten. *Kindheit und Entwicklung, 9,* 3-13.

Schmidt, M.H., Ihle, W., Esser, G. & Lay, B. (2002). Entwicklung und Persistenz von Hell- und Dunkelfelddelinquenz im Jugend- und frühen Erwachsenenalter. *Kindheit und Entwicklung, 11,* 212-220.

Schröder, A. & Leonhardt, U. (1998). *Jugendkulturen und Adoleszenz: Verstehende Zugänge zu Jugendlichen in ihren Szenen.* Neuwied: Luchterhand.

Schwarzer, R. (1986). *Skalen zur Befindlichkeit und Persönlichkeit.* Berlin: Forschungsbericht 5 aus dem Institut für Psychologie, Abteilung für Pädagogische Psychologie, Freie Universität, Berlin.

Schwarzer, R. (1993). *Streß, Angst und Handlungskontrolle.* Stuttgart: Kohlhammer, 3., überarb. Auflage.

Seiffge-Krenke, J. (2002). Emotionale Kompetenz im Jugendalter: Ressourcen und Gefährdungen. In M. v. Salisch (Hrsg.), *Emotionale Kompetenz entwickeln. Grundlagen in Kindheit und Jugend.* Stuttgart: Kohlhammer.

Seligman, M.E.P. (1995). *Erlernte Hilflosigkeit.* Weinheim: Psychologie Verlags Union, 5., Auflage.

Silbereisen, R.K. & Schmitt-Rodermund, E. (1998). Entwicklung im Jugendalter: Prozesse, Kontexte und Ergebnisse. In H. Keller (Hrsg.), *Lehrbuch Entwicklungspsychologie.* Bern: Huber.

Southam-Gerow, M.A. & Kendall, P.C. (1997). Parent-focused and cognitive-behavioral treatments of antisocial youth. In D.M. Stoff, J. Breiling & J.D. Maser (Eds.), *Handbook of antisocial behavior.* New York: Wiley.

Specht, M.K.I. & Petermann, F. (1999). Der Einsatz des Rollenspiels im Training sozial ängstlicher Kinder. *Kindheit und Entwicklung, 8,* 218-225.

Sprinthall, N.A. & Collins, W.A. (1995). *Adolescent psychology: A developmental view.* New York: McGraw-Hill, 3. Auflage.

Starke, U. & Starke, K. (1995). Jugendliche in Ostdeutschland. Entwicklungsperspektiven und Gefährdungen. In A. Hundsalz, H.-P. Klug & H. Schilling (Hrsg.), *Beratung für Jugendliche. Lebenswelten, Problemfelder, Beratungskonzepte.* Weinheim: Juventa.

Sturzbecher, D., Dietrich, P. & Kohistruck, M. (1994). *Jugend in Brandenburg 93.* Potsdam: Brandenburgische Landeszentrale für politische Bildung.

Taylor, T.K., Eddy, J.M & Biglan, T. (1999). Skills training to reduce aggression, antisocial behavior, and delinquency: A review for practitioners and policymakers in education, mental health and juvenile justice. *Clinical Child and Family Psychology Review, 2,* 169-182.

Tillmann, K.-J., Holler-Nowitzki, B., Holtappels, H.-G., Meier, U. & Popp, U. (1999). *Schülergewalt als Schulproblem: Verursachende Bedingungen, Erscheinungsformen und pädagogische Handlungsperspektiven.* Weinheim: Juventa.

Tolan, P.H. & Gorman-Smith, D. (1997). Treatment of juvenile delinquency: Between punishment and therapy. In D.M. Stoff, J. Breiling & J.D. Maser (Eds.), *Handbook of antisocial behavior.* New York: Wiley.

Tremblay, R.E., Pagani-Kurtz, L., Masse, L.C., Pihl, R.O. & Vitaro, F. (1995). A bimodal preventive intervention for disruptive kindergarten boys: Its impact through midadolescence. *Journal of Consulting and Clinical Psychology, 63,* 560-568.

Vaitl, D. & Petermann, F. (Hrsg.) (2000). *Handbuch der Entspannungsverfahren. Band 1.* Weinheim: Psychologie Verlags Union, 2., erweit. Auflage.

Verbeek, D. & Petermann, F. (1999). Gewaltprävention in der Schule: Ein Überblick. *Zeitschrift für Gesundheitspsychologie, 7,* 133-146.

Volland, C. (1995). *Mutter-Kind-Beziehungsqualität als Entwicklungsbedingung von Empathie und prosozialem Verhalten in der Kindheit.* Regensburg: Roderer.

Wasserman, G.A., Miller, L.S., Pinner, E. & Jaramillo, B. (1996). Parenting predictors of early conduct problems in urban, high-risk boys. *Journal of the American Academy of Child and Adolescent Psychiatry, 35,* 1227-1236.

Weitemeier, I. & Montag, R. (1998). Gewalt in Schulen: Ergebnisse einer Befragung von Lehrern und Schülern zur Gewalt- und Drogenkriminalität. *Kriminalistik, 52,* 811-814.

Werner, E.E. & Smith, R.S. (2001). *Journeys from childhood to midlife: Risk, resilience, and recovery.* Ithaka: Cornell University Press.

Wieczerkowski, W., Nickel, H., Janowski, A., Fittkau B. & Rauer, W. (1974). *Angstfragebogen für Schüler (AFS).* Braunschweig: Westermann.

Wiesner, M. & Reitzle, M. (2001). Prävention depressiver Störungen im Kindes- und Jugendalter. *Kindheit und Entwicklung, 10,* 248-257.

Williams, S. & McGee, R. (1991). Adolescents self-perceptions of their strengths. *Journal of Youth and Adolescence, 20,* 325-337.

Wise, K.L., Bundy, K.A., Bundy, E.A. & Wise, L. (1991). Social skills training for young adolescent. *Adolescence, 26,* 233-241.

Zinnecker, J. & Strzoda, C. (1996). Zeitorientierungen, Zukunftspläne, Identität – Von den Grenzen des Projektes Jugend. In R.K. Silbereisen, L. Vaskovics & J. Zinnecker (Hrsg.), *Jungsein in Deutschland. Jugendliche und junge Erwachsene 1991 und 1996.* Opladen: Leske & Budrich.

Zucker, R.A., Fitzgerald, H.E. & Moses, H.L. (1995). Emergence of alcohol problems and the several alcoholisms: A developmental perspective on etiologic theory and life course trajectory. In D. Cicchetti & D.J. Cohen (Eds.), *Development psychopathology. Vol. 2: Risk, disorder, and adaptation.* New York: Wiley.